T0208197

Printed in the United States
By Bookmasters

دور الشباب الجامعي في العمل
التطوعي والمشاركة السياسية

دور الشباب الجامعي في العمل التطوعي والمشاركة السياسية

تأليف

د. هناء حسني محمد النابلسي

أستاذ مساعد بقسم الخدمة الاجتماعية

جامعة البلقاء التطبيقية

الطبعة الأولى

2009 - 2010م

المملكة الأردنية الهاشمية رقم الإيداع لدى دائرة المكتبة الوطنية (2009/10/4256)

361.37

النابلسي، هناء

دور الشباب الجامعي في العمل التطوعي والمشاركة السياسية/ هناء حسني محمد النابلسي.-
عمان: دار مجدلاوي للنشر والتوزيع ، 2009

(   ) ص.

ر.أ: (2009/10/4256)

الواصفات:/ الخدمة الاجتماعية// الشباب/ المشاركة السياسية// التعليم العالي

* أعدت دائرة المكتبة الوطنية بيانات الفهرسة والتصنيف الأولية
* يتحمل المؤلف كامل المسؤولية القانونية عن محتوى مصنفه ولا يعبّر هذا المصنف عن رأي دائرة المكتبة الوطنية أو أي جهة حكومية أخرى.

ISBN 978-9957-02-373-7 (ردمك)

دار مجدلاوي للنشر والتوزيع
تليفاكس : ٥٣٤٩٤٩٧ - ٥٣٤٩٤٩٩
ص . ب ١٧٥٨ الرمز ١١٩٤١
عمان - الأردن

Dar Majdalawi Pub.& Dis.
Telefax: 5349497 - 5349499
P.O.Box: 1758 Code 11941
Amman- Jordan

www.majdalawibooks.com
E -mail: customer@majdalawibooks.com

الإهــــداء

إلى من غرست، ولم ترى الثمر... إلى والدتي رحمها الله

إلى والدي، متعه الله بالصحة، وبارك الله له في عمره

إلى إخواني وأخواتي بارك الله لي فيهم

إلى الملائكة الصغار أبنائي، أسامة هناء لين

إلى رفيق الدرب وتوأم الروح

إلى زوجي المحامي حمدي الجريري.

فهــــرس المحتويـــات

قائمـة الجـداول

13

المقدمة

يعد الشباب طاقة متجددة وهم أدوات الحاضر وأهم طاقاته وقدراته ويعد الشباب العنصر الرئيس في بناء المستقبل, وعلى عاتقهم ستكون التحديات المستقبلية، وعليهم يتوقف نجاح المجتمعات وتطورها, في حسن استثمار وتوظيف طاقاتهم وقدراتهم، بعدّهم رأس مال بشري للمساهمة في نهضة المجتمع وتقدمه، خصوصا عندما يشكل الشباب قطاعا واسعاً من السكان، فالشباب هم الطاقة الحقيقية التي يُنفق في إعدادها الكثير، وتُعقد عليها الآمال في دفع مسيرة التنمية، الشاملة, خاصة وأن الشباب يمثلون باستمرار الطليعة التي تضطلع بمهمة التغيير.

يمكن التعرف على موقع الشباب داخل مجتمع ما من خلال مقاييس مشاركتهم على مستوى الأسرة، والمؤسسات التعليمية (المدرسة الجامعة) والمؤسسات الحكومية، وفي المنظمات الأهلية والمجتمع المدني.

إن الدور الحيوي الذي يمثله الشباب لمسيرة المجتمع، حظي بالاهتمام في المجتمعات المتقدمة والنامية، فالشباب يشغلون مكانة رئيسة في المجتمع، وإن أوضاعهم وثقافتهم وأنماط سلوكهم ومشاركتهم الاجتماعية والسياسية، هي ظواهر ينبغي أن تخضع للبحث العلمي الدقيق. ويزداد الاعتراف حاليا في جميع أنحاء العالم بأهمية الشباب في تشكيل مستقبل العالم, بالإضافة إلى ضرورة توفير المناخ اللازم وإعطاء الفرصة للشباب للمشاركة في مختلف الجوانب الاجتماعية والاقتصادية والسياسية والثقافية، كون التقدم بهذه الجوانب يعتمد إلى حد كبير على مشاركة وإسهام الشباب.

وقد تنبه المجتمع الدولي منذ سنوات عديدة إلى بعض القضايا الحساسة التي تواجه العالم مثل: القضايا السكانية وحقوق المرأة والبيئة والطفل وغيرها.وقد عقدت اجتماعات دولية ناقشت المشكلات الحساسة التي تتطلب إجراء مناقشات واسعة للسياسيات المطلوبة لمواجهته من خلال تأسيس الشراكة ما بين الحكومات والمنظمات غير الحكومية ومنظمات

الهيئات المدنية و الهيئات الدولية والإقليمية و المحلية، بهدف توجيه الانتباه للتعامل معها قضايا الشباب، ونظرا لأهمية ما يمثله الشباب للعالم، فقد تم إعلان 12 أغسطس يوماً للشباب العالمي في 1999 في اجتماع الجمعية العامة للأمم المتحدة (الجمعية العامة للأمم المتحدة 1999). وقد جاء في تقرير الأمم المتحدة حول التنمية في العالم لعام 2007 حول التنمية والجيل الثاني ليركز على ضرورة التشاور مع الشباب لأن تركيز التقرير القادم سينصب على الشباب (تقرير التنمية في العالم 2006). بذلك يتضح أن الاهتمام بالشباب على اختلاف فئاتهم سيكون محور الاهتمام خلال السنوات القادمة، وهذا يشير إلى أهمية دور الشباب في مجتمعاتهم وفي جميع المجالات وبالتالي يتضح حجم المسؤولية الملقاة على عاتق الحكومات لاستثمار هذه الفئة استثماراً بناءً يغطي جميع نواحي الحياة عندهم، بحيث تُلبّى احتياجاتهم المختلفة ليؤدوا الواجبات المطلوبة منهم تجاه المجتمع كأعضاء فاعلين في مسيرة التنمية.

ومن بين المجالات المهمة التي يستطيع الشباب لعب دور مهم فيها، مشاركتهم الفاعلة في العمل التطوعي الذي أصبح يكتسب أهمية متزايدة يوما بعد يوم، حيث أصبح من المسلم به أن الحكومات سواء في البلدان المتقدمة أم النامية لا تستطيع سد احتياجات أفرادها و مجتمعاتها، لذلك أصبحت هناك حاجة ملحة لجهات أخرى لتقوم لتكمل دور الحكومة في تلبية تلك الاحتياجات، ومن هنا برز دور "المجتمع المدني". و قد تطور العمل الاجتماعي و تحول هدفه الأساسي من مجرد تقديم الرعاية و الخدمة للمجتمع و فئاته، إلى التغيير و تنمية المجتمع، حيث كانت السنة الدولية للتطوع في الأمم المتحدة عام 2001 الخطوة الهامة في تطوير هذا الموضوع، الذي وضّح دور الحكومات و مسؤولياتها في دعم التطوع في بلدانها.

ونظرا لأهمية العمل التطوعي في العالم، فقد أطلق على يوم 5 ديسمبر 2005 اليوم العالمي للتطوع، إيمانا بأن المتطوعين يستطيعون إحداث التغيير في العالم كله، كما أن لهم دوراً هاماً في مساعدة المجتمع الدولي في تحقيق الألفية للتنمية.والمشاركة السياسية للشباب التي لا تقل أهمية عن دورهم في العمل التطوعي بعدها عملاً تطوعياً ترتبط به ارتباطا وثيقا إذ

إن العمل التطوعي قد يكون نقطة الانطلاق نحو المشاركة السياسية, والمشاركة بجميع أشكالها ومجالاتها هي تعبير عن حقوق الإنسان وأداة للتنمية الفعالة، وأسلوب للممارسة السياسية والمسؤولية الاجتماعية والتربوية لجميع أفراد المجتمع، كما أن المشاركة تستقطب الطاقات البشرية وتحفزها على المشاركة الاجتماعية والتنمية الشاملة، وهذا الأمر لن يتحقق إلا بإعطاء الشباب المزيد من الفرص للمشاركة في كل المجالات، وتوجيههم نحو المسارات الصحيحة. من هنا فانه من الواجب إعطاء الشباب دورهم وتوسيع قاعدة المشاركة الاجتماعية والسياسية بعدّهم شركاء في الحاضر، وأصحاب المستقبل، وصناع القرار فيه، لذلك فإن ضرورة إشراك الشباب في كل نواحي الحياة كونهم الأكثر تعليما وانفتاحا، كما أنهم الأكثر قدرة على التعاطي مع العصر ومكوناته وأخبر بمنجزات التكنولوجيا الحديثة، والأكثر إقداما وجرأة لاختبار أساليب جديدة للتعامل مع المشكلات التي تواجههم، ولديهم الحماس والاندفاع نحو التغيير. لذلك فان هناك ضرورة لإشراكهم وجعلهم يمارسون دورا أساسيا في صنع القرار. وقد جاءت دراسة "دور الشباب الجامعي في العمل التطوعي والمشاركة السياسية"، للتعرف على الدور الذي يقوم به الشباب الجامعي في هذين المجالين، ولمعالجة موضوع الدراسة فقد قسمت الدراسة إلى جانبين: الجانب النظري، والجانب الميداني، وقد احتوى الجانب النظري على أربعة فصول: حيث تضمن الفصل الأول الإطار العام للدراسة، مشكلة الدراسة، أهمية الدراسة، أهداف الدراسة، مبررات الدراسة، تساؤلات الدراسة، الدراسات السابقة والتعقيب على الدراسات السابقة.

أما الفصل الثاني فقد تناول موضوع الشباب من جوانب عدة الشباب،(التعريف بمفهوم الشباب، إشكالية الظاهرة الشبابية، الثقافية الفرعية الأدوار الاجتماعية للشباب، أهم النظم التي تؤثر على عملية اكتساب الشباب لأدوارهم الاجتماعية، السياسات والبرامج العالمية المتعلقة بالشباب الشباب في الأردن، ورعاية الشباب في الأردن).

والفصل الثالث تناول العمل التطوعي وتم فيه تناول العمل التطوعي من حيث: مفهوم التطوع، أهميته، أهدافه فوائده دوافعه، الأعمال التطوعية ومستوياتها، مكاتب ومراكز التطوع، مصادر اكتشاف المتطوعين واختيارهم، الشروط الواجب توافرها في المتطوع، معوقات العمل التطوعي، السياسة الناجحة للعمل التطوعي، تشجيع العمل التطوعي، تفعيل العمل التطوعي لدى الشباب الجامعي، العمل الاجتماعي التطوعي في الأردن، ودراسة حالة للمبادرات التطوعية المنظمة.

أما الفصل الرابع فقد تناول المشاركة السياسية حيث تناول: مفهوم المشاركة السياسية، التنشئة السياسية، صور المشاركة السياسية مستوياتها، مراحلها، خصائصها، دوافعها، معوقاتها متطلبات المشاركة السياسية الفاعلة، الآثار الإيجابية للمشاركة السياسية، مقومات المشاركة الفاعلة للشباب، دور الجامعة في التنشئة السياسية.

والفصل الخامس تناول الطريقة والإجراءات من حيث: المنهج، مجتمع الدراسة، عينة الدراسة، أداة الدراسة، الاختبار القبلي للاستبانة، صدق وثبات الأداة والتحليل الإحصائي.والفصل السادس فقد عرضت فيه نتائج الدراسة، حيث وصفتْ فيه البيانات، وجرى تحليلها.والفصل السابع تضمن ملخص النتائج والتوصيات.

الفصل الأول

مدخل إلى المدرسة

1-1 مشكلة الدراسة:

ستتناول الدراسة دور الشباب الجامعي في العمل التطوعي، والمشاركة السياسية ستتعرف الدراسة على الدور الذي يقوم به الشباب في هذا المجال، من خلال دراسة الواقع الحالي لدورهم في العمل التطوعي، والمشاركة السياسية، كما ستتناول نظرتهم للعمل التطوعي والمشاركة السياسية، والعوامل التي تؤثر على عملية المشاركة، واستطلاع نظرتهم المستقبلية نحو عملية المشاركة. كما ستتناول الدراسة العلاقة المتبادلة بين العمل التطوعي والمشاركة السياسية. كما ستختبر الدراسة تأثير عدد من المتغيرات على دور الشباب في المشاركة في كلا المجالين.

2-1 أهمية الدراسة:

تأتي أهمية الدراسة من كونها ستتناول أربعة جوانب وهي:

1- فئة الشباب، تعدّ مرحلة الشباب من المراحل المهمة في حياة الإنسان، ففيها تتبلور معالم الشخصية من خلال ما يكتسبه الفرد من مهارات ومعارف، وتعدّ فئة الشباب الطاقة المتجددة، وعليها يتوقف نجاح المجتمعات وتطورها إذا ما أحسنت استثمار وتوظيف طاقاتها وقدراتها لنهضة المجتمعات وتطورها. فالتنمية البشرية وتعظيم رأس المال البشرى أصبحا العنصر الحاسم في تحديد مدى التمايز بين الدول والشعوب في تكوين "ثروة" أي مجتمع. وكون الشباب يمثلون الشريحة الأكبر من عدد السكان، فإن ذلك يجعل مشاركتهم وإسهامهم عاملا ضروريا لتواصل جهود التنمية وضمان استمرارها، فهم يعدّون من أكثر القوى الاجتماعية قدرة على تقبل التغيير والتجديد والأخذ بزمام المبادرة والمبادأة. لذلك فإن زيادة مشاركة الشباب هي ضمان لفاعلية تنفيذ السياسات العامة. فالشباب تتمحور حولهم جميع السياسات المستقبلية للدول والحكومات لما يشكله الشباب من قوة دافعة للمجتمع لتحقيق أهداف التنمية، وأهمية الشباب تزداد بازدياد

حجمهم ومدى استثمار طاقاتهم التوعوية والكمية في مختلف جوانب الحياة التي من ضمنها العمل التطوعي والمشاركة السياسية.

2- العمل التطوعي، كأحد مؤشرات المشاركة لدى الشباب، حيث يعدّ التطوع من الأمور المهمة التي تسعى المجتمعات إلى الاهتمام بها. وتكمن أهميته بأنه تعبير عن حيوية وديناميكية العلاقة بين السكان والمجتمع، والمشاركة بالعمل التطوعي تدعم نهوض المجتمع وارتقائه. وقد أصبح التطوع من الأمور المهمة التي يقاس بها تقدم المجتمعات الإنسانية، وقد اعتبر المؤتمر العالمي للتنمية الاجتماعية عام (2001) السنة الدولية للمتطوعين ودعا الحكومات إلى تعزيز مشاركة المتطوعين بجميع المجالات.

3- المشاركة السياسية، إذ إن دور الشباب في المشاركة السياسية يعد انعكاساً لتفاعل الشباب مع المجتمع في صياغة ملامح المستقبل، فالتنمية الحقيقية لا تكون دون المشاركة الفعلية من الشباب، بوضع وتحديد الأهداف المجتمعية التنموية على أساس الدافع الذاتي. والمشاركة السياسية تترجم الشعور بالمسؤولية الاجتماعية تجاه الأهداف والمشكلات والأهداف المشتركة، وهي الأساس لقيام فكرة المشاركة الديمقراطية الجماعية في صنع القرارات. والمشاركة السياسية للشباب قد تجنبهم الشعور بالاغتراب أو اللجوء للتطرف العدواني، وعدم الثقة بالعالم المحيط.

4- هناك عوامل قد تؤثر على إقبال الشباب على العمل التطوعي وإقبالهم على المشاركة السياسية، لذلك فإن التعرف على المتغيرات التي تحول دون قيام الشباب بهذا الدور الحيوي سيكون مهماً للمسؤولين من صناع السياسات والخطط، والبرامج الاجتماعية والتنموية، لأخذها بعين الاعتبار، ليكون للشباب دورهم الحقيقي في التنمية. لذلك يتوقع أن تحظى الدراسة باهتمام دائرة أوسع من المشتغلين بقضايا الشباب من الأكاديميين من مختلف العلوم الاجتماعية، والتطبيقيين في مجال رعاية الشباب، والسياسيين المهتمين

بالمشاركة بشكل عام، والمشاركة بالعمل التطوعي، والمشاركة السياسية، واندماج الشباب في كلا المجالين بشكل خاص.

1-3 أهداف الدراسة:

تسعى هذه الدراسة إلى تحقيق عدد من الأهداف وهي:

1- التعرف على مدى مشاركة الشباب الجامعي في مجال العمل التطوعي والمشاركة السياسية.

2- التعرف على أثر بعض المتغيرات الاجتماعية والديمغرافية والاقتصادية على المشاركة في العمل التطوعي والمشاركة السياسية.

3- التعرف على مدى تأثير الأسرة على المشاركة في العمل التطوعي والمشاركة السياسية.

4- التعرف على مدى تأثير الأصدقاء على المشاركة في العمل التطوعي والمشاركة السياسية.

5- التعرف على نظرة الشباب الجامعي للعمل التطوعي والمشاركة السياسية.

6- التعرف على نظرة الشباب الجامعي المستقبلية لدوره في العمل التطوعي والمشاركة السياسية.

7- التعرف على العوامل التي تؤثر على مشاركة الشباب في كلا المجالين.

8- المقارنة بين دور الشباب في العمل التطوعي ودوره في المشاركة السياسية.

1-4 مبررات الدراسة:

هناك مجموعة من المبررات لاختيار موضوع الدراسة، وهي كالتالي:

1- الشعور بأهمية الموضوع كونه يتناول إحدى أكبر وأهم الفئات المؤثرة في المجتمع، وهي الشباب.

2- تتناول الدراسة الدور المهم الذي يمكن أن تلعبه هذه الفئة في دعم عملية التنمية في المجتمع، خصوصا الشباب الجامعي.

3- تتناول الدراسة عملية مشاركة الشباب الجامعي في مجالين على قدر من الأهمية كون المشاركة إحدى أدوات دمج الشباب في المجتمع، ومن المؤشرات المهمة التي تعكس مدى الولاء والانتماء للوطن، خصوصا مع وجود عدد كبير من المتغيرات الاجتماعية

والاقتصادية والسياسية المحلية والدولية التي كانت لها إيجابياًتها وسلبياتها على فكر وسلوك الشباب نحو القضايا المختلفة.

4- إن هذه الدراسة هي الأولى من نوعها في الوطن العربي في حدود علم الباحث واطّلاعه، كونها ستتناول دور الشباب في العمل التطوعي، ودورهم في المشاركة السياسية معا، لمقارنة الدور الذي يقوم به الشباب الجامعي في كلا المجالين.كما أنها ستتناول العلاقة المتبادلة بين العمل التطوعي والمشاركة السياسية.

5- إن الدراسة لن تتوقف عند بحث الواقع الحالي لدور الشباب الجامعي في العمل التطوعي والمشاركة السياسية، بل ستستطلع أدوارهم المستقبلية.

5-1 تساؤلات الدراسة:

1- ما مدى مشاركة الشباب الجامعي من خلال العضوية والانتساب، في العمل التطوعي والمشاركة السياسية؟

2- ما مدى مشاركة الشباب الجامعي في مجالات العمل التطوعي والمشاركة السياسية؟

3- هل للأسرة دور في تشجيع أبنائها الطلبة على المشاركة في العمل التطوعي والمشاركة السياسية؟

4- هل للأصدقاء تأثير على المشاركة بالعمل التطوعي والمشاركة السياسية؟

5- ما نظرة الشباب الجامعي للعمل التطوعي والمشاركة السياسية؟

6- ما العوامل التي تؤثر على مشاركة الشباب الجامعي في العمل التطوعي والمشاركة السياسية؟

7- ما التوجهات المستقبلية للشباب حول المشاركة في العمل التطوعي، المشاركة السياسية؟

8- ما هو تأثير المتغيرات النوعية للشباب الجامعي على دوره بالعمل التطوعي والمشاركة السياسية؟

9- هل هناك فروق بين مشاركة الشباب في الفعاليات التطوعية ومشاركته بالفعاليات السياسية؟

10- هل هناك فروق بين نظرة الشباب إلى العمل التطوعي ونظرته للمشاركة بالفعاليات السياسية؟

11- هل هناك فروق بين دور الأسرة في التأثير على المشاركة في العمل التطوعي ستحاول الدراسة الإجابة عن عدد من التساؤلات وهي كما يلي:

12- وتأثيرها على المشاركة السياسية؟

13- هل هناك فروق بين دور الأصدقاء في التأثير على المشاركة في العمل التطوعي والتأثير على المشاركة السياسية؟

14- هل هناك فروق بين النظرة المستقبلية للشباب نحو المشاركة في العمل التطوعي ونظرتهم نحو المشاركة السياسية؟

15- هل هناك فروق بين معوقات المشاركة في العمل التطوعي ومحددات المشاركة السياسية؟

6-1 الدراسات السابقة:

من خلال البحث في الدراسات السابقة لم يجد الباحث دراسة عربية استهدفت بشكل أساسي دور الشباب الجامعي في العمل التطوعي والمشاركة السياسية معا، وإنما وجد بعض الدراسات التي تناولت كل موضوع على حدة في البحث، ودراسة أثر بعض المتغيرات على كل منها، وهناك بعض الدراسات تناولت الموضوع بشكل ثانوي حيث إن هناك بعض النتائج الفرعية التي كشفت عنها بعض الدراسات التي اهتمت باستكشاف مختلف مشكلات الشباب بشكل عام وأدوارهم في المجتمع. وسنسلط الضوء في البداية على الدراسات العربية وقد أتت كالتالي:

- **دراسة شتيوي وآخرون (2000)** وهي دراسة اجتماعية حول "التطوع والمتطوعين في العالم العربي" طبقت على عينة من الأفراد المتطوعين وغير المتطوعين في الأردن ومصر وفلسطين.

هدفت الدراسة إلى تحديد خصائص المتطوعين ومقارنتها بخصائص غير المتطوعين، وتحديد دوافع العمل التطوعي لدى المتطوعين، ومقارنتها بالدوافع التي تحول دون العمل التطوعي لدى غير المتطوعين.

وقد خرجت الدراسة بعدة نتائج منها:

- إن معدل المتطوعين الذكور أعلى من معدل المتطوعات الإناث، ومعدل المتطوعين المسلمين أعلى من معدل المتطوعين المسيحيين، وأن معدل المتطوعين متوسطي العمر أعلى من معدل المتطوعين الكبار في العمر.

- إن معدل المتطوعين المتزوجين أعلى من معدل المتطوعين العزاب والأرامل والمطلقين. والغالبية العظمى من المتطوعين وفقا للدراسات الميدانية في العالم العربي في المرحلة العمرية من (45-65) سنة. كما وجدت الدراسة أن هناك أزمة في المتطوعين بين النساء والشباب، فمن جهة هناك تراجع للمرأة عن العمل التطوعي، ومن جهة أخرى فإن هناك عدم إقبال للشباب (أقل من 35 سنة)على العمل التطوعي.

- وجدت الدراسة كذلك أن هناك ضعفاً في الوعي العام لدى المواطنين بقيمة التطوع المنظم فلا توجد ثقافة تطوع.

- هناك غياب تام في الساحة العربية لمراكز توجيه المتطوعين. كما أن هناك ضعفاً في الحوافز المجتمعية للمتطوعين. وعدم عدم توافر التوجيه والتدريب الكافي للمتطوعين.

- دراسة محمد المحاميد (2001) "دوافع السلوك التطوعي النسوي المنتظم في الأردن وعلاقته ببعض المتغيرات الاجتماعية والاقتصادية والتعليمية".

طبقت الدراسة على عينة عشوائية من الجمعيات الخيرية النسوية تكونت من 168 متطوعة في الجمعيات الخيرية كأعضاء في الهيئات الإدارية لها، وهدفت الدراسة إلى التعرف على طبيعة دوافع السلوك التطوعي النسوي المنتظم، وعلاقته ببعض المتغيرات الاجتماعية والاقتصادية والتعليمية، وقد توصلت الدراسة إلى عدة نتائج منها، أن أهم أسباب التطوع لدى المبحوثات هي مجموعة من العوامل الاجتماعية والدينية والنفسية، كالرغبة في الحصول على المكانة والشهرة و كسب مرضاة اللـه، ومساعدة المحتاجين، وتكوين الصداقات. كما وجدت الدراسة أن النساء صغيرات السن أكثر إقبالا على التطوع من الكبيرات، وأن النساء المتزوجات أكثر إقبالا من النساء العازبات والمطلقات والأرامل، وأن النساء القاطنات في عمان

أكثر تطوعا من القاطنات في المحافظات الأخرى وأن ساكنات المناطق الحضرية أكثر تطوعا من ساكنات المناطق الريفية.

- **دراسة مركز الأردن الجديد (2000)** "البطالة والمخدرات والتمييز ضد المرأة" التي هدفت إلى التعرف على بعض آراء الشباب الأردني حول بعض القضايا التي من ضمنها المشاركة في الحياة بشكل عام من خلال استمارة اعتمدت اقتراحات شبابية. وخلصت الدراسة إلى أن مشكلات الشباب الأردني تدور حول عدة مجالات نذكر منها:

- **الأسرة:** تدخّل الأسرة في شؤون الشباب، وصعوبة التفاهم بين الأجيال، والتمييز بين البنين والبنات، وعدم مشاركة الشباب في اتخاذ القرارات داخل الأسرة، وأخيراً ضعف دور الأسرة في تنشئة الشباب.
- **المشاركة في المجال العام:** ويأتي في هذا الإطار عدم توافر المراكز الشبابية والطلابية، وقلة وعي الشباب بأهمية المشاركة في الحياة العامة، واهتمام الشباب بمشكلاتهم الحياتية الذي يقلل من مشاركتهم في المجال العام، والقوانين التي تعيق مشاركة الشباب، وقلة الحرية المتاحة أمام الشباب للمشاركة، إلى جانب ضعف المنظمات غير الحكومية وعدم الاهتمام برأي الشباب فيما يتصل بالقضايا العامة.
- **الثقافة والهوية الثقافية:** وقد جرى تأكيد عدم المساواة وعدم وضوح سقف الحريات، واحترام الرأي والرأي الآخر، والتعصب، والعشائرية، وضعف التوعية، والتنشئة الديمقراطية، إضافة إلى انتشار التقليد الأعمى للغرب، وسلبية بعض العادات والتقاليد، والابتعاد عن المبادئ الأخلاقية والدينية، وأخيرا التأثير السلبي لعدم المساواة الاجتماعية على الوحدة الوطنية.

كما أشارت الدراسة إلى أن تهميش الشباب لا يقتصر على مجرد إحساسهم بأنهم مهملون ومتروكون لشأنهم، إذ إن المؤشرات تدلل على انخفاض فرصهم بالمقارنة مع الجيل الأكبر على صعيد السياسية والمهنية، وهذا ينطبق على الصعيد السياسي سواء داخل

الأحزاب والمشاركة في الحكومية أم داخل هيئات المجتمع المدني كالنقابات والجمعيات التي تشترك في معظمها في حصر إدارتها وقيادتها بكبار السن.

- دراسة محمد الشرعة (2000) "دور التنشئة السياسية في تنمية الوعي بالظاهرة الحزبية"اجريت الدراسة على طلبة جامعة اليرموك في محافظة اربد شمال الأردن". وقد اختيرت عينة عشوائية لهذا المجتمع مكونة من 1075 طالب وطالبة.

أظهرت النتائج الإحصائية للدراسة أن هناك دورًا للأسرة في تنمية الوعي بالظاهرة الحزبية وأن للأسرة دورًا بارزًا في تنمية الجراءة على التعبير والنقاش في جو ديمقراطي متعدد الآراء، وهي نسبة مرتفعة مقارنة مع المؤشرات الأخرى، كما أظهرت الدراسة أن دور التنشئة السياسية في زيادة الوعي بممارسة العمل الحزبي كانت غير ناجحة إلى حد ما، وجدت الدراسة أن للتخصص أثراً في دور التنشئة السياسية في تنمية الوعي بالظاهرة الحزبية لصالح التخصصات الإنسانية والاجتماعية.كما وجدت الدراسة أن هناك علاقة بين مكان الإقامة ودور الأسرة، إذ إن هناك فروقا إحصائية دالة على دور الأسرة في توجيه سكان المخيمات، كما أظهرت الدراسة أثرا مكان الإقامة في تنمية الوعي بأهمية التنظيم الحزبي لصالح سكان البادية على الأماكن الأخرى. فيما يتعلق بمتغير الديانة، فقد لوحظ وجود فروق في اتجاهات العينة نحو دور التنشئة السياسية في تنمية الوعي بالظاهرة الحزبية لصالح الطلبة المسيحيين على الطلبة المسلمين.

وقد أوصى الباحث في نهاية الدراسة بعدد من التوصيات منها: إجراء مزيد من الدراسات والأبحاث التي تعنى بالتنشئة في مختلف القضايا السياسية، وزيادة الاهتمام بتطوير وتفعيل قنوات التنشئة السياسية المختلفة، وضرورة تفعيل وسائل الإعلام المختلفة لترسيخ قيم المشاركة السياسية داخل المجتمع، وتفعيل دور الأحزاب السياسية في تنمية الوعي السياسي والثقافي في المجتمع.

- **دراسة أعضاء الهيئة التدريسية بقسم الاجتماع، جامعة الإسكندرية (2002)** حول "اتجاهات الشباب المصري وموافقة من قضايا التنمية في المجتمع" التي شملت المشاركة السياسية بين الشباب المصري، وقد بلغت عينة الدراسة (10,000) آلاف حالة من مختلف محافظات مصر للفئات العمرية من (18-30) سنة، وقد كانت أبرز نتائجها أن اهتمام الشباب المصري بمتابعة القضايا السياسية والعامة كبير، إلا أن الذين ينتمون إلى الأحزاب السياسية أقلية. أما عن أسباب عدم المشاركة السياسية، فقد وجدت الدراسة أن درجات عدم المشاركة تقع في شكل تدرج هرمي على رأسه بعض مظاهر الاغتراب السياسي متمثلا في عدم الإحساس بقيمة الأدلاء بأصواتهم في الانتخابات أو اللامبالاة بالقضايا العامة والسياسية وانتشار بعض مظاهر الشك السياسي في قاعدة الهرم، متمثلا بعدم المشاركة بالمناقشات السياسية. كما وجدت الدراسة أن مظاهر الشك السياسي تقع بين الشباب الحضري بنسبة عالية. وبيّنت كذلك أن الريفيين هم الأكثر مشاركة من الآخرين من حيث الوقوف على القضايا السياسية والإدلاء بالأصوات بالانتخابات وعضوية الأحزاب السياسية. كما كشفت الدراسة عن هبوط مستوى الوعي السياسي عند فئة الشباب من الطلبة بوجه خاص كونهم يمثلون أقل الفئات إقبالا على قراءة المعلومات السياسية، وكانوا الأقل استماعا للبرامج السياسية، وأقلها اهتماما بالأحداث السياسية التي تعرض في التلفاز.

- **دراسة العامري (2002)** بعنوان"واقع المشاركة السياسية لدى الشباب ورأيهم في بعض القضايا السياسية". حيث قيست المشاركة من خلال صورها وهي:

-المشاركة من خلال الاهتمام بمتابعة الحياة السياسية، ومن خلال المشاركة في الانتخابات و المشاركة الاجتماعية، من أهم النتائج التي توصلت إليها الدراسة، أن الذكور أكثر اهتماماً بالمشاركة السياسية من الإناث، وأن الذكور أكثر اهتماماً بمتابعة القضايا السياسية. كما وجدت الدراسة أن المشاركة في الانتخابات منتشرة في الريف أكثر من الحضر.

وكشفت الدراسة أن الأسرة لا تؤيد اقتراب أبنائها من أي نشاط له صفة سياسية خوفا عليهم من التعرض للأذى، وتحذر أبنائها من ذلك. وتبيّن من خلال الدراسة أن الشباب سلبيون في ممارسة حقهم الانتخابي، حيث أشارت الدراسة إلى أن معظم الشباب يستخرجون البطاقة الانتخابية ليس للمشاركة السياسية، وإنما لانتخاب شخص بعينه، وأن نسبة 78% من الشباب الريفيين يملكون بطاقة انتخابية، وأن من أسباب عدم المشاركة في الانتخابات هو الانتماء لبعض الأحزاب. كما وجدت الدراسة أن هناك تدنياً في المعلومات والوعي السياسي بالأحزاب. كما تبيّن أن هناك عزوفاً عن المشاركة الاجتماعية من خلال الانضمام إلى الأسر في الجامعة وممارسة الأنشطة الثقافية و الرياضية و الدخول في المسابقات و الاشتراك في الحملات التطوعية في البيئة و الاشتراك في الحملات الخيرية, بسبب عدم إدراك الشباب لهذا القطاع وعدم معرفة الدور الذي تقوم به أو حتى فهم معنى المشاركة الاجتماعية.

ضمن هذا الإطار تضمن "**تقرير التنمية الإنسانية العربية" (2002)** استطلاعا لقياس اهتمامات الشباب أجري تحت رعاية مكاتب برنامج الأمم المتحدة الإنمائي في البلدان العربية. وكان الاستطلاع يهدف إلى معرفة آراء عدد محدد من الشباب العربي حول أكثر القضايا أهمية في كل دولة عضو في الجامعة العربية. غير أن الأجوبة التي تضمنها التقرير تعود إلى شباب ستة بلدان عربية (مصر، الأردن، لبنان، ليبيا، الإمارات، السعودية)، وبلغ حجم العينة المستخدمة 240 شابا منهم 128 من البلدان العربية و112 هم من الذين حضروا مؤتمر الأطفال العرب في عمان ومعظمهم من الأردن مما يزيد التمثيل النسبي للشباب الأردني.

تشير إجابات عينة المجموعة الشابة إلى أنهم يرون أن أكثر القضايا أهمية من بين المواضيع التي نظر فيها التقرير هي: فرص العمل بنسبة 45% من الإجابات. يليها التعليم 23% فالبيئة بنسبة 12%، ثم توزيع الدخل والثروة بنسبة 8% فالمشاركة السياسية بنسبة 5%، فالرعاية الصحية بنسبة 4% وأخيرا الفقر بنسبة 4% أيضا، وقد أظهرت الشابات اهتماما بالتعليم والمشاركة السياسية والرعاية الصحية أكبر من الاهتمام الذي أظهره الشباب. ولعل

أكثر ما يلفت النظر في نتائج الاستطلاع أن نسبة 51% من الشباب قد عبروا عن رغبتهم في الهجرة إلى بلدان أخرى مبينين بوضوح عدم رضاهم عن واقع الحال وفرص المستقبل في بلدانهم.

- **دراسة فيروز فاطمة (2002)** التي تناولت عزوف المرأة عن المشاركة في العمل التطوعي والمؤسسي، وهدفت بشكل أساسي إلى التعرف على الأسباب الحقيقة لعزوف المرأة عن المشاركة في العمل المؤسسي والانخراط في المجتمع المدني على مائة امرأة. عينة الدراسة كانت من المعلمات في المرحلة الثانوية، وخرجت الدراسة بخلاصة مفادها أن نصف عدد أفراد العينة تؤكد عزوفها عن المشاركة في مؤسسات العمل التطوعي وحضور الفعاليات التي تقيمها، وأن نسبة (52%) لا تشارك في الندوات الخاصة بالمرأة والأسرة، وأن الاهتمام بالثقافة العامة يستحوذ على اهتمام ثلث أفراد العينة، وأغلبية أفراد العينة من المهتمات بالأمور الدينية والشرعية عن غيرها، أن نسبة كبيرة من أفراد العينة (57%) لا تميل للمشاركة في الندوات السياسية، وهذا يؤكد على قلة الاهتمام بالثقافة السياسية، وبالتالي عزوفها عن المشاركة في العمل السياسي. (60%) من أفراد العينة عزت أسباب عدم حضورها الندوات والمحاضرات إلى عدم وجود الوقت الكافي لديهن. كما وجدت الدراسة أن المرأة البحرينية تتجه بشكل عام نحو الجمعيات ذات التوجه الإسلامي دون غيرها من الجمعيات.

- **مسح اليونيسف (2003)** "الشباب الأردنيون: حياتهم و آراؤهم" الذي غطى مختلف الجوانب المتعلقة بحياة الشباب في المجتمع الأردني، ومن ضمنها: عملهم، تعلمهم، وقت فراغهم ووصولهم إلى المعلومات، حرية حركتهم، علاقاتهم بالآخرين، مفهومهم عن ذاتهم، مواقفهم العامة وحقوق الإنسان. كما تناولت اهتمامات أهالي الشباب و مشاركتهم في عملية صنع القرار، وتكونت عينة الدراسة من 8800 عائلة و 7421 شاباً و شابة.

أهم النتائج التي وصلت إليها الدراسة: أن مشاركة الشباب في مؤسسات المجتمع المدني متدنية أقل من واحد من كل عشرة يتشاركون سواء باتحادات الطلبة أم النقابات المهنية أم

لأحزاب السياسية، كما أن نسبة مشاركة الإناث متدنية، والرضا عن هذه المؤسسات يتناقص مع تقدم العمر.

أكثر من ثلاثة أرباع الشباب يعتقدون أنهم بحاجة للمساهمة بفعالية أكثر في عمليات اتخاذ القرار سواء في المدرسة أم الكلية أم الجامعة أم العمل أم المجتمع المحلي، وأن الاستعداد للمشاركة في المجتمع المحلي عالية بين الشباب. أما بخصوص النظرة الذاتية لمهارات المشاركة فيعتقد الشباب أنهم يتمتعون بمهارات جيدة في مجال الاتصال و القيادة، إلا أنهم يجدون أنهم ضعيفون في قيادة مجموعة الرفاق والدفاع عن رأي مختلف، كما وجدت الدراسة أن تفاؤل الشباب بقدرتهم على البدء بأنشطة وقيادتها في مجموعة الرفاق يتناقص مع تقدمهم في العمر.

كما أن أقلية من الشباب تعتقد بقدرتها على إسماع صوتها من خلال وسائل الإعلام أو المشاركة في الانتخابات، وتزداد النظرة السلبية عند الشباب الأكبر سنا، ولا يعتقد معظم الشباب أن لديهم التأثير اللازم لتغير القوانين، وهم يرون أنفسهم طرفاً متلقياً للإجراءات القانونية. وفيما يتعلق بدعم مشاركة الشباب من قبل الأهل، فقد وجدت الدراسة أن الأهل يدعمون مشاركة الشباب الذكور أكثر من الإناث في مؤسسات المجتمع المدني، وبشكل عام يظهر الأهل تحفظات شديدة على مشاركة الشباب الفاعلة في الأحزاب السياسية.

- دراسة العزام (2003) "اتجاهات الأردنيين نحو الأحزاب السياسية "التي هدفت إلى الكشف عن دور الأحزاب في التنمية السياسية والمعوقات التي تعترض هذه العملية، كما هدفت إلى التعرف على طبيعة اتجاهات الأردنيين نحو الأحزاب السياسية الأردنية وأثر بعض الخصائص الديمغرافية في ذلك. اختيرت عينة البحث من محافظة إربد، وبلغ حجمها 1487، ابتداء من الفئة العمرية 18 فما فوق، وقد تبيّن من خلال الدراسة وجود علاقة بين المتغيرات الديمغرافية لأفراد العينة و اتجاهاتهم نحو الأحزاب السياسية. كما تبيّن أن الاتجاهات سلبية بشكل عام نحو الأحزاب السياسية، وقد قارنت الدراسة بين إجابات

الحاصلين على الشهادة الجامعية و فئة الطلبة الجامعيين في متغير الوظيفة وجدت أن الطلبة الجامعيون بشكل عام لا يميلون إلى الأحزاب السياسية سواء بالانتماء إليها أم التفكير بالانتماء إليها، و يجدون أن الشللية والواسطة و العشائرية تعرقل مسيرة الأحزاب السياسية. قدمت الدراسة عدداً من التوصيات، منها: تعزيز دور الأحزاب في الحياة السياسية والانتخابات باشتراط العضوية الحزبية كشرط للترشح للمناصب السياسية، بالإضافة إلى تعزيز الإصلاحات الديمقراطية في الأحزاب والانتخابات النيابية والمؤسسات المدنية.

- **دراسة شعيب (2003)** "الشباب و السياسة في مصر المحروسة - البحث عن المشاركة"، حيث أجرى دراسة استطلاعية ميدانية على 100 من القيادات الشابة الناشطة في مجال العمل العام، ومن مختلف القوى السياسية، كان منهم أعضاء في أحزاب أو أعضاء في جمعيات أهلية وفي نقابات مهنية. وقد هدفت الدراسة إلى الإجابة عن عدد من التساؤلات، من ضمنها: ما التصور لمشاركة الشباب في السياسة وتحدياتها ومشكلاتها؟ هل يرضى الشباب عن دورهم في العمل العام؟ ما القنوات التي يرونها لتفعيل مشاركتهم؟ كيف ينظرون للأحزاب السياسية؟ ما موقف الشباب من عمليات الإصلاح السياسي؟ وقد وجدت الدراسة أن 38% من الشباب لا يقرؤون الصحف، وأن 52% يعانون الأمية السياسية، و8% أعضاء في أحزاب سياسية أو جمعيات أهلية في مصر- و 52% غير مقيدين في جداول انتخابية، وأن 58% لا يذهبون إلى صناديق الانتخابات، ويرون انه ليس لصوتهم قيمة و71% ليس لديهم بطاقة انتخابية، 58% لا يهتمون بالشأن العام، 8% فقط يرون أن المشاركة السياسية واجب وطني، 65% يرون انه لا جدوى من المشاركة، وأن 92%يخشون العمل بالسياسة.
- **دراسة قنديل(2005)** حول "دور الشباب الجامعي في المشاركة السياسية" لتصب في نفس الاتجاه، من حيث تدني مستوى المشاركة، حيث أظهرت أن غالبية الشباب يعتقدون أن

النظام السياسي يحول دون حرية المشاركة السياسية. كما أظهرت أن غياب المشاركة السياسية تشمل غالبية الشباب الجامعي رغم تباين خلفياتهم الاجتماعية والاقتصادية.

كما أشارت الدراسة إلى أن من أسباب تدني نسبة المشاركة، ضعف الدور التعليمي في تدعيم ممارسة الأنشطة السياسية، إلى جانب دور وسائل الإعلام التي لم يكن لها دور فاعل، بالإضافة إلى الأحزاب السياسية التي أثرت سلبياً على المشاركة السياسية. كما وجدت الدراسة أن هناك علاقة بين الدور السلبي لوسائل التنشئة، وأزمة المشاركة السياسية وعدم الجدوى من المشاركة السياسية.

- "دراسة مركز خدمات التنمية"(2005) وهي دراسة قومية عن العطاء الاجتماعي في مصر عام (2003-2004) بتمويل من مؤسسة فورد، هدفت إلى استكشاف العطاء الاجتماعي المحلي. وقد اعتمدت الدراسة على الأسلوبين: الكمي والكيفي في البحث، واستهدفت استمارات البحث الكمي شريحتين، هما: عامة الشعب المصري متمثلا في شريحة قدرها 2000 أسرة معيشة، وتمثلت الشريحة الثانية في منظمات العطاء الاجتماعي وبلغ عددها 1200 جمعية.

كما استكشفت الدراسة كل جوانب العطاء الاجتماعي المحلي، بدءا من المفاهيم التي تشكل إدراك الشعب وتوجهاته، وحتى الممارسات التي تتضمن تقدير حجم العطاء الاجتماعي، وأين يوجه، وما المشكلات التي يواجهها، وكيفية الاستفادة منه كمصدر قومي هائل.

أظهرت الدراسة أن قيمة التطوع تصل على اقل تقدير إلى 4.642.240 جنيها، لذلك يجب العمل على توظيف التطوع والمتطوعين نحو التنمية وتحقيق العدالة الاجتماعية من خلال الأشكال المختلفة للتطوع بالمال أو الوقت أو المجهود أو العلم.

- دراسة الزبيدي (2006) حول" اتجاهات طلبة الجامعة الأردنية نحو العمل التطوعي" التي أجريت على عينة مكونة من 535 مبحوثا من طلبة الجامعة الأردنية، وهدفت إلى التعرف

على اتجاهات طلبة البكالوريوس نحو العمل التطوعي، وخرجت بعدة نتائج منها: أن 36.3% من الطلبة سبق وأن شاركوا أثناء دراستهم في الجامعة بعمل تطوعي، وأن نسبة مشاركة الذكور أعلى من مشاركة الإناث، وأن المشاركة بالعمل التطوعي تزداد مع ارتفاع المستوى الدراسي، وأن مشاركة طلبة الكليات العلمية في الأعمال التطوعية أعلى من مشاركة طلبة الكليات الإنسانية، وأن مشاركة أفراد الأسر ذات الدخل المتوسط أكثر من غيرهم، كما بيّنت الدراسة أن هناك تأثيراً للأسرة في تحفيز الأبناء على التطوع، كما أثبتت أن للأصدقاء دوراً في التشجيع على المشاركة في العمل التطوعي، وأن اتجاهات الإناث نحو العمل التطوعي أكثر ايجابية من الذكور.

وقدمت الدراسة عدداً من التوصيات، منها: أن يكون للجامعة دور أكثر فاعلية في اتخاذ الإجراءات التي تحفز الطلبة على الإقبال على الأعمال التطوعية، وأن وجود مادة متخصصة للعمل التطوعي لطلبة البكالوريوس تعد مهمة ليتعرف الطلبة أكثر على هذا المجال، وإنشاء بنك للمعلومات على الإنترنت يبيّن المعلومات الأساسية عن الطلبة الذين يرغبون بالتطوع، و اهتماماتهم.

أما الدراسات الأجنبية التي كانت الأكثر توافرا حول الموضوع فقد جاءت كما يلي:

- دراسة روسنثل وآخرون (1998) .S،Rosentthl et al حول" التطوع السياسي من المراهقة المتأخرة حتى سن الرشد المبكر" التي أجريت في الولايات المتحدة الأمريكية على عينة من الشباب بلغت 105 تراوحت فئاتهم العمرية بين18-21حيث جمعت معلومات عنهم من مرحلة الرضاعة إلى الطفولة ثم المراهقة،حيث أظهرت نتائج الدراسة أن معظم المراهقين مشاركون في عمل تطوعي واحد على الأقل، وأن التطوع في العمل السياسي قد ازداد كثيرا بين الفئة العمرية من 18-21 سنة. وفيما يتعلق بالتنبؤ بالتطوع، فقد أشارت البيانات إلى أن أقوى العلاقات مع التطوع تكشفها عوامل القدرات المعرفية، الترابط الأسري، والالتحاق بعضوية مؤسسة اجتماعية (مثل الكشافة)، كما تبيّن أنه عند سن (18) سجل المشاركون انخراطا أكبر في أنشطة التطوع غير السياسية. مقارنة مع

السياسية وفي سن (21) بقيت مستويات الانخراط في الأنشطة غير السياسية ثابتة لكن ازدادت نسبة الانخراط في الأنشطة السياسية بصورة ملموسة، وقد تبيّن أن الذكور أكثر انخراطا في الأنشطة السياسية، إلا أن إجمالي الانخراط عند سن (21) قد انخفض بشكل عام قليلا، وانخراط الإناث ارتفع عند سن (21) لكن هذا الارتفاع البسيط ليس ذا دلالة إحصائية.

- **دراسة برايمفيرا (1999) Primavera.J** حول" النتائج غير المقصودة للتطوع في جامعة Suburban "Northeastern Jesuit" في الولايات المتحدة الأمريكية على عينة من الشباب الجامعي المتطوعين في مشروع الدروس الخصوصية في اللغة للأطفال ما قبل المدرسة الذين لهم خبرة أكثر من سنتين في التطوع بهذا البرنامج وبلغ عددهم (112) من الفئات العمرية بين 18-22، ومن أبرز النتائج التي خرجت بها الدراسة، أن المتطوعين استفادوا في مجالات متعددة من الحياة منها: معرفة الذات واحترامها، والوعي بالقضايا الاجتماعية المهمة، وتقدير التنوع في الحياة. وأصبح لديهم ربط أكثر بين المساقات الدراسية و الحياة العملية، وأنهم ينظرون إلى أنفسهم كموارد للمجتمع، كما ساعدهم التطوع على اختيار مهنة، وتراجع بعض الأنماط السلبية. كما أبدى المتطوعون التزاما أقوى نحو المشاركة في بعض أنواع الخدمة المجتمعية في المستقبل.

- **دراسة سميث (1999) Smith** حول" نتائج الاستثمارات في رأس المال الاجتماعي للشباب على السلوك السياسي المدني في مرحلة الرشد المبكرة" التي أجراها في الولايات المتحدة الأمريكية، على عينة من الطلبة بلغ حجمها 25000 ألفا وطبّقت على الفئة العمرية من 13-19 من أجل التحقق من دورهم اللاحق في الحياة المدنية والسياسية،حيث كشفت الدراسة أن العلاقات الواسعة المبكرة مع الآخرين والعلاقات الأسرية الوثيقة والمشاركة بالنشاطات ذات الصفة الدينية والمشاركة في الأنشطة اللامنهجية، بالإمكان التنبؤ من خلالها بالمشاركة السياسية والمدنية في مرحلة النضج. كما تبيّن أن المشاركة السياسية والمدنية تتأثر بتوجيهات الوالدين،حيث وجدت الدراسة أن هناك علاقة بين تدخل

الوالدين المبكر والمشاركة السياسية والمدنية للشباب، كما أن للمشاركة في الأنشطة الدينية والانخراط في العمل التطوعي أثرا على المشاركة السياسية والمدنية للشباب في المستقبل.

- **دراسة كرامب** **Krampe (2002)** التي أجراها في ألمانيا حول " انتقال توجهات الفعل السياسي للمراهقين إلى سلوك تصويتي في بداية مرحلة الرشد بالنظر لنموذج الفعل المعرفي الاجتماعي للشخصية "،حيث تُكهّن بالسلوك التصويتي والنشاط السياسي لـ 136 راشداً ألمانياً من الفئات العمرية 14-16 و15-17 و21-23 من خلال توجهات فعلهم السياسي المدروسة قبل سبع سنوات،حيث وجدت الدراسة أن المفهوم الذاتي للأهلية السياسية والمعرفة السياسية الخاصة بالنشاط السياسي والتصويت في مرحلة الرشد المبكرة أخذت عوامل ثبات مكانية عالية نسبيا عند متغيرات الشخصية بين مرحلة المراهقة ومرحلة الرشد المبكر، أي أن البيانات تشير إلى أن النشاط السياسي اليومي في حياة الراشدين الصغار يمكن أن يتكهن بمعرفتهم السياسية ومفهومهم الذاتي عن المؤهلات السياسية كمراهقين.

- **دراسة ليون** **Leon (2000)** وهي دراسة وطنية ل 800 طالب جامعي دون سن الـ 31 سنة، أجريت من قبل مجموعة The Melamine، وقارنت الدراسة إجابات الطلبة مع النتائج التي توصلت إليها ستة دراسات قامت بها مجموعة The Melamine وهي: الاستطلاع الخاص برابطة النساء المغتربات لعام 1996، دراسة المجموعة الوطنية لعام 1999، ودراسة مجموعة Melamine فبراير عام 1999، ومجلس التميز في الاستطلاع الحكومي مايو 1999، وبيانات 1996-1998 من دراسات الانتخاب الوطني التي أجرتها جامعة متشيغان. حيث وجدت الدراسة أن الطلبة الجامعيين لديهم اهتمام ضئيل بالسياسة و بالمهن السياسية، إلا أنهم منفتحون مدنيا، ولديهم حماس للقيام بالأعمال التطوعية في مجال القضايا التي يؤمنون بها، وهم أقل انخراطا ومشاركة في السياسة مقارنة بالراشدين إجمالا، ولكن ليس بسبب شعورهم بالسخرية أو الاغتراب،حيث وجدت الدراسة أن الطلبة أقل سخرية من

السياسة والحكومة من الأكبر منهم سنا، كما وجدت الدراسة أن السبب وراء قلة المشاركة السياسية عند الطلبة، هو تصورهم أن السياسة أقل صلة بهم أو بالقضايا التي تهمهم، كما وجدت الدراسة أنهم يؤمنون بتقديم شيء لمجتمعاتهم، لكنهم يرون أن العمل في التربية أو لحساب منظمات غير ربحية هو سبيل أفضل لتحقيق هذه الغايات من السير ضمن مسارات سياسية، واعترض غالبية الطلبة على مقترحات الخدمة المدنية الإلزامية، ويقترحون عرض حوافز تدعيم الخدمة العامة التطوعية.

- **دراسة يان لام (2002) Yanlam** "عندما تتجمع الأسراب: كيف يؤثر الدين على مشاركة الجمعيات التطوعية". حيث هدفت الدراسة إلى التعرف على أثر الدين على المشاركة في الجمعيات التطوعية كأحد أنواع العمل المدني في الولايات المتحدة، وذلك باستخدام بيانات من دراسة جامعة Queen " الله والمجتمع في أمريكا الشمالية " التي أجريت عام 1996،حيث جمعت العينات للبالغين الأمريكيين والكنديين حول الانخراط في الدين و السياسة، وقد اقتصر التحليل في هذه الدراسة على العينة الأمريكية فقط.

أظهرت نتائج الدراسة أن للدين تأثيراً إيجابياً على عضوية الجماعة التطوعية، و قد وجدت أن البروتستانت أكثر مشاركة مقارنة بالأفراد الذين ينتمون لمذاهب أخرى، وأن الأفراد الذين يعتقدون أن الدين مهم في فكرهم السياسي هم أكثر مشاركة في التطوع، وأن للمشاركة في المنظمات الدينية تأثيرات إيجابية على احتمالية التطوع، كما أن للتردد على الصلوات والقراءة الدينية تأثيرات إيجابية على التطوع. ووجدت الدراسة أن للمعتقدات الأصولية بين البروتستانت تأثير إيجابي على المشاركة في العمل التطوعي. كما وجدت أن العضوية والعمل ضمن لجنة في جمعية دينية تزيد من احتمال الالتحاق بجمعية تطوعية، و من جانب آخر فإنه للتطوع في الجمعيات الدينية و حضور القداس الديني، تأثيرات سلبية على عضوية الجمعية التطوعية.

وجدت الدراسة أيضا أن للانتماء إلى الكنيسة البروتستانتية تأثيراً إيجابياً على عضوية الجمعيات التطوعية، وقد بلغت نسبة الأفراد المنتمين دينياً، ضعف نسبة الأفراد الذين بلا انتماء ديني. كما وجدت أن أتباع أية ديانة من الديانات (عدا الديانة اليهودية) هم أكثر مشاركة من الأفراد غير المنتمين، ويتفوق البروتستانتي على الكاثوليكي في المشاركة التطوعية، بينما لم يكن للفرق بين البروتستانت والمسلمين دلالة إحصائية. وقد أوصت الدراسة بتناول الأشكال الخاصة بالمنظمات الدينية التي تقوي المشاركة في العمل التطوعي المدني، ودراسة أوثق للعلاقة بين البعد الخاص للتدين و المشاركة في العمل التطوعي.

- **دراسة بلاكهرت (2002) Blackhurst** حول "مقارنة المواقف السياسية لطلبة الجامعة و معدلات المشاركة في عامي 1996-2000 " أجريت الدراسة على طلبة جامعيين لتقييم اتجاهاتهم السياسية ومستويات مشاركتهم، حيث شملت عينة عام 1996(482) من الطلبة، وعينة عام 2000 (467) من الطلبة الذين تم اختيارهم من كليات جامعية مختلفة ضمن بعض المساقات الإجبارية التي تطرح فيها،حيث اختيرت 3 مساقات إجبارية، وهدفت الدراسة إلى التعرف على مقياس اللامبالاة ومقياس السخرية ومقياس الفاعلية ومقياس الالتزام السياسي. أما نتائج الدراسة فقد وجدت أن الطلبة الجامعيين لا يسخرون كثيرا من السياسيين والعملية السياسية كما يشاع، حيث أظهرت الدراسة أن طلبة عينة عام 2000 كانت لديهم مستويات أدنى بكثير من السخرية مقابل طلبة عينية 1996. وكذلك فإن اللامبالاة بين طلبة الجامعة بازدياد، بينما الفاعلية السياسية عالية نسبيا، و هذا يؤكد أن الطلبة لم يفقدوا إرادة التصويت لاعتقادهم أن تصويتهم لن يحدث فرقا. مع ذلك فقد سجل المشاركون بهذه الدراسة مستويات منخفضة من الالتزام السياسي، و قلة منهم من يتطلع للمشاركة في العملية السياسية بعد انتهاء الدراسة، ويبدو أن اللامبالاة تلعب دورا أكبر بالنسبة لطلبة هذه الدراسة، ولم يقترن التراجع الصغير في درجات اللامبالاة بين 1996 و2000 مع زيادة مقابلة في المشاركة السياسية، وقد أشارت

الدراسة إلى أن العلاقة معقدة بين المواقف السياسية ومعدلات المشاركة السياسية للطلبة. وفي النهاية أوصت الدراسة بالاستمرار في بذل الجهود لجعل عملية تسجيل الناخب والتصويت بسيطة قدر الإمكان للطلبة مع تأمين الطلبة بالمعلومات الكافية لاتخاذ قرار عن علم و دراية.

- **دراسة معهد السياسة في جامعة هارفارد (2002)** " المواقف الجامعية تجاه السياسات و الخدمة العامة " The Campus Attitudes toward Politics and Public Service Survey" (CAPPS) وهي دراسة على مستوى البلاد، وتتناول طلبة الكليات والهدف يجريها سنويا معهد السياسة في جامعة هارفارد. ونظّمت عام 2000، والهدف الأساس منها هو جمع البيانات حول رؤى الطلبة ومواقفهم من السياسة والخدمة العامة. و لهذا الغرض يعتمد المسح على عينة طبقية من الطلبة في الولايات المتحدة، مع إجراء ضبط لعوامل نوع: الجنس، العرق، الطائفة، والوضع الاجتماعي. أجريت الدراسة عبر المقابلات الهاتفية على 800 طالب في أكتوبر 2001 وازداد حجم العينة ليصل إلى 1200 مجيب.

وجدت الدراسة أن الطلبة يمتلكون تمييزا فكريا واضحا بين العمل السياسي والأشكال الأخرى من الأعمال المدنية. مثال: أحس ما يقارب من 85% من الطلبة أن التطوع المجتمعي كان أفضل من العمل السياسي كطريقة لحل المشاكل المجتمعية، وأن الغالبية العظمى تعتقد أن التطوع في المجتمع أيسر من التطوع في السياسة. كما وجدت الدراسة أن تطوع الطلبة قد بلغ أعلى درجاته لكل الأوقات، إذا أفادت الدراسة أيضا أن مستويات المشاركة السياسية بين طلبة السنة الأولى قد هبطت إلى أخفض درجة لكل الأوقات.كما تبين في الدراسة أن المربون أقاموا حاجزا فاصلا بين العمل المدني و السياسي مع أن هذا الأسلوب كان ناجحا لتعزيز العمل المدني، إلا أنه لم يحفزهم كي يكونوا مشاركين أكثر فاعلية في العملية السياسية في التحليل الأخير. وأوصت الدراسة (CAPPS) بضرورة الانتباه إلى تحرير الاستراتيجيات التدريسية و الوسائل التعليمية التي ستكون أكثر فاعلية في ترويج

العمل السياسي بين الطلبة، وأن يتصف المخطط المنهجي الفعال بأجواء تعلم تساعد الطالب على: تعلم الوسائل والاستراتيجيات الأساسية للنشاطية السياسية مدعمة بفهم أصول تحليل السياسة التطبيقية، والتعامل مع الممارسين الذين اختاروا الأشكال ذات المعنى السياسي للخدمة العامة بصورة أهم مهنة لهم، والتواصل مع المنظمات الطلابية ومجموعات مصالح المواطن التي تنشط عادة في مختلف القضايا ومنها، خوض العمليات السياسية من خلال التموضع في المؤسسات الاجتماعية و المنظمات التي تتعامل مع قضايا السياسة التطبيقية

- **دراسة اوسترندر(2003) Ostrander** حول" الديمقراطية والمشاركة المدنية والجامعة" في دراسة مقارنة للعمل المدني في خمس جامعات، هذه الدراسة أجرتها جامعة Tufte وهدفت إلى تقييم الإجراءات المتخذة من قبل خمسة جامعات لتحسين المشاركة لدى الطلبة،وكان من نتائج الدراسة أن الأسس المحورية لعملية المشاركة ليست موحدة بين الجامعات. كما وجدت الدراسة إن العوامل والظروف الداخلية في الجامعات تهيئ ما ييسر- ويسهل عملية المشاركة، وبنفس الوقت فإن تلك الظروف تضع العوائق أمام عملية المشاركة.

كما تبيّن من خلال الدراسة أن مؤسسة وإدارة العمل في الجامعات، عوامل تؤثر في النتائج، وفي الفوز بالأصوات من الجامعة. كما أن الهياكل التنظيمية الجديدة ضرورية لتطوير وحفظ الشراكة بين المجتمع والجامعة وتقاسم النفوذ والموارد. وقد خلصت الدراسة إلى أن تحسين المشاركة المدنية في الجامعة لا يتحقق من خلال قرارات معيارية، وإنما هناك ضرورة لإعادة هيكلة التنظيم في الجامعات، كما رفضت الدراسة أي محاولة لتصنيف برامج نموذجية لأفضل ممارسة، ونوهت الدراسة إلى أن المراكز المدنية الجامعية متواجدة لخدمة أغراض معينة.

- **دراسة جاكيولاين (2004) Jacqueline** حول" بناء المواطنة والمشاركة التطوعية في المكسيك، التداعيات الاقتصادية و الاجتماعية" التي استندت إلى دراسة وطنية وهي أول مسح دراسي للتطوع الوطني في المكسيك الذي استمر 12 شهراً،حيث اعتمد أسلوب

البحث الكمي والكيفي في جمع البيانات حول التطوع من مختلف الجوانب، كما تطرقت الدراسة إلى محاولة فهم العقلية المكسيكية في السياسة فيما يتعلق بالمشاركة السياسية وأنماط التصويت، ومشاركة المواطن، حيث وجدت الدراسة أن العقلية المكسيكية ترى أن التعاون بين الناس أمر طبيعي، وأن على الأفراد أن يتنازلوا في سبيل مصلحة مجتمعهم، رغم أن نسبه كبيرة تعتقد أن الناس يهتمون أساسا بمصالحهم.

أما عن المشاركة السياسية فظن معظم أفراد العينة أنهم يتشاركون مع الحكومة في حل القضايا العامة، وقد كان لمستوى التعليم تأثير في ذلك، حيث تناسب ارتفاع المستوى التعليمي طرديا مع درجة المشاركة، و كان أكثر من نصف أفراد العينة يرى أنه لا يملك القدرة على تغيير الأوضاع في مجتمعه، سواء بالعمل المباشر أم بالعمل مع الحكومة، وهذا يعني أن الأشخاص الذين انتخبوهم للمراكز العامة لا شأن لهم بهم، وأن نسبة الثقة بالأحزاب السياسية متدنية جدا وليس لديهم ثقة ببعض الأجهزة الحكومية، خصوصا الأمن، ولهذا أسبابه السياسة التاريخية، حيث يعتقد ما لا يقل عن نصف السكان أن أفعالهم الشخصية لا أهمية لها فهم لا يرغبون في العمل مع الآخرين من أجل قضية عامة، وهم ليسوا معتادين على المشاركة. كما كشفت الدراسة عن تفاوت كبير في الرأي و إرادة المشاركة، مع ازدياد المستويات التعليمية. كما وجدت الدراسة أن اللامساواة الموجودة في المكسيك في مجال التعليم والصحة تؤثر في درجة المشاركة. وفيما يتعلق بالمشاركة بالعمل التطوعي بالتبرع بالمال أو بالمواد العينية فقد كشفت الدراسة أن معظم أفراد العينة قاموا بذلك، وأن نسبة العضوية للمنظمات الدينية كانت مرتفعة، إذ بلغت 4:1 مقابل 20:1 ينتمون لمنظمات إنسانية أو خيرية.

- **دراسة سابيراج ووايت (2004) Sabieraj and White** حول" الحياة السياسية إعادة تقييم العلاقة ما بين عضوية الجمعيات التطوعية،المشاركة السياسية والدولة " حيث استخدم الباحثان بيانات جمعت من 2517 مقابلة، في دراسة لمشاركة المواطن الأمريكي، هدفت إلى استكشاف العلاقة بين الانخراط في الجمعيات، والمشاركة أو

النشاط السياسي، حيث وجدت الدراسة أن الناس يفضلون الانخراط في الجمعيات التطوعية، إضافة إلى أن تبادل المعلومات السياسية والحوار السياسي داخل تلك الجمعيات موجود، ويأخذ الصبغة السياسية، وبذلك فقد تبيّن أن مستوى الفعالية أو النشاط السياسي داخل هذه الجمعيات التي تعدّ غير سياسية، له علاقة بالرغبة في المشاركة السياسية، لذلك فإنه ينبغي أن يتداول الأعضاء في الجمعيات التطوعية الخطاب السياسي، لضمان زيادة المشاركة السياسية، وبالتالي فإن الحماس للمشاركة لا يسند الحياة السياسية، بل الفرصة للانخراط في السياسات هي التي تعمل كحافز للنشاط السياسي.

- **دراسة ديكر وبروك (2004) Dekker and Brook** حول "المجتمع المدني من منظور طولي ونسبي ومقارن للجمعيات التطوعية والمشاركة السياسية والثقة الاجتماعية والسعادة في اثني عشر- بلدا غربيا" حيث ركّزت الدراسة على عضوية الجمعيات التطوعية وعلى التطوع في مثل هذه المنظمات، وارتباطها بالثقة أو السعادة في الفترة بين 1981-2000، وهل حدث تراجع عام في جميع هذه البلدان، ومن ثم دراسة: المشاركة السياسية، الثقة الاجتماعية والسعادة من حيث ارتباطهما بالمشاركة في الجمعيات التطوعية. حاولت الدراسة الإجابة عن عدد من التساؤلات منها: هل هناك تراجع في الانضمام إلى الجمعيات التطوعية، والمشاركة السياسية، الثقة الاجتماعية، والسعادة في البلدان الغربية؟ هل هناك تحول نوعي في الانضمام إلى الجمعيات التطوعية بعيدا عن الاجتماعات المباشرة إلى جمعيات التراسل بالبريد؟ هل لمستويات الانخراط في المنظمات التطوعية علاقة بمستويات المشاركة السياسية، الثقة الاجتماعية والسعادة؟ هل هناك علاقة بين مستويات الانخراط في الجمعيات التطوعية ومستويات المشاركة السياسية والثقة الاجتماعية والسعادة؟ وقد جاءت نتائج الدراسة لتبيّن أنه لم يطرأ أي هبوط عام في الانخراط في الجمعيات التطوعية والمشاركة السياسية و الثقة الاجتماعية والسعادة في البلدان الغربية. كما لم يطرأ أي تحول نوعي في الانضمام إلى الجمعيات التطوعية، ولم تتجه مشاركة الناس إلى التراسل

بالبريد وجها لوجه، وأن الانتماء للجمعيات الخيرية ارتبط إيجابياً مع السعادة عند مقارنة البلدان مع بعضها بعضا، و ليست عند مقارنة الأفراد ضمن البلد الواحد، وأن ذلك يرتبط مع المشاركة السياسية ضمن الأمة و ليس بين الأمم.هذا وقد أوصت الدراسة بالمزيد من البحث النوعي لاكتشاف معنى آليات المشاركة التطوعية نسبة إلى مشاعر الجماعة والسعادة ونوعية المجتمع والسياسات.

- **دراسة جارفز وآخرون (2005) Jarvis et al. a** ، حول" المشاركة السياسية عند الشباب العامل وطلبة الكليات الجامعية" أجريت الدراسة من قبل مكتب البحث الاستطلاعي في جامعة تكساس في أوستن على 1000 شاب من الجامعة ومن خارجها تراوحت أعمارهم بين (19-23) سنة،أتت النتائج أن طلبة الجامعات هم الأكثر اهتماما بالسياسة، ويمتلكون مهارات مدينة أكثر، وأن الانتماء للجماعة يؤثر على مشاركتهم أكثر من الشباب من غير الطلبة، وأنهم الأكثر مشاركة في جماعات العمل السياسي مقارنة مع الشباب غير الجامعي.

وبينت الدراسة أن الطلبة هم الأكثر تصويتا والأكثر تسجيلا للتصويت والتطوع والشعور بأنهم الأكثر قدرة على إحراز التغيير في مجتمعاتهم. افترضت الدراسة أن الشباب في الجامعة يتلقون مناهج تزيد من مهاراتهم المدنية، وأن الشبكات الاجتماعية تزيد من الأنشطة السياسية. وجدت الدراسة كذلك أن الشباب غير الجامعي/العامل، هو الأقل تكيفا سياسيا والأقل مشاركة في مجموعات العمل السياسي، مقارنة بأقرانهم الملتحقين بالكليات، و كذلك من حيث التصويت والتطوع والشعور بإمكانية إحراز تغيير في مجتمعاتهم.كما تبيّن أن لممارسة المهارات المدنية تأثيراً كبيراً على المشاركة السياسية، كما أن المشاركة بالسياسة ومدى الاهتمام بالسياسة وعضوية الجماعة والتعبئة الشخصية والنشأة السياسية كلها عوامل تؤثر على المشاركة السياسية. كما إن المتغير الأكثر مساهمة في زيادة مشاركة طلبة الجامعة هو الاهتمام بالسياسة، كما كشفت البيانات أن نمو الاهتمام

بالسياسة درجة واحدة نتج عنه ثلث إضافي في العمل السياسي. وبالإضافة إلى العلاقات الاجتماعية، بـرزت عضوية الجماعة كمتغير قوي للمشاركة السياسية وذلك بسبب تهيئة العضوية الجماعية للسياق الـذي يمكـن أن تنشأ فيه فرص من التعلم لاكتساب المهارات والفرص السياسية. فيما لم يكن للتحصيل العلمي/ الجنس/ المهـارات المدنية والعلاقات الشخصية أي دلالة إحصائية.

- دراسة كريستين ونيكولاس Christine and Nicholas(2005)، حيث درسا الصلات التي تربط بين الجمعيـات التطوعية و التطوع والمواطنة من خلال قراءة و تحليل الأبحاث التي أجريت في مدينة جلاسكو الاسكتلندية التي تناولت التشعب المتزايد في القطاع التطوعي وكيف تعمل أجواء هذه الجمعيات في ضوء تنوع خـدماتها و نشاطاتها على تسهيل أو إعاقة نمو المواطنة الفاعلة،حيث ركـز الباحثان علـى المشاكل التي تواجه الجمعيـات التطوعية بين مدى النمو التنظيمي وإعادة الهيكلة من أجل تقديم خدمة متكاملة من جهة، والعمل الإيجابي مع المتطوعين وتمكين الناس في المجتمع المحلي من جهة أخرى. حيث و جدت الدراسة أن التركيـز علـى النمـو التنظيمي يؤدي إلى التجريد وتقوية المواطنة السـلبية، وقـد أوصـت الدراسـة أن تعمـل المـنظمات علـى تقـديم خدماتها لمختلف الفئات مع البقاء على التزامها بالمشاركة الفاعلة للمجتمعات.

- دراسة جارفز وآخرون Jarvis et al. b.(2005)، حول "المشاركة السياسية لطلبة الكليـات والطلبـة العـاملين و الشباب العامل، حيث أجريت الدراسة من قبل مكتب البحث الاستطلاعي في جامعة تكساس في اوستن.

وهي دراسة استطلاعية لمعرفة المزيد عن التقاطع بين التعليم والعمل والمشاركة السياسية، حيث أجري استطلاع تلفوني لعينة مكونة من 1000 شاب تتراوح أعمارهم بين (19-23)سنة. تناولت الدراسة المشاركة السياسية للشباب من ثلاث فئات هي: الطلبة، والطلبة العاملون و العاملون من غير الطلبة. وقد أظهرت نتائج الدراسة أن اهتمام الطلبة

45

العاملين بالعمل السياسي والمهارات السياسية والتعبئة السياسية والمشاركة السياسية أعلى مستوى مقارنة بالطلبة فقط والعاملين. كما وجدت الدراسة أن الطلبة المشاركين سياسيا قد نشئوا في بيوت يسود فيها النقاش السياسي بكثرة أو خلال فترات لجميع أفراد العينة، وأن الوالدين في الغالب أو أحيانا نشيطون اجتماعيا. كما بيّنت أن أكثر من نصف العينة من الطلبة الشباب بمختلف فئاتهم يشاركون بالأعمال التطوعية المدنية وفي خدمة المجتمع بنسبة تفوق الانتماء إلى جماعات سياسية، وأن الطلبة العاملين يتفقون في كثير من المتغيرات السياسية، كالاهتمام بالسياسة، قراءة الصحف، التحدث مع الأصدقاء في السياسة، الإعلان عن آرائهم، المشاركة السياسية وأبرزها التصويت. بالمقارنة بين الفئات الثلاث تبيّن أن للطلبة العاملين مستوى أعلى من الاهتمام السياسي و يمتلكوا من مهارات أعلى، ويشاركون أكثر مقارنة بالطلبة غير العاملين والشباب الآخرين. وقد تضمنت الدراسة فقرات حول المشاركة في العمل التطوعي في مجال خدمة المجتمع بعدّها نوعاً من المشاركة السياسية، حيث وجدت أن الانتماء لمؤسسات خدمة المجتمع هو أكثر من الانتماء للمجموعات السياسية.

- **دراسة نيلسون (2005) Nelson** التي هدفت إلى تحليل النماذج الموجودة لتعزيز التطوع العام بما فيها التشريعات ومقارنة رسم السياسات والقواعد المؤسسية من مختلف البلدان تمت دراسة مساهمة عدد من المنظمات التطوعية منها: منظمة شبان Ibero-Americana برنامج متطوعي الأمم المتحدة (UNV) مركز التطوع الأوروبي، اتحاد المنظمات التطوعية، مركز Johns Hopklns لدراسات المجتمع المدني، مركز البحوث لجامعة الباسيفيكي في بيرو، معهد الخدمة العالمي في مركز التنمية الاجتماعية لجامعة واشنطن في St.Lovis المستحدثات في المشاركة المدنية، معهد البحث التطوعي وغيرها، حيث قدمت الدراسة ما يبرر للمشرعين وصانعي السياسات دعم المبادرات التطوعية والفردية عند المواطنين في الوقت الراهن برفع عجلة التقدم في بلادهم، ومن ثم

قدمت قائمة خيارات تتضمن مكونات التصميم لبرنامج وطني مع الأخذ في الاعتبار أن لكل بلد ثقافته المميزة و التاريخ السياسي والعمالي.

وقد أشارت الدراسة إلى أن استطلاعات مركز أبحاث Pacitico del Universidad في بيرو Peru أظهرت أن أفراد الطبقة الاقتصادية الاجتماعية العليا هم أكثر المشاركين في الأعمال التطوعية. أما عن العوائق التي تقف أمام التطوع، فقد وجد العديد من العوائق في طريق التطوع على المستوى التنظيمي والفردي، منها: قلة الوقت للانخراط في التطوع على ضوء المسؤوليات العائلية والعملية. وكذلك قلة المعلومات حول فرص التطوع وكيفية المشاركة فيها،حيث يمكن للحكومة أن تنسق الجهود لتتخلص من الفجوة المعلوماتية التي تحول دون مشاركة الأفراد في التطوع.

كما نوهت الدراسة بأن لكل بلد تاريخه في التطوع أو افتقاره لهذا التاريخ الذي يشكل سياق برنامج التطوع الوطني، ويتحدد السياق بالعوامل المؤثرة التالية: أسواق العمالة -حالة التنمية- نشوء المجتمع المدني (والذي يطلق عليه أيضا القطاع التطوعي) - القيادة السياسية الدينية و المدنية -الإطار السياسي و الاقتصادي- الاجتماعي والأعراف الثقافية بما فيها العادات المتأصلة.

7-1 التعقيب على الدراسات السابقة:

من خلال العرض للدراسات السابقة التي تناولت موضوع المشاركة في العمل التطوعي أو المشاركة السياسية أو تلك الدراسات التي تناولت الموضوعين معا، يلاحظ أن هناك قصوراً من حيث الدراسات العربية التي تناولت الموضوع بشكل متخصص، وأن ما تم العثور عليه من تلك الدراسات تخصص في موضوع واحد فقط، وأن بعض الدراسات العربية التي تناولت موضوع العمل التطوعي والمشاركة السياسية معا، كانت تتناوله ضمن عدد من المواضيع التي تقيس مدى المشاركة في جوانب الحياة المختلفة، ومن ضمنها دور الشباب بشكل عام، مع تضمين عينة من تلك الدراسات نسبة محدودة من الشباب الجامعي، كما أن مجالات المشاركة ومداها جاء أيضا مقتصرا على جوانب محددة ومختصرة لموضوع دور الشباب في العمل التطوعي أو المشاركة السياسية إلا انه يمكن القول أن تلك الدراسات أوجدت النواة لمزيد من البحث المتخصص.

أما فيما يتعلق بالدراسات الأجنبية، فيلاحظ أن البحث في موضوع دور الشباب بشكل عام في العمل التطوعي والمشاركة السياسية قد وجد نصيباً أوفر من الدراسات العربية، رغم محدودية الدراسات المتخصصة، لكن من خلال الاطلاع على تلك الدراسات يتبيّن أن الموضوع بدأ يأخذ جانباً لا بأس به من الاهتمام العالمي في عدد من الدول، كما يلاحظ أن عدداً من الدراسات جاءت لتقارن دور الشباب الجامعي في العمل التطوعي ودوره في المشاركة السياسية بدراسة متخصصة، الأمر الذي لم يتوفر في الدراسات العربية التي سبقت الإشارة إليها. كما يلاحظ من خلال الدراسات الأجنبية أن بعضها قد عدّ أن المشاركة السياسية واقعة ضمن الأعمال التطوعية، وكذلك نجد العكس،حيث عدّت دراسات أخرى العمل التطوعي واقعاً ضمن المشاركة السياسية، ولعل هذا الأمر يرتبط بمدى الوعي ودرجة التقدم في تلك المجتمعات، والنظرة لكلا الموضوعين، إلا أن الخصوصية التي تتمتع بها المجتمعات العربية بشكل عام والأردن بشكل خاص وكذلك الخصوصية التي يتمتع بها الشباب العربي، تجعل من تعميم نتائج تلك الدراسات على المجتمعات بحاجة إلى نوع من الحذر، وذلك للاختلافات الثقافية التي تميز المجتمعات العربية بشكل عام عن غيرها من المجتمعات.

من هنا جاءت هذه الدراسة لتسد بعض النقص في هذا المجال الذي يعدّ كبيراً ومتعدد المجالات والأبعاد هذه الدراسة أتت في محاولة لتكون شمولية، تغطي معظم جوانب الموضوع ذات العلاقة، ورغم ذلك سيبقى الموضوع بحاجة إلى المزيد من البحث. لذلك من المتوقع أن يكون هذا البحث نواة لغيره من الأبحاث في المستقبل، خصوصا أنه الأول من نوعه ولتناوله مجالات متعددة من العمل التطوعي والمشاركة السياسية. من ناحية أخرى فإنه يعمل على دراسة واقع المشاركة الحالي، بالإضافة إلى استطلاع التوجهات المستقبلية، وهذا لم يتوافر في أي من الدراسات السابقة، لذلك فإن هذه الدراسة ستحاول سد النقص بهذا الموضوع لعل في ذلك فائدة للمجتمع في طرق موضوع لم يُبحث سابقا في الوطن العربي في حدود بحث وعلم واطلاع الباحثة المتواصل في عدد كبير من المكتبات العربية والأجنبية.

الفصل الثاني

الشباب وأدوارهم الاجتماعية

1-2 التعريف بمفهوم الشباب:

يبدو أن هناك صعوبة في تحديد تعريف واضح للشباب، كون الشباب يمثل قطاعا أفقيا من البنيان السكاني في المجتمع، وهو الجسر الذي يربط مرحلة الطفولة بمرحلة الكبر، وهو جزء من أجزاء المجتمع الأساسية، يتميز ببعض الخصائص، لذلك فقد برز أكثر من اتجاه لتحديد مرحلة الشباب سيتم تناول أبرزها، وهي كالتالي:

1- الاتجاه السكاني:

هذا الاتجاه اعتمد العمر في تحديد سن الشباب، حيث يشير عبد المعطي (2002، 189) إلى أن علماء السكان أول من حاول تقديم تحديد لمفهوم الشباب، وقد استندوا إلى معيار خارجي يتمثل في العمر، إلا أنهم اختلفوا فيما بينهم حول نقطة البداية والنهاية لهذا العمر الشبابي، وهناك من يؤكد أنهم بين (15-20). أو من يقعون بين (15-30) حسب ما يرى آخرون، كما اعد بعض الباحثين الشباب كمرحلة موزعة على مرحلتين هما:

- مرحلة المراهقة: وتبدأ بسن (13) سنة وحتى سن (21) سنة.
- مرحلة الرشد المبكر: وتمتد من سن (21) سنة وحتى (30) سنة.

2- الاتجاه السيكولوجي:

ويرى علماء النفس أن مرحلة الشباب حالة عمرية تخضع للنمو البيولوجي ولثقافة المجتمع فهي مرحلة انتقالية بين الطفولة والرشد لها خصائص متميزة، وقد تتخللها اضطرابات ومشكلات بسبب الضغوط التي يتعرض لها الشباب من الأسرة والمدرسة والمجتمع. بهذه المرحلة يتم تحقيق الذات ونمو الشخصية وصقلها، وكذلك هي نقطة ضعف وثغرة يحتاج فيها الشباب إلى مساعدة للأخذ بيده ليعبر هذه المرحلة بسلام (عبد القادر,1998: 26).

3- الاتجاه البيولوجي:

اتجاه يعتمد البعد الزمني،حيث يعد الشباب مرحلة عمرية أو طوراً من أطوار نموه، وهي فترة اكتمال النمو العضوي الفيزيقي والنضج العقلي النفسي، وهذا المفهوم يعتمد

النضج الجسمي والعقلي. أما تحديد البداية والنهاية لهذه المرحلة فهي تتفاوت طبقا لمعايير كل مجتمع (عبد القادر،1998: 26).

4- الاتجاه الأنثروبولوجي:

يشير عبد المعطي إلى أن الدراسات الأنثروبولوجية أوضحت كيف تختلف المجتمعات في تحديدها لمراحل النمو الاجتماعي والنفسي، وبالأخص فيما يتصل بالشباب والرجولة، وهناك العديد من الدراسات التي تناولت الفروق بين المجتمعات المتقدمة في هذا الصدد.إضافة إلى ذلك،فهناك المعطيات القيمة التي قدمها علماء الأنثروبولوجيا، في وصف طقوس التعميد التي تجريها المجتمعات البدائية، لاختبار صلابة المراهقين والنظر في مدى أحقيتهم في العضوية الكاملة في الجماعة (عبد المعطي،191:2002).

5- الاتجاه الاجتماعي:

هذا الاتجاه يأخذ بمعيار النضج والتكامل الاجتماعي للشخصية،،حيث يعتمد أصحاب هذا الاتجاه مجموعة مواصفات وخصائص تطبق على أفراد المجتمع، تميز الشباب من غيرهم (أعضاء الهيئة التدريسية، 2002: 118). وهو ينظر إلى الشباب بعدّه حقيقة اجتماعية وليس ظاهرة بيولوجية (عبد القادر, 1998: 26) ولعلماء الاجتماع تشخيصهم العلمي والموضوعي لفئة الشباب، وهو التشخيص الذي يرى أنه بالإضافة إلى التحديد العمري السابق،فإن فترة الشباب تبدأ حينما يحاول المجتمع تأهيل الشخص الذي يمثل مكانة اجتماعية ويؤدي دورا أو أدوارا في بنائه، وتنتهي عندما يتمكن الشخص من احتلال مكانته وأداء دوره في السياق الاجتماعي وفقا لمعايير اللعبة الاجتماعية، وهم يؤكدون بذلك أن الشخصية تظل شابة طالما أن صياغتها النظامية لم تكتمل بعد. وفي إطار ذلك يفرق علماء الاجتماع بين الدور في مرحلة الإعداد، والدور في مرحلة الاكتمال والفاعلية. فدور الطالب والحرفي يعد من النوع الأول بينما يعدّ دور العامل والموظف من النوع الثاني، وبذلك يعتمد تحديد علماء الاجتماع للشباب كفئة، على الطبيعة والمدى لاكتمال الأدوار التي تؤديها

الشخصية الشابة. ويستتبع ذلك تأكيدهم انتشار الرفض والعنف والتظاهر عند هؤلاء الذين لم تكتمل أدوارهم بعد، أو ما زالت في طور الإعداد. فبعضهم يهتم بتتابع الأجيال استنادا إلى تتابع منظومة سنوات العمر، وبعضهم يهتم بالنمو النفسي وحالات القلق والتوتر المصاحبة، بينما يهتم فريق ثالث بطبيعة الحركة بين الأدوار الاجتماعية المتباينة، في حين يهتم رابع بالتحديد الثقافي للشريحة الشبابية، وأخر يهتم بملامح البيولوجي وطبيعة التغيرات التي تنتاب الجسم الشاب، ثم الدلالات النفسية والاجتماعية والثقافية لملامح التغير والنمو هذه. (عبد المعطي 2002: 192) إلا أن هناك من يعتقد أن تحديد فترة عمرية للشباب أمر اعتباطي على أساس أننا لا نعرف أين ينتهي الشباب لتبدأ الشيخوخة، وهذا يعني أن الفئات العمرية هي من إنتاج المجتمع، تتطور عبر التاريخ، وتتخذ أشكالا ومفاهيم ترتبط بالأوضاع الاجتماعية تماما، كما أن لكل مجتمع قيمه وعقله الجمعي الذي ينضبط به والنتيجة أن لكل مجتمع شباب مختلف نوعا ودرجة عن شباب أي مجتمع، وبذلك فإن لكل شباب قضاياه وأسئلته التي تتنوع بتنوع المجتمعات. والنتيجة التي خلص إليها، أن الشباب يبقى ظاهرة اجتماعية محددة سلفا بشروط إنتاج وإعادة الإنتاج الاجتماعي في مجتمع معين، وبذلك فهي تشير إلى مرحلة عمرية تأتي بعد مرحلة الطفولة، بها تلوح علامات النضج البيولوجي والنفسي والاجتماعي (العطري 2004: 15).

وبما أن الشباب ظاهرة اجتماعية تشير إلى مرحلة من العمر تعقب مرحلة المراهقة وتظهر خلالها علامات النضوج الاجتماعي والنفسي والبيولوجي، فإن المجتمعات تميل إلى تحديد بداية مرحلة الشباب ونهايتها وفقا لعدد من المعايير، وكلما ازدادت المجتمعات تقدماً وتطوراً تصبح عملية تحديد بداية الشباب إحدى مظاهر التطور الاجتماعي، وعاملاً أساسيا من عوامل الثقافة وتغيير المجتمع ككل وخصوصاً التغيرات في نظام التعليم.

أما تعريف الأمم المتحدة، فقد حدد الشباب بالفئة العمرية التي تتراوح بين 15 -24 عاماً. وهو التعريف الذي تعتمده غالبية الدراسات الاجتماعية، وهو تعريف غير واضح، ويبدو

ذلك عندما قدمت الأمم المتحدة تعريفاً للطفولة بأنها تمثل المرحلة العمرية دون سن الثامنة عشرة، وهذا يعني أن هناك اختلافاً على فئة عمرية تقع ضمن هذا التحديد، وهي الفئة من (15-18) هل هم أطفال أم شباب؟ مع كل ما يترتب على ذلك من المسؤوليات الاجتماعية والقانونية.

وفي النهاية يتبين أن مرحلة الشباب هي حلقة في سلسلة حياة الإنسان، ترتبط بما قبلها بمرحلة الطفولة التي تعد الفرد لاستقبال مرحلة الشباب، كما ترتبط بمرحلة ما بعد الشباب التي يستفيد منها الفرد من خلال تطبيق ما أمكن اكتسابه من الخبرات والمواقف التي مر بها في شبابه.

2-2 إشكالية الظاهرة الشبابية:

تبدو المؤشرات واضحة في أن هناك إشكالية في تناول موضوع الشباب، حيث تظهر عدة اعتبارات وإشكاليات نظرية ومنهجية نبه إليها عبد المعطي عند تحديد مكانة الشباب في المجتمع العربي المعاصر أهمها ما يلي:

1- أن الشباب في أي مجتمع لا يشكلون شريحة أو فئة اجتماعية متجانسة سواء فيما يتعلق بمكوناتها أو بانتمائها الاجتماعي – الطبقي، أو بارتباطاتها الثقافية والاثنية.... الخ. حينما نتحدث عن الشباب فما هي الفئة المعينة بالتحديد من هذا الحديث؟ الشباب الريفي أو الشباب الحضري؟ الإناث أم الذكور؟ المتعلمين أم الأميين الفقراء أم الأغنياء؟

2- هناك مسالة أخرى تجدر الإشارة إليها في هذا الصدد، وهي التي تتعلق بإشكالية التحديد الدقيق للفئة العمرية التي ينسحب عليها مفهوم الشباب، وإذا وجدنا بالفعل دراسات عديدة عمدت إلى حصر مرحلة الشباب في السن ما بين (15-25) سنة، فإننا نجد تحديدات أخرى مخالفة، ومن بينها فئة الشباب الذين لم يتجاوزوا بعد "سن الأربعين".

3- الإشكالية الثالثة تتعلق بطول الأمد المدرسي أو الجامعي في إطار أنظمة التعليم والتكوين في المجتمعات المعاصرة، إذا كانت المجتمعات التقليدية تطور وتعقد الأوضاع والأدوار الاجتماعية فيها – تعمل على تأهيل الأفراد ودمجهم في الحياة الاجتماعية العامة في سن مبكرة نسبيا،فإن المجتمعات المعاصرة، لتطورها وتعقد بنيتها ومجالاتها، تطلب نوعا من التعليم و التأهيل والتكوين يتناسب مع المراحل الجامعية التخصصية العليا إلى ما بعد سن الأربعين، من أي فئة عمرية نستطيع أن نصنف أولئك الذين تجاوزوا سن الثلاثين (مثلا) والذين مازال بعضهم في طور التكوين والتأهيل وما زال بعضهم الآخر لم يندمج في الحياة الاجتماعية العامة عبر قنوات الزواج والعمل وتحمل المسؤولية الفردية أو الجماعية.

4- الشباب وإشكالية الاندماج الاجتماعي: فقد كانت المجتمعات التقليدية بنمط تربيتها العفوية لا تجد صعوبات كبيرة في تأهيل الشباب واحتوائهم ودمجهم في النسق الاجتماعي عبر المؤسسة الزوجية والانخراط المبكر في العمل الإنتاجي في المجتمعات المعاصرة، فنظرا للتطور ارتفعت فيها درجة التخصص الوظيفي –أي مختلف الأدوار والوظائف والميادين– وكان من تبعات هذا الوضع النمو المتزايد لما يسمى بالمجتمع المدني وظهور مؤسسات اجتماعية جديدة، كالمدارس والجامعات ووسائل الإعلام والاتصال والأحزاب والنقابات ...الخ. وأصبح ينظر للشباب كرأسمال بشري يجب استثماره بشكل عقلاني مخطط تلافيا لأي هدر أو ضياع.

5- أما في المجال السياسي فهناك أيضا تهميش مضاعف للشباب في جميع المستويات والأصعدة، وهذه العملية لا يمكن فصلها في مجتمعاتنا العربية عن مختلف البنى والهيكليات الاجتماعية القائمة التي لا تزال تتسم في الغالب بهيمنة العقلية الأبوية على مجمل العلاقات والتنظيمات والمؤسسات، والأجهزة المكونة للنسيج المجتمعي العام مثل: العائلة،والمدرسة، والمؤسسة الإدارية...

55

وهذه المعطيات تؤكد أن المجتمعات العربية عامة بحاجة إلى بلورة "ثقافة سياسية جديدة " تتقاطع مع "العقلية العشائرية والقبلية منها والمستحدثة"، وتكرس أساليب جديدة في التنظيم والهيكلة وعقلنة المشاركة الإيجابية الفاعلة في المجالات الاجتماعية باتجاه بناء استراتيجية عملية لتحقيق عملية الإدماج وتوظيف الطاقات الشابة لتدعيم الإنماء السياسي والاجتماعي المتكامل.(عبد المعطي، 2002: 201-212) إذا ما تأملنا بهذه الإشكاليات والاعتبارات سنجدها تؤكد خصوصية فئة الشباب، وأن هناك عملية تغير في الأدوار أفرزتها عوامل التغير في العالم ككل والتي تؤدي إلى الخصوصية في التعامل مع هذه الفئة لاستثمارها كشريك في تنمية المجتمعات، وهذه تعدّ تحديات كبيرة للمجتمعات وخصوصا العربية التي ما زالت تنظر إلى الشباب نظرة تفتقر إلى النضج.لذلك، فإن فاعلية عنصر التكنولوجيا في بناء النظام العالمي دعمت التماسك والوحدة للشريحة الشبابية في هذا النظام من خلال وسائل الاتصال والمواصلات التي جعلت عالمنا عالما واحدا، إن تكنولوجيا الاتصال خلقت إمكانية عالية لانتقال الأفكار والقيم من مجتمع لآخر.

3-2 الثقافة الفرعية للشباب:

يقصد بالثقافة الفرعية وجود فئات أو جماعات قائمة على أسس قومية، دينية، أو ثقافية داخل مجتمع معين وتمتاز بخصائص محددة داخل المجتمع الأكبر الذي توجد فيه، وهذه الفئات أو الجماعات، على هذا الأساس تمثل ثقافة فرعية كجزء من ثقافة المجتمع الأكبر الذي توجد فيه، وهي بالتالي تعمل على تطوير نوع من الشخصية أو الذاتية الجمعية Collective Identity، حيث يستمد منها الأفراد أعضاء الجماعة بعض مقومات سلوكهم التي تتعدى نطاق الصفات الاجتماعية التي لصقت بهم بحكم انتمائهم الطبقي أو المهني.

يعود الاستخدام المبكر لمفهوم الثقافة الفرعية في علم الاجتماع إلى كل من (ماكلانج لي Mclunglee) و(جوردون M.Gordoon) في تطبيقهما للمصطلح كإشارة إلى جزء فرعي من الثقافة القومية "بهدف تأكيد أثر التنشئة الاجتماعية داخل الأقسام الفرعية

للمجتمع التعددي".المدخل الأنثروبولوجي كما طوره (ريموند فيرث R.Firth) عندما عرف الثقافة بأنها "السلوك الذي يكتسب بالتعليم على نحو اجتماعي". ويشير عبد المعطي إلى أننا نستطيع أن نتحدث عن "ثقافة الشباب" بوصفها ثقافة فرعية خاصة بفئة عمرية معينة، وهي تنطوي على قيم ومعايير، وأنماط سلوكية، وطموحات ومثاليات، تشكل في مجملها إطارا مرجعيا لسلوك هذه الفئة. كما عبر عنها (دوانز) "تنشأ الثقافة الفرعية،حيث يوجد عدد من الفاعلين يقوم بينهم تفاعل فعال لما يواجهونه من مشكلات مشتركة.وتشكل مجموعة من السلوك والقيم التي لها رموز ذات معنى بالنسبة للفاعلين المشتركين فيه". تحلل ثقافة الشباب على مستويات متعددة، فمن الممكن تحليلها على المستوى التاريخي للأفكار، ومن هنا فالتركيز على الصلات بين ما هو تقليدي أو ما هو جديد أو مستحدث، والصراعات أو التناقضات المحتملة بين هذين النمطين من الأفكار، والمستوى الثاني هو مستوى القيم وموجهات السلوك، والمستوى الثالث والأخير هو مستوى المعاني والرموز وعلاقتها بالفن وصور التعبير الأخرى، وهناك أخيرا العنصر الشخصي، والدينامي الذي ينطوي عليه سلوك الأفراد الذين يشتركون معا في إطار مرجعي ثقافي واحد.

وقد أشار (عبد المعطي،2002: 179-184) إلى العلاقة بين الثقافة الفرعية والبناء، وأثرها على التفاعل الاجتماعي داخل هذه الثقافة الفرعية، حيث صنف الثقافة الفرعية الشبابية إلى عدة فئات، وهي:

الأولى: وهي فئة الشباب المتمثل Respectable Orcoformiste وهؤلاء هم الذين يرغبون في الابتعاد عن العناصر التي تنطوي عليها "ثقافة الشباب" وتوصف بأنها منحرفة وعادة ما تنطوي هذه الفئة تحت لواء الكبار، ولعل ذلك هو سبب وصف هؤلاء الشباب المتمثلين بثقافة الكبار.

الثانية: هي فئة الشباب الجانح Delinquent Youth وهي تضم أولئك الذين يمارسون أنشطة غير قانونية كالسرقة، والعنف، والإدمان، والسلوك الجنسي الشاذ.

الثالثة: وهي ما نطلق عليه اسم الشباب المتمرد ثقافيا Cultural Rebels وهم الذين يهتمون ببعض الأفكار الثقافية والفنية، ولكنهم غالبا ما يأخذون من هذه التيارات والأفكار جوانبها السطحية الشكلية، وينعكس ذلك في تصرفاتهم وسلوكهم، ومظهرهم.

الرابعة: وهي ما يطلق عليها اسم الشباب المقاتل سياسيا. أهداف هذا النمط من الشباب متنوعة وتتدرج من الاهتمام بالسياسات البيئية والمحلية إلى العمل القتالي المباشر، من خلال جماعات سياسية، ومنهم من ينتمي إلى حركة جماهيرية واسعة مثل حركات السلام التي ظهرت في الخمسينات، ومنهم من ينضم إلى حركات تنادي بالحقوق المدنية والجماعات الموجهة لخدمة قضايا معينة مثل الجماعات المناهضة لتلوث البيئة من الإشعاع. إن اتجاه الحركة الجيلية وصراع الأجيال انطلق من ظاهرة ثقافة الشباب كنتاج طبيعي لحركة جيلية تباعد في كل المجتمعات تقريبا بين ثقافة وتصورات واتجاهات جيل الآباء عمّا لجيل الأبناء من الشباب من ثقافة خاصة.

بينما نجد الاتجاه الوظيفي ينطلق من تصور القضية على أنها محصلة نهائية لتفاعل عدد من الأبعاد البنائية التي حددت أو شكّلت واقع المجتمع المعاصر، وحددت بالتالي لشبابه أوضاعاً وأدواراً محبطة لآمالهم تارة، ومثيرة لرفضهم تارة أخرى. وتجدر الإشارة إلى أن (تالكوت بارسونز) أول من وضع الخطوط الأولى للاتجاه الوظيفي في دراسة ثقافة الشباب، وذلك من خلال مقالته التي نشرها سنة 1942 في المجلة الأمريكية لعلم الاجتماع تحت عنوان: "السن والنوع في البناء الاجتماعي في الولايات المتحدة الأمريكية ". حاول في هذه المقالة تحديد الأدوار التي تقوم بها جماعات العمر المختلفة في المجتمع من خلال اعتبار أن ثقافة جماعة الأقران كانت في حقيقتها تعبيرات محلية عن وعي الجيل الذي تمركز حول ثقافة شبابية متميزة، ارتكزت على استهلاك المتعة واللهو. إن ثقافة الشباب عند (بارسونز) عبارة عن (ثقافة جيل يستهلك دون أن ينتج، جيل كانت إقامته الطويلة في المؤسسات التعليمية للأعمار بمثابة إزاحة له، ليس فقط من النسق الإنتاجي، بل وأيضا من علاقات الطبقة

الراسخة في هذا النسق). كما أشار إلى أن الجماعات الشبابية إنما تنشأ نتيجة للتخلف أو الهوة الثقافية.

باختصار يقوم الاتجاه الوظيفي على ثلاثة أسس مهمة، وهي:

- أن عنصراً ثقافياً يفسر على أساس كونه جزءا من أجزاء نظام اجتماعي.

- أن كل أجزاء الثقافة ترتبط ارتباطا وظيفيا وتسهم في خلق الازدهار الاجتماعي وفي الإبقاء على البناء الاجتماعي.

- أن وظيفة الثقافة هي إشباع الرغبات المستمرة لأفراد الجنس البشري بصفتهم كائنات حية تعيش في بيئة ذات صفحات معينة. (عبد المعطي، 2002: 160-164).

أما ميرتون نظر إلى تكيف الفرد مع الأهداف الثقافية والوسائل التنظيمية التي تطرحها ثقافة المجتمع لتحقيق الأهداف على انه نوع من التوافق الفردي مع المجتمع، والتوافق هو نمط من أنماط تكيف الفرد مع قيم النسق الاجتماعي أي انه يشير إلى انتماء الفرد للمجتمع وقبول الفرد للأهداف الثقافية والوسائل التنظيمية التي تطرحها ثقافة المجتمع مؤشر لهذا الانتماء وان الفرد في حال رفضه لأي من الأهداف والوسائل يعتبر منحرف عن النظام الاجتماعي القائم ومن ثم ضعف ارتباطه بهذا النظام, لذلك فقد طرح أربعة أشكال من الممكن أن يتخذها الفرد وهي كما يلي (Mertton,1969:151-149):

1- التجديد: Innovation

ويشير إلى رفض الفرد للوسائل التنظيمية مع قبول الأهداف الثقافية، وهذا المستوى يعني تكيف الفرد وفقا للحاجات الاجتماعية واعتبره ميرتون تكيف ناقص.

2- الطقوسية: Ritualism

وتعني رفض الفرد للأهداف الثقافية مع الاستمرار في التمسك بالمعايير التنظيمية، فالطقوسي يرفض الأهداف السامية التي تطرحها ثقافة المجتمع هروبا من الدخول في منافسة لتحقيق هذه الأهداف وذلك برفضها وهذا الهروب فيه نزعة فردية تشير إلى ضعف انتماء الفرد.

3- الانسحاب: Retreatism

يحدث كرد فعل لحالة الانومي الحاد بسبب الانهيار في النظام المعياري في المجتمع وفي النظام الأسري وتفكك العلاقات الأسرية، والمنسحب هو أكثر ميلا للعزلة عن المجتمع والحياة الاجتماعية وأكثر معارضة للدخول في علاقات جديدة ويميل للاستمرار في حالة اللامبالاة التي يعيش فيها فهو يرفض الأهداف الثقافية والوسائل التنظيمية وينظر إليه ميرتون على انه المغترب الحقيقي في المجتمع.

4- التمرد: Rebellion

يحدث التمرد عندما تمثل المعايير التنظيمية عائقا أمام تحقيق أهداف مشروعة، ويعني اغتراب الفرد عن الأهداف الثقافية والمعايير التنظيمية ويقوم بتقديم تصورا جديدا لبناء اجتماعي جديد مختلف تماما عن البناء الاجتماعي القائم.

أما الاتجاه النفسي الاجتماعي فقد انطلق في ضوء الخصائص النفسية الاجتماعية المرتبطة بمراحل النمو البشري، خاصة في مرحلة المراهقة وانتهى إلى اعتبارها مشكلات "انتقالية" عابرة ترتبط بطبيعة المرحلة العمرية سرعان ما تحل نفسها بنفسها حالما يتجاوز الفرد هذه المرحلة.

ويلاحظ أن اتجاه الثقافة الفرعية ينفرد عن غيره من الاتجاهات التي تناولت بالدراسة ثقافات الشباب بتأكيده على الفجوة الثقافية بين الأجيال وعلى الأنماط المتعددة للاتصال والانفصال بين ثقافات الشباب وثقافات البالغين. **وان** هناك ثقافة شبابية تنتشر بين شريحة الشباب وخاصة شباب الجامعة، ساعد على خلق هذه الثقافة عناصر ذات طبيعة عالية منها، تضخم الشريحة الشبابية في الهرم السكاني في كثير من المجتمعات النامية والمتقدمة يميل لصالح الشباب، وقد أشار عثمان إلى أن دخول الطالب إلى الجامعة، يكون بداية في بناء أحلام شخصية تتعلق بعلاقاته الاجتماعية، التنوع، الحياة الجديدة، التحصيل العلمي، الحرية الشخصية والفكرية وخطوة باتجاه أخذ دور مهم وفعّال في المجتمع، وبمجرد بداية الفصل

الدراسي تتبدد كل هذه الأمنيات ويكتشف الطالب أن الجامعة ما هي إلا انعكاس لحالة الفوضى في المجتمع. من هنا يتضح أهمية وضرورة خلق حوافز للأكاديميين من خلال دمجهم في المجتمع وإخراجهم من وحدانية الدور الذي يتمثل في وضعهم داخل الجامعة وإشراكهم في الحياة الثقافية من خلال الاستفادة من خبراتهم، لإشراكهم في صنع السياسات، لأن أي تخصص ما هو إلا علم يعكس حاجة المجتمع.(عثمان،2005).

بناء على ما سبق في موضوع الثقافة الفرعية للشباب يتضح أن هناك أدوارا يقوم بها الشباب كفئة لها ثقافتها الخاصة، وهنا يثور التساؤل عن ماهية الأدوار المطلوبة من الشباب في ضوء ذلك، وهذا يقود إلى الموضوع التالي الخاص بالأدوار الاجتماعية للشباب.

4-2 الأدوار الاجتماعية للشباب:

يعرف الدور الاجتماعي Social Role بأنه "السلوك المتوقع من الفرد في الجماعة وهو الجانب الديناميكي لمركز الفرد، فحيثما يشير المركز إلى مكانة الفرد في الجماعة، فإن الدور يشير إلى نموذج السلوك الذي يتطلبه المركز، وتجدد سلوك الفرد في ضوء توقعاته وتوقعات الآخرين منه، وهذه تتأثر بفهم الفرد والآخرين للحقوق والواجبات المرتبطة بمركزهم الاجتماعي. وحدود الدور تتضمن تلك الاتصالات التي تقوم بها الجماعة في ضوء مستويات السلوك في الثقافة السائدة، وعادة ما يكون للفرد أكثر من دور واحد داخل النظام المجتمعي الذي ينتمي إليه" (بدوي، 1982: 395). وبما أن الدور هو الجانب السلوكي للمكانة التي يشغلها الفرد في المجتمع فهو يتسم بالديناميكية والتعدد، والشباب كفئة أساسية من فئات المجتمع لهم أدوار منذ القديم، وسيبقى هذا الاهتمام مستمراً بهم كون الشباب سيبقون مجالاً للتفكير والدراسة من جانب كل الشعوب، لأنهم يمثلون مستقبل المجتمع الإنساني.

ينظر عادة إلى الدور أو الأدوار التي تسند إلى الفرد بأنها المظهر الـديناميكي لتفاعـل الفـرد مـع الشـق الاجتماعي، ومع توقعات الآخرين. ويتم الـدور كـما يـرى دويـتش مورتـون Deutsch Morton وروبـرت كـراوس Robert krauss بثلاث محكات مترابطة وهي:

أولاً: مجموعة التوقعات التي يتوقعها الآخرون، وهو ما يعرف بالدور المتوقع.

ثانياً: إدراك شاغل المكانة الاجتماعية لما يجب أن يكون عليه سلوكه عند تفاعله مع شاغلي الأماكن الأخرى (الدور الذاتي).

ثالثاً: السلوك الفعلي الذي يقوم به شاغل المكانة أثناء تفاعله مع الآخرين، وهو ما يعرف بالدور الفعلي.

الدور هو السلوك المتوقع من الشخص الذي يحتل مكانة معينة، وأن عمليات التفاعل بين الفرد والآخرين تتم من واقع معرفة الفرد بالحقوق والالتزامات المرتبطة بهذه المكانة، وأن عمليات التفاعل التي تـتم بـين الفـرد والآخرين تتم من واقع الالتزام بالحقوق والواجبات التي تميز الأماكن التي يشغلها كل منهم. فالشباب مـن خلال دوره كطالب أو من خلال عضويته في إحـدى الفـرق الرياضـية أو الثقافيـة.. تتحـدد لـه مجموعـه مـن الواجبات والالتزامات التي تتفق مع معايير الجماعة، والتزامه يكون بتحقيق توقعات الآخرين، إذ يحمـل ذلـك الالتـزام في طياته مفاهيم التطبيع الاجتماعي التي تشكل منسق الشخصية، وذلك يعني احـترام الوقت والقـدرة علـى التـأثير والتفاعـل مـع الآخـرين والشـعور بـالروح الجماعيـة وتقلـص الـروح الفرديـة، وذلـك يـؤدي إلى تكـون الـذات أو الهوية. (رضوان، 1997: 91 – 94).

وقد أشارت رضوان إلى أن نظرية الدور نشأت في علم الاجتماع الغربي وهي تقـوم علـى خمسـة اقتراحـات أساسية.

1. إن بعض أنماط السلوك تعد صفة مميزة لأداء الأفراد الذين يعملون داخل إطار معين.

2. إن الأدوار غالباً ما ترتبط بعدد معين من الأفراد الذين يشتركون في هوية واحدة.

3. إن الأفراد غالبا ما يكونون مدركين للدور الذي يقومون به.

4. إن الأدوار تستمر بسبب ما يترتب عليها من نتائج وبسبب ارتباطها بالسياق الخاص بالنظم الاجتماعية.

5. إن الأفراد يجب تأهيلهم للأدوار التي يقومون بها.

وتثير نظرية الدور إشكالية صراع الأدوار، فالفرد لديه مجموعة من الوظائف، وله في كل وظيفة منها دور محدد، لذلك تثور مشكلة صراع الفرد في محاولته التوفيق بين أدواره المختلفة التي قد تكون متعارضة أحياناً (رضوان,1997: 303 -304).

ويعدّ البحث في الأدوار صعبا لوجود صراع دائم بين الجديد والقديم في أنماط السلوك وأساليب الفكر والعمل ويعدّ البناء الاجتماعي السائد في المجتمع ونوعية المعتقدات الإيديولوجية والسياسية السائدة من أهم العوامل المؤثرة. يشير العطري إلى أن القوة هي التي تؤثر بالأدوار الاجتماعية للشباب من حيث تقزيم هذا الدور أو إلغائه نهائيا (العطري،2004: 80).

لذلك،فإن الاهتمام بدراسة المجتمع وما تؤديه النظم فيه من وظائف لارتباط هذه الجوانب بمستقبل المجتمع الإنساني، يستدعي الاهتمام بالأدوار الاجتماعية للشباب ومشكلاتهم كونهم أكثر فئات المجتمع تأثيراً على مستقبله، وليس من السهل البحث في قضايا الشباب فهو ديناميكي يرتبط بالتغيرات التي تحدث في المجتمع، وتؤثر الظروف والأوضاع والبناءات الاجتماعية الاقتصادية في التوجه الاجتماعي والمهني للشباب.

أما المكونات الرئيسة للنسق الاجتماعي التي تسهم في تشكيل الأدوار الاجتماعية للشباب، فهي عديدة أهمها: الأسرة، المدرسة، تنظيمات الشباب والأنشطة الاجتماعية المختلفة، وسائل الإعلام، الأحزاب السياسية، وغيرها من المؤسسات الاجتماعية التي تؤدي وظائفها من أجل استمرار المجتمع والحفاظ على توازيه، وتختلف هذه المؤسسات وأهمية كل منها باختلاف المجتمعات، وطبيعة النظام السياسي والايدولوجي في كل منها. فعلى سبيل المثال أخذت المؤسسات التعليمية دوراً مهماً حل محل كثير من الأدوار التي كانت تؤديها الأسرة في الماضي، فهذه المؤسسات هدفها دعم الأدوار الاجتماعية للشباب لتساهم في

تشكيل شخصياتهم وإعدادهم ليكونوا إيجابيين في المجتمع. والنظام التعليمي يلعب دوراً رئيساً في توجيه الشباب نحو الحياة عندما يكون التأكيد على الكيف أكثر من الكم، وعندما يتم ربط العلوم المختلفة بمشكلات الحياة اليومية وكذلك ما يوفره هذا النظام من مواهب وقدرات للشباب وتأهيلهم لتأدية دورهم ومسؤولياتهم في بناء المجتمع وتقدمه، إن عملية تدريب الشباب على اكتساب الأدوار الاجتماعية صعبة، وذلك بسبب الزيادة في أعداد الشباب نسبة إلى معدل سكان العالم، وخصوصا في البلدان النامية. يمثل الشباب المرحلة الانتقالية من الطفولة والتبعية إلى الرشد والاستقلال والمسؤولية والمشكلة ليست سيكولوجية بيولوجية، ولكنها ذات سمة اجتماعية تاريخية. لا يجد الفرد صعوبة كبيرة في اكتساب الأدوار الاجتماعية والعادات الضرورية للانتقال من مرحلة عمرية إلى أخرى (من الطفولة إلى الرشد) وأن فترة الطفولة تنتهي سريعاً بسبب ارتفاع معدل الوفيات، ويعطي والمجتمعات التقليدية تحدد لكل مرحلة عمرية الحقوق والواجبات والمعلومات والمعارف وأنماط السلوك كـل حسب قدراتـه الشخصـية، ولا يحـدث أي نـوع مـن التـداخل فكـل عضـو يعـرف مكانـه (أعضـاء هيئـة التدريس،2002: 137 – 139).

وأشار عبد المعطي إلى أن استخدام مفاهيم الاغتراب والثورة والتنمية والثقافة والمشاركة ساهم في كشف الدور الذي يقوم بها الشباب داخل البناء الاجتماعي للمجتمع المعاصر، سواء في المجتمعات المتقدمة أم النامية، فالشباب يعيش في عالم مضطرب، يتسم بالتغير والتحولات المفاجئة على أكثر من صعيد وفي أكثر من مكان، وتصارعت فيه القيم الاجتماعية والمادية، مما جعله في صراع نفسي وقيمي وعدم استقرار في طريقة حياته،،حيث يتمرد تارة وينحرف تارة أخرى.(عبد المعطي،2002: 192).

ويرى (الزغل) أن الدور الذي يلعبه الشباب هو دور هامشي- في المجتمع وفي الأسرة كونهم ليسوا كباراً ليعاملوا معاملة الكبار وليسو صغاراً كذلك، فلا يعاملون كرجال، ولا يعاملون كأطفال، وهذه الهامشية تجعل الشباب في مشكلة دائمة بالبحث عن هوية لا

يسودها الغموض. كما أن انعدام ثقة الكبار بالشباب للتصورات السلبية التي يحملونها عنهم، وتلعب وسائل الأعلام دوراً في تكريسها وتنميتها بدلاً من التركيز على إنجازات وإبداعات الشباب. (الزغل،1994: 47).

والآن،فإن هناك ازدياداً في تعقد العمل والنشاط الاجتماعي وتقلص دور الأسرة، ليحل مكانها العديد من المؤسسات التعليمية التي تتولى عملية التنشئة والتدريب على الأدوار الاجتماعية التي أصبح لها دورها في المساهمة في زيادة الاستقلال الشخصي لبناء شخصية مرنة لديها القدرة على الإبداع واتخاذ قرارات مستقلة، وهذا الأمر-يتطلب التنسيق بين وظائف وأدوار هذه الهيئات والمؤسسات الاجتماعية لفهم إمكانات وحدود كل منها بدقة، لتجنب الازدواجية وما يترتب عليها من آثار سلبية على فهم الشباب لذاته ومجتمعه.

5-2 أهم النظم التي تلعب دوراً رئيساً في عملية اكتساب الشباب لأدوارهم الاجتماعية:

تتنوع وتتعدد الجهات التي تلعب أدوارا رئيسة في عملية التنشئة، فمن تأثير الأسرة والمدرسة وجماعات الرفاق وأدوات الإعلام وغيرها، يكتسب الفرد قيما ومعايير واتجاهات منها ما هو اجتماعي له آثاره السياسية، ومنها ما هو سياسي.فعملية إكساب الأفراد الأدوار التي يؤدونها في الحياة تتم من خلال المؤسسات التي تعمل على تعليم الأفراد وإكسابهم أنماط السلوك المرغوب فيها من قبل المجتمع، وهي متعددة وتتقاسم المسؤولية في هذه العملية وأهمها:

1- الأسرة:

تعد الأسرة من أهم النظم الاجتماعية التي تؤثر في اكتساب الشباب لأدوارهم الاجتماعية. خصوصاً القيم وأنماط السلوك التي تغرسها في مرحلة الطفولة التي تسهم في تكوين الذات الاجتماعية، ويشير (أبو حوسة,2002: 14 و174) إلى أن الأسرة هي مصدر الأخلاق والدعامة الأولى لضبط السلوك، وفيها يتلقى الفرد أولى دروس الحياة الاجتماعية،

وعلى عاتق الأسرة يقع تزويد الفرد بالمعارف والخبرات الاجتماعية، والتزامه بقواعد السلوك المتعارف عليها اجتماعيا من خلال عملية التنشئة الاجتماعية التي هي عملية تعلم وتعليم وتربية، تقوم على التفاعل الاجتماعي، وتهدف إلى إكساب الفرد بمختلف المراحل العمرية سلوكاً ومعايير واتجاهات تناسب أدواراً اجتماعية معينة تمكنه من مسايرة جماعته والتوافق الاجتماعي معها، وهي عملية مستمرة من الطفولة إلى الشيخوخة، يتعلم الفرد من خلالها الدور المطلوب منه بكل مرحلة عمرية ورغم تقلص بعض أدوار الأسرة، إلا أنها تبقى الأساس الذي يلعب دوراً حاسماً في تكوين أهم مقومات الشخصية، وهو الضمير الإنساني. فبناء الأسرة تغير وكذلك وظائفها، وانعكس ذلك على العلاقة بين أعضائها، فالدور التقليدي للأب كصاحب سلطة مطلقة في السابق تغير ليحل محلها التفاهم والإقناع والحب والاحترام، والعلاقات أصبحت أكثر دفئاً. وتلعب الأسرة دوراً مهماً كذلك في مرحلة المراهقة والشباب،حيث أشارت بعض الدراسات إلى ذلك كون مرحلة المراهقة تحتاج من الوالدين إلى إيجاد أسلوب جديد لتفهم حاجات أبنائهم ورغباتهم في مرحلة لها خصوصيتها النفسية والاجتماعية للأبناء، وعندما يحدث الصدام بين الآباء والأبناء فهو بسبب عدم القدرة على تفهم كل منهما للآخر فكل منهما له كيان اجتماعي سيكولوجي متمايز ومختلف (أعضاء الهيئة التدريسية، 2002: 144).

تعدّ الأسرة من أهم أدوات التنشئة السياسية وأعظمها تأثيراً في حياة الأفراد، فهي أول جماعة يعيش فيها.والأسرة هي المدرسة الأساسية لكل فرد، لأن ما يتعلمه فيها يبقى معه طوال حياته، منها يكتسب قيمه الاجتماعية، ومعايير سلوكه، ويكتسب ضميره، والمعايير العامة التي تفرضها أنماط الثقافة السائدة في المجتمع. لذلك أشار البعض إلى أهمية رعاية الشباب في الأسرة التي يجب أن تغطي عدداً من النواحي أهمها:

1- الصحة الجسمية والعقلية:،حيث ينتج الأبوان أبناء أسوياء ويتمكن الشاب من تنمية قدراته البدنية والعقلية.

2- الصحة الاجتماعية والخلقية والقومية:،حيث ينشأ الشاب في أسرة تنمي فيه التفكير الاجتماعي ليكون داعماً لقيمه وقيم مجتمعه.

3- التعليم والتربية، حيث تصبح الأسرة للشباب مجالا مناسبا ليتعلم ويكتسب المهارات المختلفة ليكوّن اتجاهات صالحة لحياته.

4- زيادة الدخل: بإشراك الشباب في النهوض بالمستوى الاقتصادي للأسرة وذلك بإكسابه مهارات عملية لزيادة دخله ودخل أسرته، لذلك يجب إشراك الشباب في تنمية اقتصاديات الأسرة عن طريق الكسب المادي أو بتقديم خدمات ذات اثر مادي.

وعلى ضوء ذلك، فإن اتجاهات رعاية الشباب في الأسرة تسير وفق أسس، إذ إن لرعاية الشباب في الأسرة صورتين إحداهما إنشائية بمواجهة احتياجات الشباب في الأسرة بمقابلتها بالخدمات والبرامج الملائمة، والصورة الثانية علاجية ووقائية بمقابلة مشكلات الشباب والصعوبات التي تواجهه سواء أكانت ذاتية أم بيئية بالحلول المناسبة(احمد وبدوي،1999: 206 -207).

2- المدرسة:

تسهم المدرسة في اكتساب الشباب لأدوارهم الاجتماعية، فهي أول نظام مؤسسي للتنشئة الاجتماعية يسهم في تنمية الشخصية الاجتماعية للفرد،حيث يفترض أن تساهم المدرسة في دعم الكثير من الاتجاهات والمعايير السليمة التي تكونت في الأسرة، ومن ناحية أخرى أن تقوّم السلبية منها، وعلى الرغم من أهمية المدرسة إلا أن البعض قد أشار إلى أنها لم تعد المصدر الأساسي في هذه العملية،حيث إن الطلبة اليوم يحصلون على المعلومات من مختلف المصادر، فلم يعد المعلم هو المصدر الوحيد للمعلومة،حيث إن وسائل الأعلام المختلفة أصبح لها دور مؤثر كبير في ذلك، وسلطة المدرس أخذت كذلك بالتناقص إثر ذلك. إلا أن التعليم بشكل عام يعمل على توفير المناخ الملائم لإعداد المواطن الصالح الإيجابي في كل شؤون وطنه، وامتلاكه القدرات التي تؤهله للقيام بدوره كمواطن يعرف حقوقه وواجباته نحو

نفسه وأسرته وأفراد مجتمعة، والتعميم الشامل يتحقق عندما تحتوي مناهجه مفاهيم ذات علاقة بالحياة الواقعية التي يعيشها الأفراد في المجتمع، خصوصا ما تعلق منها بالمحتوى الثقافي والشخصي للأفراد والأسرة والمجتمع، واستخدام المهارات المتعلمة، لتوظيفها في العمل الذي يلتحقون به من أجل حياة أفضل للفرد والجماعة والمجتمع (يوسف، سراج الدين،2004: 103) وللمدرسة دور مهم في عملية التنشئة السياسية عن طريق التثقيف السياسي الذي يتم من خلال مواد معينة، كالتربية الوطنية التي تهدف إلى تعريف التلميذ بحكومة بلده، وتحديد السلوك المتوقع منه، وزرع الحب والولاء القومي في نفسه، وكذلك مادة التاريخ بما يتضمنه من انتصارات وهزائم تعّمق إحساس الطالب بالفخر والانتماء القوميين (عليوة ومحمود،2001).

3- **جماعة الرفاق:**

إن دور تلك الجماعة مختلف عن دور الأسرة والمدرسة، إذ عن طريقها يكتسب الفرد الروح الاستقلالية ويتطور لديه الوعي بذاته وهويته نتيجة توجيه اهتمامه إلى أنماط جديدة تتفق ووجهات نظر وتوقعات الجماعة التي ينتمي إليها. يرى بارسونز أن جماعة الأنداد هي التي تحمي من عمليات الضغط والتحكم التي يقوم بها الكبار، وبها يتخلص الفرد من سلطتي الأسرة والمدرسة، ويحل محلها ولاء جديد للجماعة والانصياع لمعاييرها.أما العلاقات الاجتماعية التلقائية داخل جماعة الرفاق فهي تؤثر في اكتساب الشباب لأدوارهم الاجتماعية وتكوينهم النفسي،حيث كانت في الماضي لا أثر لها في ظل نظام العائلة المغلقة، أما في الوقت الحالي فقد أصبحت العلاقات الاجتماعية التلقائية وجماعة الرفاق الأولية تلعب دوراً رئيسياً في التربية والتدريب الاجتماعي ابتداء من المراحل المبكرة من الطفولة، وقد اتسع نطاق هذه الجماعات من خلال المنظمات والجمعيات غير الرسمية والأندية التي مهمتها تنمية الروح الاجتماعية وخاصة بين الشباب الذين يقضون جزءاً كبيراً من أوقات فراغهم مع أصدقائهم لممارسة الهوايات المشتركة. وقد صاغ علماء الاجتماع المهتمون بقضايا الشباب

مفهوم ثقافة الشباب الذي يعبر عن القيم والمستويات السلوكية التي يكّونها الشباب، وتمثل ثقافة فرعية متميزة داخل الثقافة الأكبر، تتسم ثقافة الشباب بالتنوع والتباين باختلاف الوسط الاجتماعي الذي تنشأ فيه، ولها محددات للمكانة ومقاييس للهيبة ومعايير القيادة.كما يرى بارسونز أن هناك ميكانزما مهمة لعمليات الضبط الاجتماعي الذي يسميه بالمؤسسة الثانوية Secondary Institution ويضرب لذلك مثلاً بالاتجاه نحو الرياضة أو الرقص أو إقامة العلاقات مع الجنس الآخر، فعندما يمارس الشباب ثقافة الشباب من خلال علاقاتهم مع جماعتهم يمرون بعمليات تطوير انفعالية تنتهي إلى أن يحتلوا مكانة مماثلة لمكانة الكبار،حيث يصل الشباب لمرحلة النضج العاطفي، ويبدأ الشاب بحمل مهام ومسؤوليات لا تتوافر له بالأسرة في ظل السلطة الأبوية، لذلك، فإن ثقافة الشباب قد تحتوي بعض عوامل الانحراف في بعض الأحيان، إلا أنها تعد ميكانزما لبناء النماذج السلوكية للأفراد، وهي بالتالي تعد صمام الأمان للنظام الاجتماعي عندما تشتد الضغوط على الشباب من قبل الكبار (رضوان، 1997: 83-89) وهنا يجب التمييز بين جماعات الكبار التي يوجهها ويقودها الكبار والجماعات التلقائية، والاهتمام بهذه الجماعات حتى لا تتبنى قيماً وأنماطاً سلوكية مضادة لثقافة المجتمع لتكون مصدر هدم لا بناء وخطراً على البناء الاجتماعي (أعضاء الهيئة التدريسية، 146 - 147).

ويشير أبو حوسة إلى ما ذكره الإمام الغزالي في كتابة "إحياء علوم الدين" حول أهمية الأصدقاء كعامل تربوي يكمل دور الأسرة والمدرسة في العملية التربوية والتنشئة الاجتماعية، حيث ركز الغزالي على رفاق السوء والتأثيرات السلبية التي يمارسونها، وقد أوصى بعدم مصاحبتهم تجنبا للانحراف،حيث تمثل الحديث الشريف "إنما مثل الجليس الصالح وجليس السوء كحامل المسك ونافخ الكير فحامل المسك إما أن يجذبك وإما أن تبتاع منه وإما أن تجد منه ريحا طيبة، ونافخ الكير إما أن يحرق ثيابك وإما أن تجد منه ريحا منتنة" والحديث النبوي" الرجل على دين خليله فلينظر أحدكم من يخالل" (أبو حوسة،2002: 181) كما أن

لجماعات الرفاق دوراً في التنشئة السياسية مـن خـلال حـث أعضـائها أو الضـغط علـيهم ليعملـوا وفـق الاتجاهات وأنماط السلوك السياسية التي تقبلها الجماعة. فالفرد قد يصبح مهتمـا بالسياسـة أو متابعـة للأحـداث السياسية لان أحد أو بعض رفاقه المقربين يفعلون ذلك (عليوة ومحمود،2001).

4- وسائل الإعلام:

تلعب وسائل الإعلام دورا مهما في التنشئة الاجتماعيـة بـدءا مـن الأطفـال ومـرورا بالشباب. وفرضيات التـأثير لوسائل الإعلام تنعكس على الإجراءات الوقائيـة والسياسـات التـي تتخـذ للـتحكم في وسـائل الإعـلام وإنتاجهـا، وقـد ينظر لوسائل الإعلام بأنها تتحدى القيم الاجتماعيـة التـي يزرعهـا الآبـاء والأمهـات والتربويـون علـى أسـاس أن الإعـلام يعمل كمعلم لأفراد المجتمع، يعلمهم المعايير التقليديـة والقيم، وقـد أكـدت العديـد مـن الدراسـات أن الأطفـال يميلون لأخذ الدروس والعبر والدروس عن الحياة من وسائل الإعلام، كما أن وسائل الإعلام تصور الأدوار الاجتماعيـة للرجل والمرأة، لذلك، فإن دورها يتعدى التنشئة الاجتماعية إلى التنشئة السياسية (مكويل، 1992: 191)، حيث إن لوسائل الإعلام من صحف ومجـلات وإذاعـة وتلفزيـون دوراً مهمـا في عمليـة التنشـئة السياسـية. إذ تـزود الفـرد بالمعلومات السياسية وتشارك في تكوين وترسيخ قيمـه السياسية. وفي المجتمعـات المتقدمـة تنتشـر الوسـائل الإعلاميـة على نطاق واسع وتنقل هذه الوسائل المعلومـات عـن قـرارات وسياسـات النخبـة الحاكمـة إلى الجماهيـر، وتنقل المعلومات عن مطالب وردود فعل الجماهير إلى النخبة، وهذا التـدفق المسـتمر للمعلومـات مـن أعـلى إلى أسـفل وبالعكس، من شانه العمل على تأكيد قيم الثقافة السياسية السائدة (عليوة ومحمود،2001).

وتعد وسائل الإعـلام عـاملاً رئيسـياً في المجتمـع الحـديث في اكتسـاب الشـباب لأدوارهـم الاجتماعيـة الوظيفية بسبب انتشارها الهائل الذي ترتب عليه نتيجة مهمة تتعلق باستقلالية الشباب عـن آبـائهم ومعلمـيهم كونها توفر المعلومات لجميع شباب العالم، إلا أننا لا نغفل الدور

الذي يلعبه الكبار في توجيه وتحديد محتوى وشكل المادة الإعلامية. لذلك فالسياسية الإعلامية يجب أن توجه لتوفير المعرفة الصحيحة التي تبث القيم الايجابية، وتحث على المشاركة بفاعلية في تحمل المسؤوليات الملقاة على عاتق الشباب كونهم يمثلون القوة الكبرى في مجتمعاتهم.

5- **دور المؤسسات الدينية:**

تقوم المؤسسات الدينية بدور كبير في عملية التنشئة وتعلم الأدوار، وذلك لما تتميز به من خصائص فريدة أهمها: إحاطتها بهالة من التقديس، وثبات وإيجابية المعايير السلوكية التي تعلمها للأفراد والإجماع على دعمها.

والدين له مؤسساته التي تعمل على تحقيق أهدافه وغاياته السامية، ولا يقف الدين عند حدود العبادات وإقامة الشعائر الدينية، بل أن الدور الذي يقوم به في تنشئة الأفراد يكاد يعكس آثاره على بقية المؤسسات الأخرى العاملة في مجال الضبط الاجتماعي، لذلك يعد الدين والمؤسسة التي تعمل على تحقيق أهدافه عنصرا أساسيا من عناصر التنشئة.

وقد أشار (عليوة ومحمود،2001). إلى أن المؤسسات الدينية تقوم بدورها في عملية التنشئة من خلال تعليم الفرد والجماعة التعاليم الدينية والمعايير السماوية التي تحكم سلوك الفرد بما يضمن سعادة الفرد والمجتمع.كما تقوم بإمداد الفرد بسلوكيات أخلاقية وتنمية الضمير عند الفرد والجماعة.

6- **دور الأحزاب السياسية:**

تقوم الأحزاب السياسية بدور كبير في عملية التنشئة من خلال غرس قيم ومفاهيم ومعتقدات سياسية معينة لدى الفرد، وذلك بهدف توجيه الأفراد وجهة سياسية معينة تتفق مع توجيهات هذه الأحزاب. وتقوم الأحزاب بهذا الدور من خلال ما تقدمه من معلومات وما تمارسه من تأثيرات على الآراء والقيم والاتجاهات السلوكية للجماهير، مستخدمة في ذلك كل ما تملك من وسائل اتصال بالجماهير، سواء أكانت وسائل جماهيرية كالراديو

والتليفزيـون والصـحف والمجـلات والكتيبـات والنشرـات وغيرهـا، أم وسـائل اتصـال مبـاشر كالنـدوات والمؤتمرات والمحاضرات والاجتماعات والمناقشات والمقابلات التي ينظمها الحزب من أجـل الوصـول إلى اكبر قطـاع ممكن من الجماهير.

7- **دور الخدمة الاجتماعية:**

تعمل الخدمة الاجتماعية من خلال طرقها المهنيـة عـلى تـدريب الشـباب لتحمـل المسـؤوليات ومواجهـة مشكلاته كفرد، وكعضو في جماعة، للتكيف معها. كما أنهـا أداة لتنظـيم المجتمـع الـذي يعـيش فيـه الشـاب،حيث يوائم بين الاحتياجات والإمكانيات، وبذلك، فإن دَور الخدمة الاجتماعية يتضح في مجال إعداد الشباب فيما يلي:

a. الإعداد الديني والخلقي والروحي وذلك من خلال الأخصائي الاجتماعي الذي يعمل لتنظيم النـدوات واللقاءات بين رجال الدين والتربية والشباب في المواضيع المهمة.

b. الإعداد السياسي والعقائدي، حيث يسـاعد الأخصـائي الاجتماعـي الشـباب عـلى اكتسـاب السـلوك الجيد وتهذيب السلوك غـير المقبـول. كـما يعمـل الأخصـائي الاجتماعـي لـربط الشـباب بالأخبـار السياسية وما يدور في العالم من أحداث، كما أنه يشـكل حلقـة وصـل بـين الشـباب في العـالم مـن خلال المعسكرات الدولية، كما ينظم الأخصائي الاجتماعي مسـابقات قوميـة بـين الشـباب، وكـذلك ينظم البرامج السياسية بوسائل الإعلام المختلفة.

c. الإعداد العلمي والثقافي: وهنا يقوم الأخصائي الاجتماعي بإعداد النشرات الخاصـة بتنفيـذ الـبرامج الثقافية وتنظيم المسابقات الثقافية. كما يجري الأبحاث الاجتماعية لتوفير معلومات عن المجتمـع والشباب والتنظيمات التي ترعى الشباب. يعمل الأخصائي الاجتماعي كذلك لتعاون مـع غـيره مـن المختصين في إعداد وتوجيه الشباب على أسـس علميـة، لتـوفير المنـاخ المناسـب لتنميـة مـواهبهم وقدراتهم

وتأهيلهم لتحمل مسؤولياتهم في المشاركة في بناء المجتمع. كما أن للخدمة الاجتماعية دوراً في تعديل الاتجاهات الشبابية لدى هذه الفئة.

إن للخدمة الاجتماعية دوراً في معالجة مشكلات الشباب من خلال طرق مهنية متخصصة في التعامل مع المشكلات المختلفة وفي دراسة وتشخيص وعلاج المشكلة، مع التركيز على أن أساس عمل الأخصائي الاجتماعي هو التحرك قبل حدوث المشكلة، تحقيقا لأهداف الخدمة الاجتماعية الوقائية والعلاجية والإنمائية (محمد علي،سميرة،1997: 85-89).

وتجدر الإشارة هنا إلى أنه على الرغم من أهمية دور الخدمة الاجتماعية مع الشباب في المجتمعات العربية بشكل عام، إلا أنه ما زال ضعيفا، وذلك لحداثة التخصص نسبيا من جهة، وعدم إعطائه فرصته في المجتمع مقارنة بالتخصصات الإنسانية الأخرى، وعدم توافر المعلومات عنه على جميع المستويات من الأكاديميين والإداريين وأصحاب القرار في الدولة.

من خلال العرض السابق للبنى التي تؤثر في تشكيل الأدوار الاجتماعية للشباب، يتضح أنها تتكامل وتتساند وظيفياً فيما بينها لأداء دورها من أجل تنمية شخصية الشباب، ويعتمد نجاح هذه الأجهزة على مدى استنادها إلى الأساس العلمي الذي يتم اعتماده لإكساب الشباب أدواراً اجتماعية فعّالة في كل مواقعهم كطلاب وعمال وآباء.

6-2 السياسات والبرامج العالمية المتعلقة بالشباب:

تجدر الإشارة هنا إلى مجموعة من القرارات الدولية التي أولت الشباب وضرورة إشراكهم في مجالات الحياة المختلفة أهمية، إدراكا منها للقيمة التي تشكلها فئة الشباب في العالم، وسيتم تناول أبرزها وهي كالتالي:

1- الأمم المتحدة للبيئة: عملت مع الشباب سنة 1985 وعدّت السنة الدولية للشباب. وهي تستهدف أساسا الشباب من سن 24 سنة فما دون الذين يشكلون 47% أو 2.9 بليون نسمة من عدد سكان العالم، يعيش غالبية هؤلاء (87% أو 2.5) في الدول النامية.(مجلس الأمم المتحدة للبيئة).

2- قراري الجمعية العامة للأمم المتحدة 152/49 و154/49 المؤرخين في 23 كانون الأول /ديسمبر1994، الذي تؤكد فيه أهمية إشراك الشباب ومنظمات الشباب في جميع المسائل التي تهمهم. وإذ تؤكد من جديد الدعوة الواردة في الفقرة 112 من برنامج العمل، الموجهة إلى جميع الدول التي لم تضع ولم تعتمد حتى الآن سياسة وطنية متكاملة للشباب أن تفعل ذلك بالتشاور مع الشباب والمنظمات ذات الصلة بالشباب, وتؤكد مرة أخرى أهمية اشتراك الشباب ومنظمات الشباب اشتراكا نشيطا ومباشرا على الصعد المحلية والوطنية والإقليمية والدولية.

3- قرار الجمعية العامة 50/ 18 المؤرخ في 14 كانون الأول /ديسمبر 1995، الذي اعتمدت بموجبه برنامج العمل العالمي للشباب حتى سنة (2000) وما بعدها.(الجمعية العامة للأمم المتحدة 1995).

4- أُعلن 12 أغسطس يوم الشباب العالمي في 1999 في اجتماع الجمعية العامة للأمم المتحدة، وهدف هذا اليوم هو تشجيع البرامج التي تركز على التعليم وفرص العمل والجوع والفقر والصحة والبيئة وإدمان المخدرات وانحراف الأحداث. والعنف معظم الشباب المشاركين في هذه البرامج من دول نامية وتتراوح أعمارهم بين 15-24 عاما. (الجمعية العامة للأمم المتحدة 1999).

5- قرار الجمعية العامة رقم 50 / 81 "البرنامج العالمي للعمل من أجل الشباب من سنة 2000 وما بعدها" الذي طلب من الحكومات والأمم المتحدة العمل على تطوير قدرة الشباب, وتضمن تطوير مشروع الإستراتيجية, مشاورات مع الشباب العالمي لبرنامج الأمم المتحدة للبيئة (آذار /مارس 2002)، والمؤتمر الدولي للطفولة (أيار/مايو2002). والقمة العالمية للتنمية المستدامة (آب /أغسطس -أيلول / سبتمبر 2002) والعديد من دورات الحوار خلال شبكة الإنترنت (حزيران /يونيه -أيلول /سبتمبر 2002) وقد ساهمت

الأقسام والمكاتب الإقليمية لبرنامج الأمم المتحدة للبيئة أيضا في تطوير هذه الاستراتيجية.(الأمم المتحدة: 2003)

6- برنامج العمل العالمي للشباب لعام 2000 وما بعده (قرار الجمعية العامة 50/ 81 المرفق) وخاصة الفقرات من 64-72 التي تؤكد أهمية ربط الشباب بالعمل البيئي ودعم ذلك، والفقرات 104-107 التي تؤكد ضرورة المشاركة الكاملة والفعالة للشباب في حياة المجتمع وفي اتخاذ القرارات. وتيسير و/أو دعم إشراك الشباب في مؤتمر القمة العالمية للتنمية المستدامة، وينبغي أن تشمل هذه المشاريع تقوية المجلس الاستشاري للشباب وبرنامج التدريب والتبادل، والعمل على زيادة توفير المواد الإعلامية والمطبوعات البيئية للشباب وتيسير سبل حصولهم عليها. (مجلس إدارة الأمم المتحدة للبيئة: 2001)

7- وضعت الأمم المتحدة في أيار/ مايو 2003 إستراتيجية تعمل على تعزيز إشراك الشباب والمنظمات الشبابية في عمل الأمم المتحدة والتي سبقت الإشارة إليها عند الحديث عن أهمية الشباب.

8- وفي فبراير 2003 في نيروبي وفي سياسات برنامج الأمم المتحدة للبيئة لمعالجة المشاكل البيئة الآخذة في الظهور, وضعت إستراتيجية طويلة المدى بخصوص مشاركة ودمج الشباب في القضايا البيئية لمدة ست سنوات, صممت لزيادة مشاركة الشباب في القضايا البيئية، وهدفها هو خلق اتجاه عالمي يتمكن من خلاله الأطفال والشباب من المشاركة بفعالية في الأنشطة البيئية،حيث تنشد تقوية وحث وتمكين دمج الأطفال والشباب في التنمية.(الأمم المتحدة: 2005).

9- عقدت مفوضية الأمم المتحدة للتنمية المستدامة اجتماعا في ابريل 2004 في مقرر الأمم المتحدة بنيويورك لمراجعة التقدم في اتجاه التنمية المستدامة، حيث أسست مجموعة من الشباب من جميع دول العالم لجنة تحضيرية منهم يمكن من خلالها المشاركة في الاجتماعات السنوية للمفوضية, وذلك لتأكيد سماع صوت الشباب.كوّن فريق من

المحترفين الشباب من حول العالم مجموعة عمل, وقرروا كتابة ورقة كيفية مشاركة الشباب في الأهداف الإنمائية للألفية، الأعضاء وكلهم شباب قضوا ساعات من البحث واستشارة المنظمات الأخرى. إذ استشير 350 شاباً من جميع أنحاء العالم في 3 أسابيع، ووضعوا تقريرا يحمل اسم "الشباب والأهداف الإنمائية للألفية – التحديات والفرص من أجل التطبيق".

يتكون هذا التقرير من ثلاثة أجزاء وهي كما يلي:

الجزء الأول: يحدد كيف أن الشباب مشارك فعلا في اتخاذ القرار في الهيكل الحكومي ومنظمات المجتمع المدني.

الجزء الثاني: يدخل بتفصيل أكبر إلى كل هدف، ويشرح كيف يتأثر الشباب بهذا الهدف، وكيف أن الشباب فعلا يساهم في هذا الهدف, وما يمكن اتخاذه لزيادة مشاركة الشباب.

الجزء الثالث: يحتوي توصيات عامة ويركز على كيفية مشاركة الشباب في الأهداف من خلال رفع مستوى الوعي.

هذا وقد قُدّم التقرير مبدئيا في نوفمبر 2004، وشجعت مجموعة العمل الجميع في مقر مفوضية الأمم المتحدة للتنمية المستدامة في 19 أبريل 2005.(الأمم المتحدة 2005).

10- تقرير الأمم المتحدة حول "التنمية في العالم لعام 2007 حول التنمية والجيل الثاني" الذي سيركز على ضرورة التشاور مع الشباب، لأن تركيز التقرير القادم سينصب على الشباب.

وهذا التقرير الذي أجاب عن تساؤل لماذا يركز تقرير التنمية في العالم لعام 2007 على الشباب، أشير إليه سابقا بنوع من التفصيل. (تقرير التنمية في العالم 2006).

بذلك يتضح أن الاهتمام بالشباب باختلاف فئاتهم سيكون محوراً للاهتمام خلال السنوات القادمة, وهذا يشير إلى أهمية دور الشباب في مجتمعاتهم وفي جميع المجالات, وبالتالي يتضح حجم المسؤولية الملقاة على عاتق الحكومات، لاستثمار هذه الفئة استثماراً بنّاء، يغطّي جميع نواحي الحياة عندهم, ويلبى احتياجاتهم المختلفة، ليؤدوا الواجبات المطلوبة منهم تجاه المجتمع كأعضاء فاعلين في مسيرة التنمية.

7-2 الشباب في الأردن:

كان الشباب الأردني الموضوع الرئيس لأول تقرير عن التنمية البشرية في الأردن. وقد اختير هذا الموضوع لأن الشباب هم -وسيظلون كذلك لسنوات طويلة قادمة- أحد المعالم البارزة والمحددة للاقتصاد والمجتمع الأردنيين، ويقدم هذا التقرير بصورة عامة تعريفا لكلمة "الشباب" بأنها تعني الأشخاص الذين تتراوح أعمارهم بين (15-29) سنة، وهم يشكلون 31.4% من مجموع السكان, ويواجه الشباب الأردني أثناء هذه السنوات تحديات مشتركة في تحولهم من المراهقة إلى سن الرشد ومن الاتكال إلى الاستقلال ومن تلقي خدمات المجتمع إلى الإسهام في الحياة الوطنية الاقتصادية والسياسية والثقافية وستقرر قدرة هؤلاء الشباب على الإسهام في التنمية الوطنية.

يشير التقرير إلى التناقض بين تصورات الشباب حول أدوارهم وهوياتهم, وتصورات المجتمع لمكانة الشباب في المجتمع, سواء داخل الأسرة أم في المجتمع بشكل عام.كما يشير إلى نقصان مراكز إعادة التأهيل الاجتماعي والإرشادي للشبان والشابات،والمشاركة السياسية المحدودة للشباب.ويعزو التقرير محدودية مشاركة الشباب السياسية إلى قلة الفرص المتاحة, وتشكك الشباب بالعمل السياسي،كما يعبر الشباب عن رغبة قوية في المشاركة في عملية صنع القرارات بمختلف الجوانب الاجتماعية, كما أنهم يحتاجون إلى فرص أكبر من أجل إسماع صوتهم في المجتمع, ويحتاجون إلى خيارات أكبر في تعليمهم وتدريبهم وعملهم ونشاطاتهم الثقافية والترويحية في أوقات الفراغ.وأشار التقرير إلى أن الهوية والشعور بالانتماء

بين الشـباب الأردنيـين مازالتـا تضربـان جـذورهما بقـوة في البنـى الاجتماعيـة التقليديـة. يظهـر الضـغط الاجتماعي ومشاعر الغربة بين بعض الشباب "تشتيت في القيم", كـما يعـبر الشـباب أنفسـهم عـن اهـتمام بـتعلم التطورات التكنولوجيا في الغرب وتكييفها.

يرى الكثير من الشباب أنهم وقعوا بـين نظـام قـيم اجتماعيـة يتسـم بأنـه تقليـدي وأبـوي وضـيق ويعـزز الامتثال والطاعة من ناحية, وأسلوب حياة حديث فردي النزعة يشـجع عـلى المبـادرة الشخصـية والإبـداع وإثبـات الذات من ناحية أخرى، ويشعر الشباب أيضا بندرة قنوات وسبل التعبير عن الذات التـي تسـتطيع مسـاعدتهم في التغلب على هذا المأزق أو وجود مصادر للعون والإرشاد يمكن أن تعينه في التعامل معه (تقريـر التنميـة البشريـة 2000).

8-2 رعاية الشباب في الأردن:

مرت رعاية الشباب في الأردن بعدة مراحل منذ تأسيس الإمارة وحتى الآن وهي كما يلي:

- مرحلة الرعاية الشبابية العفوية والتلقائية المعتمدة على جهود رسمية وشعبية موسمية بين الحين والآخـر وعـلى ضوء الإمكانيات المالية, ولعل أبرز مظاهر هذه المرحلة اعتمادها على النخوة والتطوع الآني والنجدة واستنهاض الهمم.
- اعتمدت رعاية الشباب في الأردن وحتى صدور قانون مؤسسة رعاية الشباب رقم (13) لسنة 1968، عـلى جهـود المؤسسـات الأهليـة والخاصـة كـالنوادي الرياضـية والاجتماعيـة وكانـت محكومـة بقـانون الجمعيـات الخيريـة وبإشراف كلي من وزارة الشؤون الاجتماعية التـي أصـبحت فـيما بعـد وزارة التنميـة الاجتماعيـة،،حيث كانـت الحكومة قد أعلنت عزمها على إقامة مؤسسـة رعايـة الشـباب في كـانون الأول عـام 1966 بنـاء عـلى توجيهـات المغفور له جلالـة الملـك الحسـين في خطـاب العـرش الـذي ألقـاه في الـدورة الرابعـة لمجلـس الأمـة الأردني عـام 1966.هذا القانون حدد أعمالها ومجالات نشاطاتها ومسؤولياتها، ومن بينها إنشاء المراكز الشبابية والمجموعـات الكشفية والإرشادية والأندية الرياضية والمخيمات الشبابية والاتحادات الرياضية.

- مرحلة الرعاية الشبابية المتبلورة والمستندة إلى جهة رسمية محددة، حيث بقيت تلك المؤسسة تابعة لرئاسة الوزراء حتى عام 1977 عندما أنشئت وزارة الثقافة والشباب, فأصبحت المؤسسة تابعة لهذه الوزارة حتى عام 1984 حين أفردت وزارة خاصة بالشباب وبقي قانون المؤسسة يحكم عمل الوزارة حتى عام 1987 بصدور قانون رعاية الشباب رقم (8) لسنة 1987 الذي انبثق عنه.(السرحان، 2004: 58-59).

- ألغيت وزارة الشباب والرياضة في شهر حزيران 2001، حيث شُكّل المجلس الأعلى للشباب الذي أوكلت إليه بحكم قانون المجلس الأعلى للشباب رقم 65 لعام2001 مسؤولية الاهتمام بالرعاية الشبابية في الأردن.

- نظرا لغياب الرعاية الشبابية في الأردن لسنوات طويلة وضع برنامج وخطط لتطوير عمل المجلس الأعلى للشباب والصندوق الوطني لدعم الحركة الشبابية والرياضية في الأردن بين الحكومة الأردنية ممثلة بوزارة التخطيط وبرنامج الأمم المتحدة الإنمائي UNDP بتاريخ 23/ 2003/4.، حيث تضمنت الاتفاقية 21 مشروعا ستنفذ خلال خمسة أعوام (2003-2008) بإشراف المجلس الأعلى للشباب والصندوق الوطني لدعم الحركة الشبابية والرياضية (www.jordan.jo).

وافقت وزارة الثقافة على تأسيس المنتدى الوطني للشباب والثقافة: شباب الأردن في عام 2004 وأُطلق الموقع الإلكتروني الرسمي لشباب الأردن الذي كان من المشاركين مع المجلس الأعلى للشباب في صياغة الاستراتيجية للشباب.(المنتدى الوطني للشباب والثقافة2000).

- اعتمدت الإستراتيجية الوطنية للشباب وهي مشروع وطني أعده المجلس الأعلى للشباب بالتعاون مع برنامج الأمم المتحدة الإنمائي (UNDP) ومنظمة الأمم المتحدة للطفولة (UNICEF) ويهدف إلى بناء وتطوير إستراتيجية وطنية للشباب في الأردن بطريقة تشاركية وتفاعلية تضمن مشاركة الشباب الحقيقية والفاعلة في مختلف مراحله وصولا إلى إستراتيجية تساهم في تحقيق احتياجات الشباب وطموحاتهم على حد سواء, واعتبار

إمكاناتهم أساسا رئيسا لمشاركتهم في تطوير الوطن وتنميته, وهي الأولى للشباب في الأردن, وتغطي الفترة الزمنية للسنوات الخمس القادمة 2005-2009.

تشرح الوثيقة الوضع الحالي لقطاع الشباب الأردني, ثم تبين رؤية عامة لمستقبل قطاع الشباب وتبين آليات وخطط العمل اللازمة لتحقيق هذه الرؤية في المجالات المختلفة التي حُدّدت بناء على أولويات الشباب. تعنى هذه الإستراتيجية بجميع شباب الأردن ضمن الفئة العمرية من12-30 عاما, سواء أكانوا ذكورا أم إناثا, وتمثل هذه الفئة 40% من مجموع السكان حسب إحصائيات عام 2004.

تتناول هذه الإستراتيجية تسعة محاور رئيسة اختيرت بناء على أولويات الشباب أنفسهم وواقع التطوير الوطني منها: الشباب والمشاركة. الشباب والبيئة. الشباب والأنشطة الترويحية ووقت الفراغ. الشباب والحقوق المدنية والمواطنة.الشباب والثقافة والإعلام youth.org. (Jordan)) وتهدف الإستراتيجية لوضع خطة عمل شبابي متكامل يضمن مشاركة كل الجهات العاملة مع الشباب من جهة, وتوفير رعاية شبابية شاملة ومتوازنة لكل شباب الوطن في مختلف مواقعهم ضمن خطة زمنية محددة الأهداف والبرامج والكلف من جهة أخرى ومن ضمنها.المجلس وتنظيم طاقات الشباب وترسيخ قيم العمل الجماعي والتطوعي لديهم بما يكفل مشاركتهم الفاعلة في عملية التنمية الوطنية المتكاملة ثقافيا واجتماعيا واقتصاديا. كما تعد حملة الاستماع للشباب جزءا من المشروع وقد هدفت إلى تعريف الشباب بالمشروع ومكوناته, والحصول على معلومات عن توقعات الشباب من المشروع, وتقوية العلاقة والتفاعل بين مجموعات الشباب المختلفة.

شارك في حملات الاستماع من طلبة المدارس والجامعات وورش العمل في جميع المحاور نحو (91) ألف شاب وشابة, وتأتي مشاركة الشباب في مشروع الإستراتيجية على ثلاثة مستويات هي:

1.   المشاركة في التخطيط لخطوات المشروع.

2. المشاركة في صياغة الإستراتيجية.

3. ومستقبلا سيشارك الشباب في التنفيذ والمتابعة. (نور الدين،2005: 14-12).

من أهم النتائج التي خرجت بها هذه الجلسات ما يلي:

1- يعتقد أكثر من 75% من الشباب الأردني أنهم بحاجة للمساهمة بشكل أكثر فعالية في عمليات اتخاذ القرار في البيت والمدرسة والكلية والجامعة والعمل والمجتمع المحلي. والشباب الأكبر سناً هم الأكثر جرأة في هذا الطرح.

2- فيما يخص الشباب والمشاركة في الحياة الاجتماعية في الأردن, فإن غالبية الشباب وخاصة الشابات والشباب الأكبر سنا يعتقدون أن الشباب يحتاجون إلى أن يكون لهم رأي أكبر في عملية صنع القرارات التي تؤثر في: حياتهم, العائلة, المؤسسات التعليمية, أماكن العمل ومجتمعاتهم المحلية. إن حماس الشباب يخف قليلا عندما يفكرون بالتدخل بشكل فعال في مؤسسات المجتمع المدني بدءا بمجالس الطلبة مرورا بالأندية الرياضية والمنظمات الأهلية وانتهاء بالنقابات المهنية والأحزاب السياسية التي لم تجذبهم حتى الآن للقيام بدور فعال في هذا المجال, إلا أن الذين انضموا إليها أصبحوا أقل رضى مع تقدم العمر, ويبدو أنه من الضروري جدا مراجعة القنوات الحالية وإنشاء أخرى جديدة لمشاركة الشباب في كل مجالات الحياة العامة.

3- من حيث نظرة الشباب إلى أنفسهم في الأردن, فقد تبين أنهم متفائلون عادة بمستقبلهم, ويرون أنفسهم بمنظار إيجابي, وأنهم قادرون على التعامل مع الآخرين وحل مشاكلهم والبدء بالنشاط, وفي الوقت نفسه تظهر مشاعر الحزن والقلق والخوف والاكتئاب عليهم مع التقدم بالسن, كما تشير النتائج إلى أن الشباب يتعرض لحالات عدم التشجيع والإحباط أكثر من الشابات, كما أن الوعي بقضايا عامة مثل التلوث البيئي لا يزال دون المستوى بين الشباب.

4- وفي مجال الوعي القانوني والوعي بحقوق الإنسان يرى الشباب أنفسهم غالبا الطرف المتلقي للإجراءات القانونية, وأن هناك نقصاً في وعي الشباب الأردني بحقوق الإنسان والقانون، كما أن هناك عدم ثقة ونقص في معرفة بعض المجالات، ومن هنا فإن الحاجة واضحة للتثقيف القانوني وتشجيع الوعي بحقوق الإنسان، لذا لابد من منح الشباب مجالا لإبداء رأيهم والمشاركة وصنع القرار وفي عمليات صياغة القوانين والأحكام والأنظمة داخل عائلاتهم ومجتمعاتهم المحلية والحياة العامة عموما والمؤسسات التعليمية وأماكن العمل، وإعطائهم مسؤولية مراقبة تنفيذها(نور الدين، 2005).

5- مع نهاية هذا الفصل الذي تم فيه تناول الشباب وما تعنيه هذه الفئة للمجتمع العالمي بشكل عام، والمجتمع العربي والأردني بشكل خاص، اتضح فيه خطورة وأهمية الدور الذي قد يلعبه الشباب في الحاضر والمستقبل في دعم مسيرة المجتمعات كشريحة لها وزنها على جميع الأصعدة، وتحتاج إلى من يوجه ويستثمر طاقاتها كشريك قوي في التغير والتنمية وفي مجالات الحياة المختلفة التي من ضمنها تأتي أهمية الشباب في العمل التطوعي والمشاركة. مع التنويه بأن الشباب في العالم العربي يشهد مجموعة من التحولات في طرق وأساليب التفكير وأنماط السلوك، فهو يعيش في فترة انتقالية يتداخل فيها التقليدي والحديث في جميع جوانب الحياة والتي من ضمنها العلاقات الاجتماعية أو الثقافية والقيم السائدة. كما أن التداخل بين المحلي والعالمي كنتيجة لثورة الاتصالات والمعلومات انعكس على الشباب بصورة أقوى، وذلك للخصائص والسمات التي ينفردون بها، وأشير إليها سابقا، مع التركيز على أن الشباب المتعلم هو الأكثر تأثرا بهذه التحولات، وما نجم عنها من تأثيرات سلبية أو إيجابية على السواء.

الفصل الثالث

العمل التطوعي

تمهيد:

يكتسب العمل التطوعي أهمية متزايدة يوما بعد يوم، حيث أصبح من المسلم به أن الحكومات سواء في البلدان المتقدمة أم النامية لا تستطيع سد احتياجات أفرادها ومجتمعاتها, لذلك أصبحت هناك حاجة ملحة لجهات أخرى لتكمل دور الدولة في تلبية تلك الاحتياجات، ومن هنا برز دور "المجتمع المدني" وقد تطور العمل التطوعي وتحول هدفه الأساسي من مجرد تقديم الرعاية والخدمة للمجتمع وفئاته، إلى التغيير وتنمية المجتمع، حيث كانت السنة الدولية للتطوع في الأمم المتحدة عام 2001 الخطوة المهمة في تطوير هذا الموضوع، الذي وضح دور الحكومات ومسؤولياتها في دعم التطوع في بلدانها.

ويعد العمل التطوعي أحد الركائز الأساسية لتحقيق التقدم الاجتماعي والتنمية ويعد من المعايير التي يقاس بها المستوى الاجتماعي. ونظرا لأهمية العمل التطوعي في العالم فقد أطلق على يوم5ديسمبر 2005 اليوم العالمي للتطوع، وفي تصريح له، قال الأمين العام للأمم المتحدة كوفي أنان في رسالته الخاصة باليوم العالمي للمتطوعين إنه في حالات الكوارث الطبيعية أو الأزمات الصامتة مثل الفقر والمرض، يُحدث المتطوعون فرقا في العالم كله, كما أن المتطوعين لهم دور مهم في مساعدة المجتمع الدولي في تحقيق الألفية للتنمية. وكان اليوم العالمي للمتطوعين من أجل التنمية الاقتصادية والاجتماعية قد اعتمد من قبل الجمعية العامة للأمم المتحدة بقرارها رقم 212/40 الصادر في 17 ديسمبر عام 1985. ومنذ ذلك الحين أصبحت الحكومات ومنظومة الأمم المتحدة ومنظمات المجتمع تشارك المتطوعين حول العالم في الاحتفال بذلك اليوم. ويقدم اليوم العالمي للمتطوعين الفرصة لمنظمات العمل التطوعي والمتطوعين من الأفراد للعمل معا في مشروعات وحملات تساهم في إلقاء المزيد من الضوء على مساهماتهم في التنمية الاقتصادية والاجتماعية على المستويات المحلية والوطنية والدولية.

1-3 مفهوم التطوع:

لقد تعددت وجهات النظر في تعريف التطوع, وسنعرض بعضا منها فيما يلي:

المعنى اللغوي للتطوع: عرفه ابن منظور بأنه "ما تبرع به الشخص من ذات نفسه مما لا يلزمه فرضه" (ابن منظور، 1956: 234).

وعرفته هناء بدوي بأنه:" ذلك الجهد الذي يبذله أي إنسان بدون مقابل لمجتمعه وبدافع منه للإسهام في تحمل مسؤوليات المؤسسات الاجتماعية التي تعمل على تقديم الرفاهية الإنسانية على أساس الفرص التي تتهيأ لمشاركة المواطن تمثل نوعا من الالتزام بالنسبة لهم قبلها" كما عرفته بأنه:

"الجهود التي يبذلها الإنسان لخدمة المجتمع، دون الحصول على فوائد مادية، بدافع إنساني يتحمل مسؤولياته، ويشترك في أعمال تستغرق وقتاً، وجهداً، وتضحيات شخصية، ويبذل المتطوع كل ذلك عن رغبته، وباختياره، معتقدا بأنه يجب تأديته" (بدوي، هناء، 2004: 151).

أما الخطيب فقد عرف العمل التطوعي بأنه "العمل الذي يقوم به الفرد لتحقيق أهداف اجتماعية محددة، دون أن يستهدف من عمله الأجر، أو جني الربح المادي, أو اقتسامه، أو تحقيق المنفعة الشخصية" (الخطيب، عبد الله، 2002، 54).

وأشار الخطيب إلى تعريف سامية فهمي بأن التطوع هو "ذلك الجهد الذي يبذله الإنسان من أجل مجتمعه أو من أجل جماعات معينة, وفيه يتحمل مسؤوليات العمل من خلال المؤسسات الاجتماعية القائمة، إرضاء لمشاعر ودوافع إنسانية داخلية خاصة، تلقى الرضا والقبول من جانب المجتمع" (الخطيب،2002: 10)

أما الدراسة القومية لمركز خدمات التنمية (2003-2004) فقد عرفت التطوع بأنه "المجهود الذي يقوم الإنسان به بصفة اختيارية عن طريق المساهمة بخدمات للمجتمع دون

مقابل مادي, هذه المساهمة قد تكون على شكل عمل أو رأي أو تمويل أو غير ذلك مما يخدم المجتمع".

- التطوع في الإسلام:

التطوع بالمفهوم السائد في الوقت الحالي وكما هو موضح في التعريفات السابقة لا ينطبق عليه أية صفة إلزامية أو واجبة، في حين أن الأمر يختلف في الإسلام,حيث يرتبط التطوع بواجب الفرد تجاه مجتمعه, وأحيانا يصل التطوع إلى حد الفريضة الملزمة, وذلك في الحالات التي عبر عنها الفقهاء بمفهوم "فروض الكفاية" وفرض الكفاية هو العمل الذي يجب على مجموعة مؤهلة, التطوع به من أجل المجتمع ككل, ولكن إن لم يقم به أحد أصبح العمل المطلوب فرضاً ملزماً ويحاسب الجميع إن لم يقم أحد بالتطوع لعمله, ويتميز التطوع في الإسلام بأنه واجب على كل مسلم, والمتطوع في الإسلام يجب أن يكون عمله خالصا لوجه الله, خالياً من المظهرية والنفاق ومحترماً (مركز خدمات التنمية 2003-2004).

يقول الله عز وجل في كتابه العزيز (مثل الذين ينفقون أموالهم في سبيل الله كمثل حبة أنبتت سبع سنابل في كل سنبلة مئة حبة و الله يضاعف لمن يشاء و الله واسع عليم (261) الذين ينفقون أموالهم في سبيل الله ثم لا يتبعون ما أنفقوا منا ولا أذى لهم أجرهم عند ربهم ولا خوف عليهم ولا هم يحزنون) **البقرة:** ٢٦١ - ٢٦٢. **كما قال عز وجل** (أرأيت الذي يكذب بالدين (1) فذلك الذي يدع اليتيم (2) ولا يحض على طعام المسكين) **الماعون:** ١ - ٣ **وقال تعالى** (وآت ذا القربى حقه والمسكين وابن السبيل ولا تبذر تبذيرا) **الإسراء:** ٢٦ **وقال عز وجل**(والذين في أموالهم حق معلوم (24) للسائل والمحروم) **المعارج:** ٢٤ – ٢٥. (والمؤمنون والمؤمنات بعضهم أولياء بعض يأمرون بالمعروف وينهون عن المنكر ويقيمون الصلاة ويؤتون الزكاة ويطيعون الله ورسوله أولئك سيرحمهم الله إن الله عزيز حكيم)

التوبة: ٧١(قد أفلح من تزكى)الأعلى: ١٤. (إنما المؤمنون إخوة)الحجرات: ١٠ (والمؤمنون والمؤمنات بعضهم أولياء بعض)التوبة: ٧١.

كما ورد في السنة الكثير من اجل الآخرين، قال رسول الله صلى الله عليه وسلم، "المؤمن للمؤمن كالبنيان المرصوص يشد بعضه بعضا" وقوله "مثل المؤمنين في توادهم وتراحمهم كمثل الجسد إذا اشتكى منه عضو تداعى له سائر الجسد بالسهر والحمى". وأيضا قوله صلى الله عليه وسلم "لا يؤمن أحدكم حتى يحب لأخيه ما يحب لنفسه". وغيرها الكثير التي تحض على التعاون والتراحم والشعور المشترك بين أفراد المجتمع.

كما ركز الإسلام على التكافل الاجتماعي كأحد الأسس التي من خلالها تتحقق الحياة الكريمة للفرد ولهذا فقد أوجد العديد من أشكال العطاء الديني من خلالها ليتحقق من خلالها التكامل الاجتماعي ومن بينها: الزكاة و الصدقة والوقف والنذور, وهذه الأشكال لا تقتصر فقط على العطاء لسد الاحتياجات الأساسية للإنسان بل لتحقيق حد الكفاية وحد الغني فكما قال سيدنا عمر بن الخطاب "إذا أعطيتم فاغنوا" والتكافل الاجتماعي ينقسم إلى التكافل المادي والمعنوي والتكافل المعنوي مثل المشورة والنصيحة والصداقة والتعليم وغيرها من أشكال العطاء ومن هنا يتضح أن العطاء بالمجهود والعطاء العيني لا يقل أهمية عن العطاء المادي إلى تنمية الإنسان وليس لخلق حالة من الاتكالية (مركز خدمات التنمية:2005).

2-3 أهمية التطوع:

السؤال الذي يطرح نفسه, لماذا يحتل العمل التطوعي مكانة وأهمية؟ ولماذا الاهتمام بالعمل التطوعي لدى الشباب؟ إن الإجابة عن السؤالين السابقين تجعلنا نعرف مدى الأهمية من خلال عدد المبادرات التي اعتمدت دوليا لتشجيع وتفعيل العمل التطوعي، خصوصا لدى الشباب، وقد اتخذ التطوع مكانة محترمة في المجتمعات المتقدمة التي تسعى إلى محاولة صنع مجتمع مدني قائم بذاته في ظل الأوضاع والمتغيرات الاجتماعية والسياسية والاقتصادية،

فالخدمات التي يقدمها التطوع تلعب دورا مهما في تكملة ما تعجـز الدولـة عـن تقديمـه مـن مشـروعات خدمية وتنموية، كما أن أنشطة القطاع التطوعي تتميز بالسلاسـة في الحركـة والنشـاط, مـما يسـاعد عـلى تقـديم الخدمات بصورة أسرع وأيسر من أجهزة الحكومة.

وقد أشار مختار شعيب إلى عدد من المبررات للعمل التطوعي وهي كما يلي:

1. إن العمل التطوعي يعد الآلية الوحيدة التي يمكن للمجتمع المدني النهوض مـن خلالهـا، وبـدون الشـباب المتطوعين لن يكون هناك كيان منظم وثابت يدع المجتمع المدني.

2. إن قيم المشاركة والتعاون خلال التطوع يسهم في إيجاد الوحـدة العضويـة في نسـيج المجتمـع، كـما يسـاعد التطوع في تأكيد القيم الإنسانية النبيلة السامية، بعيدا عن الاهتمام بفكرة العرق أو الدين أو الجنس, لـذلك تتبين أهمية المشاركة التطوعية للشباب بمختلف مجالات الحياة، فهـو بمثابة ركيـزة مجتمعيـة للنهـوض بالمجتمع ودعم تماسكه.

3. يعد التطوع من أهم الوسائل لحماية الشباب فهو سلوك إرادي، عن طريقه يتم تغيير اتجاهات الشباب نحو عدد من القضايا، ويعمل على تنمية روح الانتماء لدى الشباب, وهو من أحد أساليب الوقايـة التي مـن خلالها تجنب الشباب الوقوع في مشكلات اجتماعية ونفسية عديدة.

4. للتطوع قيمة مادية تتمثل في قوة العمل الذي يمارسه المتطوع، لذلك فأهميته تنبع من كونه يدفع جزءاً مـن الأعباء المادية عن مؤسسات الدولة، لذلك فالمردود الاجتماعي والاقتصادي للتطوع يأخـذ أشـكالاً عـدة تعـود بالمنفعة على الوطن والمواطن وتقدم خدمات اجتماعية لفئات اجتماعية تعاني من مشكلات صعبة, ويعـود المردود كذلك على الشباب المتطوع سواء أكانت اجتماعية أم نفسية أم اقتصادية(شعيب، مختار, 2004: 78-79).

جاءت دراسة نلسون Nelson لتقيس مدى مساهمة التطوع كنسبة من (النـاتج الـوطني الإجـمالي) إذ تبين بسهولة القيمة الاقتصادية لتعزيز برنامج تطوعي واسع، ففي

البلدان التي تجمع الإحصاءات على أساس القيمة المالية للتطوع، يسهم التطوع فيها بنسبة 14% من (الناتج الوطني الإجمالي) في استراليا تسهم أنشطة التطوع بمقدار 30 بليوناً في الاقتصاد الوطني، وبلغت 3.3% من الناتج الوطني الإجمالي في الفترة بين 1999-2000. في الولايات المتحدة يعطي كل دولار مستثمر عائدا بين 1,60$ إلى 2,60$، أن أي عائد الاستثمار بواسطة العمل التطوعي يمكن أن يساعد في تبرير الزيادة في المخصصات الحكومية لأجل برنامج التطوع، كما سيتنامى رأس المال الاجتماعي في المدى الطويل. كما أن تطوير البنية التحتية للتطوع يمكّن البلدان من توجيه المتطوعين إلى أعلى مراتب الأولويات السياسية والاجتماعية وإدراجها في أهداف تنموية أوسع للبلاد إلا أنه يصعب في عدم وجود تشريع وطني رسم طريقة منظمة للتطوع (Nelson,2005).

ويضيف ياسين أن العمل التطوعي يعزّز انتماء ومشاركة الشباب في مجتمعهم, وهذه بدورها تقوي روح الانتماء والولاء إلى المجتمع والحرص على مصالحه, وكذلك تتيح للشباب التعرف على نقط الضعف في نظام الخدمات في المجتمع، مما يوفر للشباب فرصة المشاركة في تحديد احتياجات المجتمع، وإعطائهم الفرصة للمشاركة في تأدية الخدمات بأنفسهم وحل المشاكل بجهدهم الشخصي, والمشاركة في اتخاذ القرارات, كما يساهم في تنمية قدرات الشباب ومهاراته الشخصية والعلمية والعملية, إذ إن المشاركة تتيح للشباب الفرصة للتعبير عن آرائهم وأفكارهم في القضايا العامة التي تهم المجتمع (ياسين, 2002).

وتضيف بدوي أن أهمية العمل التطوعي تكمن في أنه يساهم في تعبئة الطاقات البشرية والمادية وتوجيهها، وتحويلها إلى عمل اجتماعي. كما يساهم في إزالة أسباب التخلف وتوفير أسباب التقدم والرفاهية لأفراد المجتمع بالوسيلة الأيسر وصولا، والأسلوب الأفضل أداء والأكثر نفعا. كما يعمل على دعم العمل الحكومي ومؤازرته وزيادة فعاليته وكفاءته من خلال سد الفراغات في الخدمات، وتوسيع قاعدتها، والوصول بها إلى المناطق المحرومة, تحقيقا لمبدأ العدل. كما يعمل على توثيق العلاقات الأساسية بين الأفراد والجماعات لإيجاد

التفاعل الأفضل في الحياة، ويقوم كذلك بتخطي الحواجز السلبية والانعزالية، حيثما وجدت في المجتمع، وتحويل الطاقات الخاملة أو العاجزة إلى طاقات عاملة منتجة.(بدوي, 2004: 152-153).

كما أشار نيلسون Nelson إلى أن أنشطة التطوع تهيئ فرصة للتعاون بين القطاعات التي لا تتعاون بصفة اعتيادية، ولكي تعمل كقوة واحدة من أجل المجتمع، يمكن أن تخفف فعاليات التطوع من الاستقطاب، وأن تقلل من المسافة بين الطبقات،عن طريق إقامة اتصال بين شركاء مختلفين، وتحسين حالة العزل الاجتماعي السائد في أمريكا اللاتينية اليوم (Nelson, 2005).

وتضيف دراسة العطاء الاجتماعي أن العمل التطوعي ينمي الجانب الإنساني للمجتمع والذي يساهم في التكافل والتراحم والتساند بين الناس.كما يساهم التطوع في الممارسة الديمقراطية عن طريق إتاحة الفرص لمتطوعين ليتخذوا قرارات خاصة بمجتمعهم بشكل مباشر وديمقراطي.(مركز خدمات التنمية, 2005).

ولأهمية العمل التطوعي أشارت مجموعة "جونز هوبكنز" إلى أن التطوع يعد القطاع الثالث في المجتمع،حيث إن القطاع العام يحتل المرتبة الأولى والقطاع الخاص والعمل التطوعي المرتبة الثالثة، كما أشار وأيد الخطيب (الخطيب، 2002: 11).

3-3 أهداف التطوع:

يسعى العمل التطوعي إلى تحقيق عدد من الأهداف، سواء أكانت أهدافاً خاصة بالمجتمع المحلي أم أهدافاً خاصة بالهيئات التطوعية، وإلى ذلك فقد حددت هناء بدوي هذه الأهداف بما يلي:

أولاً: الأهداف الخاصة بالمجتمع المحلي:

وقد حددت الأهداف التي يحققها العمل التطوعي للمجتمع المحلي بشكل خاص، حيث يحقق ما يلي:

1- إن الجهود التطوعية تخفف من المشكلات الاجتماعية التي تواجه المجتمع المحلي، حيث تؤدي إلى إشباع الحاجات، وبالتالي زيادة رضى الناس، وهذا ينعكس بدوره على تكامل المجتمع وتماسكه.

2- إن الجهود التطوعية تؤدي إلى تعريف أفراد المجتمع بالظروف التي تعيشها الفئات الأخرى، وهذا يؤدي إلى الفهم والاتفاق المشترك حول المشكلات التي يعاني منها المجتمع، ويتعين عليه مواجهتها، وهذا يقود بالتالي إلى تقليل التمييز والعصبية الناتجة عن الجهل بأحوال الجماعات الأخرى بالمجتمع.

3- مشاركة المتطوعين في الأعمال التطوعية يقود إلى التفاهم حول أهداف مجتمعية مرغوب فيها، وهذا يقلل فرص اشتراكهم في أنشطة قد تكون مهددة لتقدم المجتمع وتماسكه.

ثانياً: الأهداف الخاصة بالهيئات الاجتماعية:

وهي الأهداف التي تتحقق للهيئات التي ترعى العمل التطوعي، الذي يحقق لها مجموعة أهداف تتمثل في:

- تعويض النقص في أعداد الأخصائيين الذي تعاني منه الهيئات الاجتماعية.

- يبذل المتطوعون جهوداً لتعريف المجتمع المحلي بهيئته، وبهذا يعملون على ربط تلك الهيئات بالمجتمع، فيستمر تأييده لها أدبيا وماديا، لا سيما أنها وجدت لخدمته ولتحقيق أهدافه.

ثالثا: الأهداف الخاصة بالمتطوعين:

من خلال مشاركة المتطوعين في الأنشطة يمكن أن تُحقق العديد من الفوائد منها: اهتمام المتطوع بأهداف اجتماعية مرموقة توجه طاقاته بعيدا عن الانحراف، كما أنه قد يكتسب خبرات اجتماعية كثيرة تساعد على تكامل شخصية.ويضاف إلى ذلك أن الكثير من الاحتياجات الاجتماعية للفرد تشبع من خلال إحساسه بالنجاح في القيام بعمل يقدره الآخرون لدى مؤسسات لها تقدير في المجتمع. (بدوي، هناء، 2004: 155-154).

4-3 فوائد التطوع:

لا يمكن لأي إنسان أن يقوم بسلوك إرادي دون تحقيق هدف من ورائه، والعمل التطوعي كذلك، فهو مهم للمجتمع وله دور في التنمية بشكل عام، إلا أن تطوع الشباب يرتبط بفوائد مباشرة أو غير مباشرة، وقد تكون هذه الفوائد تلبية لاحتياجات الشباب النفسية والاجتماعية التي قد تزيد على الفوائد المادية المباشرة بالعمل التطوعي للشباب، حيث يحقق لهم فوائد اقتصادية واجتماعية ونفسية من هذه الفوائد ما يلي:

1 - التطوع والإنجاز المهني:

إن الرأي الشائع بالنسبة لمن لا يعمل من المتطوعين أن التطوع يعد مرحلة الانطلاق نحو الاستخدام المدفوع الأجر، كما يعتقد من هو على رأس عمله أيضاً أن التطوع يمهد له الفرصة للتقدم فيه، وهذا ما أثبتته الدراسات التي أجراها معهد البحوث التعليمية العليا في جامعة كاليفورنيا- لوس أنجلوس، التي استخدمت البيانات الطولية من برنامج التعليم العالي الأمريكي لمؤسسة الخدمة الوطنية، لفحص نتائج التطوع أثناء التواجد في الكلية، حيث تبين أن الطلبة الذين اختاروا المشاركة في مشاريع تعليم الخدمة لهم سجل معدلات نقاط أعلى في الدرجة.

كما يمكن للتطوع أن يلعب أيضا دورا مباشرا في تحسين الفرص المهنية أو الحرفية وذلك باستخدام الطرق غير الرسمية -الاتصالات الشخصية- في تأمين المعلومات حول الوظائف، من أصدقاء الأصدقاء أو المعارف، وهم أكثر نجاحا في العثور على وظائف مرضية وذات دخل عال، وأن هناك تناسباً طردياً بين مرتبة الصلة وجودة الوظيفة المحصلة، إذ تعمل الصلات القوية بعكس الصلات الضعيفة على الوصول إلى أعلى مراتب الاتصال. الدرجة التي يزيد فيها التطوع من صلات الفرد الضعيفة التي تعكس التأثيرات الإيجابية على الإنجاز المهني، وقد يؤمّن العمل التطوعي بعض المعونة الاقتصادية التي تكون على شكل مكافآت رمزية تكون حافزاً للمتطوع.

2- التطوع والسلوك المعادي للمجتمع:

تنطوي الحكمة العامية على مفهوم أن التطوع "يبني الشخصية" ويسود الاعتقاد بأن التطوع يغذي الثقة بين الأشخاص ويغذي التسامح والتعاطف مع الآخرين واحترام المصلحة العامة. هذا بدوره يحول دون الانخراط في سلوكيات مريضة اجتماعيا، والاعتداء على حقوق الآخرين والسير في سلوكيات مهلكة للذات.

وقد أشار ويلسون وميوسك Wilson and Musick إلى بعض نتائج دراسة وطنية للشباب أجراها، (Hart and Atkins) كشفت أن المراهقين المنخرطين في الخدمة التطوعية أقل احتمالا في المشاركة في خمسة من سبعة عشر سلوكا إشكاليا بنفس السنة. كما أشارا إلى دراسة أجريت لمسح التحولات في حياة المراهقين التي وجدت أن العمل التطوعي قد يساعد في منع الجنوح بين صغار الشباب، كما أن احتمال مشاركة الطلبة الذين تطوعوا في سلوكيات خطرة مثل التسرب من المدرسة أو الإدمان على العقاقير اقل بكثير. وقد حاولا تفسير ذلك برده إلى نظرية الرقابة الاجتماعية Social Control theory، والاعتقاد بأن التطوع يقلل من الانحراف لأنه يخضع الشباب لضوابط اجتماعية غير شكلية، وإلى الرقابة. وفسرها حسب نظرية التعلم الاجتماعي، أو التداعي التفاضلي Differential Association. بان التطوع يقلل الجنوح، لأنه يحول دون التماس مع مخالفي القانون، كما يمكن أن يعلم التطوع الشباب القيم المؤيدة للمجتمع، ويفرض قيودا معيارية على سلوك الجانح. كما أضاف مختار شعيب أن أهم الفوائد الاجتماعية هي المكانة الاجتماعية التي يحصل عليها المتطوعون نتيجة لاعتراف الآخرين بهم وبقدراتهم، وهي بمثابة رأس المال الرمزي، فالحصول على مكانة اجتماعية مرموقة في المجتمع يحقق فوائد للشباب المتطوع، ويجعله واثقا من ذاته وقدراته، والمشاركة في العمل التطوعي تفتح له أبواباً واسعة في التعامل مع البشر. يعيد من خلالها تشكيل شبكة علاقاته في المجتمع (شعيب، 2004:84). الفائدة الأخرى في برنامج الخدمة التي تستهدف الشباب على المدى الطويل هي القيمة الوقائية

المجربة، إذ إن مشاركة الشباب في خدمة الوطن يمكن أن يقلل من الإدمان، الجريمة ومعدلات السجن (Wilson and musick,1999).

3- **التطوع والصحة البدنية:**

كشفت النجاحات الحديثة في علم الاجتماع الطبي عن الفوائد التي يعود بها التكافل الاجتماعي على الصحة البدنية عن طريق مساعدة الآخرين. فهو يطور شبكات تعمل على صد التوتر وتقليل مخاطر المرض، كما قد تعمل خصائص الإيثار في التطوع على تقليل المستويات الهدامة للاستغراق في شؤون الذات، كما تؤدي إلى وصول المتطوعين إلى معلومات أكثر حول فوائد التمرين والرعاية الصحية الوقائية.

وتشير عدة دراسات حديثة بوضوح إلى منافع بدنية للتطوع، فالتطوع سبب في الصحة الجيدة، مما يعني أن العمل التطوعي يفيد في الحفاظ على الصحة، ولكنه لا يحسّن حال من يملكون صحة جيدة. حيث أشار نلسون إلى دراسة Richard Rogers في متابعة المشاركين في National Health Interview Survey كان معظم المشاركين دون سن الخامسة والخمسين عندما بدأت الدراسة مستخدما بيانات الوفيات، تبين أن وفاة المتطوعين أقل نسبة من غير المتطوعين بغض النظر عن مستوى ملازمة الكنيسة، العمر، الوضع الاجتماعي، التعليم أو نوع الجنس. وبأعمار خمسة وستين سنة واكبر، كانت المجموعة التي لها أقل مخاطر وفاة هي من المتطوعين المعتدلين الذين تطوعوا مرة واحدة فقط.

هذه الدراسات المختلفة حول تأثير التطوع على معدل الوفيات تشير جميعها إلى نفس الاتجاه وهو أن العمل التطوعي يساعد الناس على العيش لفترة أطول، وتعد العوامل الاجتماعية التي تربط العمل التطوعي مع تقليص الوفيات، ومن بين أهم هذه المواصفات النفسية الاجتماعية، فعالية الذات Self efficacy. وذلك يعني أن المتطوع سيخفض التطوع عنده خطر العلة البدنية، لأنه يعزز العوامل النفسية الاجتماعية التي لدى الأصحاء.

4- التطوع والصحة العقلية:

تقليد اجتماعي طويل يربط التكافل الاجتماعي مع التقدير الذاتي للسعادة الشخصية عند المرء، إلى درجة ارتباط المرء مع الآخرين من الناس. أحد مقاييس التكامل الاجتماعي هو عدد الأدوار الاجتماعية -الأم، العامل، الأخ، التطوع- التي تنجز في وقت واحد. المقياس الآخر هو عدد "الروابط" أو "الصلات مع الآخرين ويشير ويلسون وميوسك Wilson and Musick إلى أن اكتساب أو فقدان الأدوار الاجتماعية يؤثر في الصحة النفسية عند الرجال والنساء، ولأن التطوع يضيف دورا اجتماعيا لحياة المرء. إذاً ينبغي أن يثمر عن منافع صحة عقلية، كما أشار إلى اكتساب الشباب الكندي الشيء الكثير من التطوع لأنهم" يسجلون مستويات عالية من الرضى مع أنشطتهم، ويشير ذلك إلى اكتسابهم مهارات ومعارف جديدة،حيث أن الكثيرين منهم يفكرون في المضي في التطوع طوال العمر".

أما عن الأسباب وراء وجود تأثيرات إيجابية للتطوع على الصحة العقلية، فهي كما يلي:

1- التطوع نوع من النشاط الاجتماعي أو المشاركة الاجتماعية، من المتعارف عليه أن التكافل الاجتماعي يرتبط بمقدار الروابط الاجتماعية أو العلاقات التي تجنبه العزلة الاجتماعية.

2- السبب الآخر وراء وجود ارتباط بين التطوع والصحة العقلية أن التطوع شكل من أشكال سلوك الذات، في بعض الموضوعات يمكن أن تغذي الثقة والقربى.

3- إن من وراء إمكانية زيادة التطوع في الخير أو السعادة الشخصية، تغذيته لاعتقاد الفرد بأنه قادر على إيجاد فرق وبالتالي تعزيز الفاعلية الشخصية، كما يزود التطوع المتطوع بإحساس بالسيطرة على مجرى حياته وبيئته، وبهذه الوسيلة يخفف الكآبة. يقول الباحثون إن إحدى أسباب خفض التطوع لخطر معدل الوفيات هو زيادته للفعالية الذاتية للاحترام الذاتي، والتأثير الإيجابي الذي يعمل بدوره كنوع من التطعيم ضد التوتر. كما أن له نتائج

مفيدة على السعادة، وتؤكد النتائج كذلك أن التطوع في السياق الديني يـؤدي بصـورة خاصـة إلى صـحة عقليـة جيدة (Wilson and Musick,1999).

كما أشار مختار شعيب إلى أن العمل التطوعي يساهم في ارتقاء نسـق القـيم لـدى الشـباب، حيـث تهـتم المشاركة في العمل التطوعي بإبراز قيمة الإنجاز التي تعطي الدافع للشباب للتفوق وتنمي لديـه قيمـة الاسـتقلال، فمن خلال العمل التطوعي يستطيع طرح رأيه بحرية، كما تشـجعه عـلى اتخـاذ قراراتـه الخاصـة التـي تسـاهم في بلورة تحقيق الذات لدى الشباب، من خـلال الاسـتفادة مـن مواهبـه وقدراتـه وإمكاناتـه الشخصـية بشـكل جيـد (شعيب،2004:84).

5- التطوع والمشاركة السياسية:

يشير ويلسون وميوسك Wilson and Musick إلى الارتباط القوي بين العمـل المـدني والثقـة الاجتماعيـة، حيث يوضح المساهمة التي يقدمها المتطوع للمشاركة السياسية، فالمتطوعون يسجلون درجة أعـلى عـلى مقـاييس الثقة من غير المتطوعين، مشيرا إلى ما نوه إليه بعض المهتمين الذي لفت الانتباه إلى إمكانية وجود صلة بين التطوع الشـائع في المجتمـع المـدني النـامي والمشـاركة السياسـية، حيـث إن القـيم الديمقراطيـة المناسـبة وغـرس العـادات الديمقراطية الجيدة مثل التصويت يمكن إن يهيئ الناس للمشاركة في العمل الجماعي مبكرا في حياتهم نحو وطنهم ومجتمعهم المحلي.

كما يضيفا إلى ذلك أن علماء السياسة وجدوا أن التطوع يساعد على خلق الأحـوال الملائمـة لقيـادة جيـدة، وأن من فوائد التطوع الإحساس بالمسؤولية تجاه المجتمع، وهو إحدى الركائز الأساسية في تقوية الديمقراطية، كـما ويعمل على خلق الإحساس بالانتماء والمسؤولية تجاه المجتمع.كما أنه أمر في غايـة الحيويـة لبنـاء مواطنـة نشـطة تشارك في حل مشاكل البلاد.كما يقلل من آراء المواطنين السائدة حول تقصـير الحكومـة تجـاه المعانـاة الاجتماعيـة (Wilson and Musick,1999).

وتقول البيانات من "رصد المستقبل" لطلبة السنة النهائية في المدرسة العليا في الولايات المتحدة، إن التطوع قادر ليس على تحسين المواقف المعادية فقط، بل وممارسات أو أعمال المواطنة الجيدة أيضا. إذ كان الطلبة المتطوعين أكثر انخراطا في تشكيله من السلوكيات السياسية التقليدية كالتصويت والمشاركة في حملة سياسية، مقارنة بمن لم يتطوعوا. وأشارا كذلك إلى دراسة لتأثير التطوع على السلوك السياسي اللاحق أجرتها Margaret Conwayetal التي وجدت أن التطوع المبكر يزيد من احتمال أن يصبح الشباب أعضاء فاعلين في مجتمعهم السياسي عندما يتخرجون من الكلية. وأن الظروف الاجتماعية التي تحول دون مشاركة الأطفال في الأنشطة اللامنهجية في المدرسة العليا، قد تؤدي في النهاية إلى الحيلولة دون مشاركتهم في العملية السياسية وفي العمل التطوعي. وهذا ما أثبتته دراسات التأثير طويل المدى للعمل التطوعي المبكر على سلوك المواطنة. إذ اتصل فندري Fendrich مع خريجي Florida A&M، وجامعات ولاية فلوريدا، على فترات من عشرة إلى خمسة وعشرين سنة بعد التخرج، لقد كان الطلبة الذي نشطوا في منظمات التطوع والحركات الاجتماعية أثناء تواجدهم في الكلية، أكثر اتصالا بالمنظمات المدنية، وأكثر نشاطا سياسيا من غير الناشطين بعد عقد لاحق.

وفي دراسة لهيجل Hegel وجد أنه يمكن النظر إلى القطاع التطوعي على أنه ذو صلة في دعم مشاركة المواطن المباشرة، إذ إن تواجد مجموعات من الناس وخبراتهم تحت مظلة منظمة ما، وتحويل هذه المعارف إلى عملية السياسة العامة، هو جزء من الدور الذي تلعبه المنظمات التطوعية في الشبكة الاجتماعية، وأن تحقيق المشاركة المدنية في قضية بعينها يتم من خلال خدمة المنظمات التطوعية، خاصة للأعضاء الذين لا يمكن أن تسمع أصواتهم بطريقة أخرى.

وكذلك الأمر بالنسبة لهيئة التطوع، حيث ترفع المشاركة السياسية العامة أعضاء الهيئة إلى مستوى مختلف تماما من الالتزام، لتمكينهم من استخدام وتطوير مهاراتهم الفردية

وتطبيقها من أجل الصالح العام للمنظمة والأفراد المستفيدين منها. وهنا يؤكد أنه ينبغي أن تكون للمؤسسة الخيرية أغراض سياسية، ويمكن أن تنفق المؤسسة الخيرية بعضا من مواردها على الأنشطة السياسية طالما أنها ليست موالية، وتبقى تابعة وملحقة بأغراض المؤسسة الخيرية، إذ ينفق 90% من موارد المؤسسة الخيرية في الأساس على الفعاليات الخيرية، ومن المستحسن أن تستشير أي منظمة محاميها لمتابعة آخر مستجدات عملية المشاركة في السياسة العامة، وذلك لحماية المؤسسة الخيرية من خطر فقدانها لوضعها الشرعي(Hegel,2003).

هذا الأمر لا يوجد على الإطلاق لدى غالبية الدول النامية، ومن ضمنها الأردن، إذ إن القوانين تشترط لترخيص أي جمعية خيرية ألاّ تكون لديها أي أغراض سياسية.

كما يشير ويلسون وميوسك Wilson and Musick إلى رأي De Tequeville بأن الجمعيات التطوعية هيئات وسطية أساسية بين جمهور الناس ومؤسساتهم الحكومية. تولد العضوية النشطة في الجمعيات التطوعية الثقة التي تمتد لأبعد من حدود القرابة والصداقة التي تتوقف عليها الحياة السياسية الديمقراطية. كما تتولد الثقة اللازمة للناس كي ينتظموا بصورة فعالة، ويعملوا بصورة جماعية. ليس بالضرورة أن تكون هذه الجمعيات سياسية كي يكون لها الأثر النفعي، إذ إن لجميع تلك الجمعيات أنشطة تعمل على تطوير المهارات المدنية التي ترفع من إحساس المرء بالمقدرة والجدارة السياسية. والتطوع التنظيمي يزيد احتمال إجراء مناقشات سياسية مع أعضاء الجمعية الآخرين. والتطوع عامل حافز في التغير الاجتماعي،حيث يشير ويلسون وميوسك Wilson and musick إلى ما نوه إليه روبرت بتمان Robert Putman بأن تفاعل الشبكات يؤدي إلى توليد رأسمال اجتماعي، وشيوع الثقة في المجتمعات، حيث تعمل الأشكال المتنوعة للتطوع على تعزيز التعددية في المجتمع لكونها مشتملة على أطياف من المواطنين المختلفين.

كما أن مساهمات عمل التطوع نحو منظمات المجتمع المدني لا تقدر بثمن، فالقوى التطوعية التي يمكن الاعتماد عليها تضمن استمرارية طويلة لمجموعات المجتمع المدني، ويمكن لمساهمات التطوع أن تجعل من هذه المنظمات أكثر كفاءة واحترافا. إن القطاع التطوعي هو الأكثر فعالية بسبب وجود المنافسة، وأن يكون لكل مجموعة اختصاص ومجال تتفوق فيه كي تستمر، وتتحمل الدولة مسؤولية حماية وتعزيز دوره، ولا يعمل التطوع لملء الفراغ في بعض الخدمات التي تشرف عليها الدولة فقط، بل يقدم أيضا نوعا من الوقاية من الأوبئة الاجتماعية (Wilson and musick,1999).

ويضيف مختار شعيب إلى أن المشاركة بالعمل التطوعي تجعل الشباب يتقبل ذاته ويتقبل الآخرين، وتصبح معاملاته تلقائية وتكون ديمقراطية وموضوعية، هذه الخصائص تنمو مع ازدياد خبراته في العمل التطوعي،كما يؤثر العمل التطوعي في الشباب بجعلهم أكثر ثقة بذواتهم وينّمي الانتماء لديهم (شعيب، 2004: 89).

5-3 دوافع التطوع:

تختلف دوافع التطوع في المجتمعات حسب الثقافة والنظرة إلى العمل التطوعي فهي تختلف في المجتمعات الرأسمالية المتقدمة عنها في المجتمعات النامية، فهي في الأولى قد تتمثل في التباهي بالملكية والوعي الاجتماعي والنجاح في التعامل مع الآخرين والرغبة في الحصول على مكانه اجتماعية والحاجة إلى الاتصال بمجالات العمل والحياة المهنية، أما في المجتمعات النامية فالدافع الأساسي للتطوع يتركز غالبا في مدى ما يحقق المشروع من فائدة مباشرة للمتطوع، فقد ارتبطت المشاركة النوعية في التحليلات النظرية في كتابات العلوم الاجتماعية بعامل الشعور النسبي بالحرمان، فقد لا تتم المشاركة حتى لو كان سكان المجتمع في ظروف سيئة إذا اعتادوا على ذلك، أو لم يكن لديهم أي أمل في تحسين الأحوال.كما ارتبط الموضوع بقيم دينية أو ثقافية معينة في المشروعات الدينية رغم أن العائد منها غير مباشر، هذا إلى الجانب أن الدوافع تختلف مع الأفراد حسب المستوى التعليمي والاقتصادي، وحسب النوع

والعمر والحالة الاجتماعية والوضع الاجتماعي. إلا أنه بشكل عام يمكن القول إن الدوافع للعمل التطوعي كثيرة، حيث يختلف المتطوعون في أهدافهم ودوافعهم ورغباتهم في التطوع، ومن هذه الدوافع ما يلي:

1- التطوع حبا في الآخرين وتقديم المساعدة لهم.

2- التطوع من أجل تكوين العلاقات الاجتماعية وتحقيق بعض المنافع الشخصية، كالحصول على مهنة أو وظيفة.

3- التطوع من أجل اكتساب مهارات وخبرات جديدة قد يحتاجها المتطوع مستقبلا في حياته العملية قد لا تتوافر إلا من خلال مراكز التطوع.

4- الدافع الديني الذي ينمي إحساس الإنسان بالواجب تجاه مجتمعه وتجاه البيئة التي تحيط به التي هي هبة من عند الله، ويجب المحافظة عليها إرضاء لله وطمعا في الثواب العظيم.

5- الرغبة في تحقيق الذات والدفاع عن القيم ونشر المبادئ التي يؤمن بها الإنسان، وهذا دافع أساس للنفس البشرية، كما أن التطوع يعد من الحاجات الثانوية للإنسان حسب نظرية ماسلو للحاجات الإنسانية وبالتالي فإن الانخراط فيه يكون بعد أن يلبي الإنسان حاجاته الأولية.

6- الرغبة في إشغال أوقات الفراغ، فقد يجد بعض الناس أن التطوع هو الأجدى في الاستفادة من الوقت (عبد الغني: 2005).

6-3 الأعمال التطوعية ومستوياتها:

للأعمال التطوعية مستوياتها في تقديم الخدمات التطوعية، فمنها المباشر، ومنها غير المباشر، ومن حيث مستويات العمل، فمنها ما يقتصر على مستوى رسم السياسة، ومنها ما يكون على المستوى الإداري، وهناك أعمال يقدم فيها المتطوع الخدمات المباشرة وغير المباشرة، وأخيرا يكون العمل التطوعي على مستوى تقديم المشورة. سنعرض البعض منها بعجالة، وهي كما يلي:

1- **الخدمات المباشرة:** وهي الخدمات التي يؤديها المتطوع مباشرة للجماهير، مثل التطوع في المؤسسات الإيوائية، أو التدريس في فصول محو الأمية، أو علاج المرضى في المؤسسات العلاجية.

2- **الخدمات غير المباشرة:** وهي الخدمات التي يؤديها المتطوع لتستفيد منها الجماهير بعد ذلك، حيث يؤدي المتطوع خدماته لمعاونة هيئة ما، أو مؤسسة معينة لتحقيق أهدافها، تلك الأهداف التي تخدم الجماهير، وبالتالي تكون خدمات المتطوع للجماهير بصورة غير مباشرة، ومن أمثلة ذلك: التطوع في حملات جمع المال والتخطيط لها أو الاشتراك في أعمال اللجان المختلفة بالهيئة أو المؤسسة،أو الإسهام في الأعمال الإدارية.

أما الأعمال التطوعية من حيث مستويات العمل فهي كالتالي:

1- **مستوى رسم السياسة:** وهنا يكون نصيب المتطوع الأكبر، الاشتراك على مستوى رسم السياسة في المجتمعات المحلية أو بالمؤسسات الأهلية من خلال عضويته بالجمعيات العمومية أو مجلس إدارة المؤسسة أو المجلس الشعبي المحلي بمستوياته المختلفة.

2- **المستوى الإداري:** كالمساهمة في الأعمال الكتابية وحفظ وإعداد الملفات وحسابات المؤسسة أو الهيئة، وتحصيل الرسوم والاشتراكات وإعداد الميزانية.

3- **مستوى تقديم الخدمات:** ويقصد به المستوى الذي يقدم من خلاله المتطوع خدمات مباشرة أو غير مباشرة للجماهير، دون أن يشترك في رسم سياسة المؤسسة، أي المستوى الذي يعد فيه المتطوعون لأعمال تنفيذية.

4- **مستوى تقديم المشورة:** ويقصد به ذلك المستوى الذي يقدم من خلاله المتطوعون الاستشاريون النصيحة والرأي، أما الأخذ بالنصيحة أو الرأي فمن اختصاص مستوى السياسة المسؤولة عن تولي سلطة البت في مثل هذه القرارات(بدوي، هناء، 2004: 164).

7-3 مكاتب ومراكز التطوع:

يتم الاعتماد في ميادين ومجالات الرعاية الاجتماعية على المشاركة الشعبية الإيجابية بجهودها وأموالها، ومن بينهما الجهود التطوعية التي تساعد على سد الثغرات البشرية والمادية، مما يعاون المجتمع على أهدافه، ولما كانت هذه الجهود التطوعية بحاجة إلى تنظيم وتوجيه وتدريب، حتى تصبح ذات فعالية في أداء ما يسند إليها من أعمال، كان من المهم توفير مكاتب ومراكز للتطوع تتولى القيام بهذا الدور، ومنظمات تقوم بأعمال تساعد أجهزة تنظيم المجتمع على أداء رسالتها، وتهدف إلى إتاحة الفرصة للشعب للتطوع في أعمال الرعاية الاجتماعية، ومن الممكن أن تكون أجهزة مستقلة. (بدوي،هناء، 2004: 155).

* أعمال مكاتب ومراكز التطوع:

من أهم الأعمال التي تقوم بها مكاتب ومراكز التطوع ما يلي:

1- الدعوة للتطوع في القطاع المسؤول عنها وإتاحة الفرص للتطوع البناء.

2- تسجيل الراغبين في التطوع وتصنيفهم من حيث الموقف ونوع العمل والجهة التي يرغبون في التطوع بها.

3- حصر المجالات والأنشطة التي تحتاج متطوعون، وإيجاد علاقات مستمرة مع الهيئات وتشجيعها لإبداء رغباتها واحتياجاتها من المتطوعين ومستوياتهم.

4- توزيع المتطوعين حسب ميولهم على المجالات الموجودة بالمكتب.

5- تدريب المتطوعين على المهمة التي يقومون بها.

6- متابعة المتطوعين حتى يستمروا في التطوع، مع إيجاد نظام الحوافز لتشجيعهم على الاستمرار وإتقان العمل.

7- التأثير على تشكيل الرأي العام نحو المشكلات المجتمعية.

8- العمل كجماعات ضاغطة على المسؤولين لتوجيه اهتمامهم نحو مشكلات لا يتناولونها وتعد ملحة.

9- إعداد متطوعين من حديثي السن، لأن ذلك ينشئ الشباب تنشئة اجتماعية ويساعد على إشباع احتياجاتهم النفسية والاجتماعية، وقضاء وقت فراغ مثمر، وتوجيههم من قبل الأكبر سنا.

10- ضرورة إيجاد علاقة وطيدة بين مؤسسات التطوع والأخصائيين الاجتماعيين في المناطق والدول المختلفة لإتاحة الفرص لتبادل الخبرات.

هناك دور للهيئات والمؤسسات الاجتماعية في المفاضلة بين هؤلاء المتطوعين، لاختيار أنسب هذه العناصر، وترغيبها في التعاون معا، ويتم ذلك عن طريق أحد أمرين:

الأول: تصميم استمارات للتطوع لدى المؤسسة، تحتوي بعض البيانات اللازمة، التي يمكن أن تكون بمثابة محكّات أو مقاييس للتعرف على معلومات وخبرات المتطوع.

الثاني: عقد المقابلات الشخصية للمتقدمين للتطوع في الهيئة أو المؤسسات للمفاضلة بينهم. وتفيد المقابلات في قياس خبرات المتقدمين واستعداداتهم وقدراتهم ورغباتهم في العمل بالهيئة أو المؤسسة. إذ تمتاز المقابلات الشخصية بالقدرة على اكتشاف القدرات والخبرات.(بدوي، هناء، 2004: 156-160).

* مصادر اكتشاف المتطوعين واختيارهم:

تحتاج المؤسسات والهيئات الاجتماعية للمتطوعين لمساعدة الأخصائيين الاجتماعيين والإداريين في بعض الأنشطة، ولا سيما في مجتمعاتنا العربية التي تفتقر هيئاتها ومؤسساتها

الاجتماعية نسبيا إلى الإمكانيات، وهنا قد يسد التطوع هذا النقص في الإمكانيات قدر الإمكان، ويمكن الحصول على متطوعين من مصادر متعددة تتمثل في ما يلي:-

1- بعض سكان المجتمع المحلي ممكن أن يشاركوا في بعض نشاطاته ويكتسبوا المهارات والخبرات التي تساعدهم على المساهمة في بعض عمليات تنظيم المجتمع.

2- الطلاب بمختلف مستوياتهم، لأن ثقافتهم ومهاراتهم في تخصصاتهم، والوعي المفترض أن يكون سائدا بينهم، كل ذلك يتيح لهم أن يكونوا موردا خصبا للتطوع، وبصفة خاصة طلاب الجامعات وكليات الخدمة الاجتماعية، كونهم يُعَدون إعدادا مهنيا وقوميا من المفترض أن يدفعهم إلى التطوع للعمل في المؤسسات الاجتماعية، وفي الأنشطة المرتبطة بالخدمة العامة، طبقا لما تسمح به ظروفهم.

3- أعضاء ينتمون إلى هيئات اجتماعية من أهدافها الخدمة العامة.

4- أعضاء من التنظيمات السياسية (الأحزاب السياسية) لأن من أهداف هذه التنظيمات جعل الوعي السياسي مثيرا للأعضاء للعمل في الخدمة العامة وإيجاد الحلول الذاتية لمشكلات مجتمعاتهم، ويشار بصفة خاصة إلى أعضاء لجان الشباب، فالشباب كإمكانية وطاقة يجب أن يبادر إلى الانضمام إلى الخدمة العامة، هذا بالإضافة إلى المنظمات المساندة كالنقابات المهنية والعمالية.

5- قد تستفيد بعض الهيئات والمؤسسات الاجتماعية من الجهود التطوعية لبعض من استفادوا من خدماتها.

وكقاعدة عامة يجب اختيار المتطوع الذي لديه اهتمام بنوع النشاط المزمع اشتراكه فيه (بدوي، هناء، 2004: 160-164).

* **الشروط الواجب توافرها في المتطوع.**

إن المشاركة في الأعمال التطوعية، تتطلب أن يتمتع الراغب في التطوع بعدد من الشروط لضمان القيام بما هو مطلوب منه على أكمل وجه، ودون إحداث أي إشكاليات أثناء العمل، وقد تعددت الشروط التي سيتم عرض بعضها وهي كالتالي:

1- أن يكون لدى المتطوع الوقت الكافي لممارسة وأداء نشاطه التطوعي.

2- أن يكون بصحة جيدة، لضمان إمكانية بذلها للجهد المطلوب منه.

3- أن يتوفر لديه إحساس بالمسؤولية الاجتماعية ورغبته الصادقة وتحمّسه للعمل التطوعي، من أجل صالح مجتمعه، دون انتظار لأجر أو جزاء مادي.

4- أن يكون لديه الاهتمام بالمسائل الاجتماعية والقومية للمجتمع الذي يعيش فيه.

5- أن تتوفر لديه المقدرة على التعامل في تناسق وانسجام مع الآخرين.

6- أن يكون لديه المعرفة والثقافة والمهارات والخبرات في المجال الذي يرغب في التطوع فيه.

7- أن يكون المتطوع من ذوي السمعة الحسنة في مجتمعه.(بدوي، هناء، 2004: 162).

بالإضافة إلى احترام المتطوع للناس وتقبل فروقهم الفردية والرغبة في مساعدتهم.

ومدى تمتعه بالنضج العقلي والانفعالي الذي يمكنه من العمل.والقدرة على تحمل المسؤولية، حيث يعتمد عليه فيما يوكل إليه من أعمال.

ولعل هذه الشروط تعكس الحاجة إلى ضرورة إعداد المتطوعين وتدريب من يفتقر منهم إلى المهارات المطلوبة لأداء الأعمال الموكولة إليه بكفاءة، ولعل هذا يتعلق بمدى القدرة على تطوير القدرات البشرية التي تشمل تدريب القيادات القائمة وتطوير قدراتها، واكتشاف قيادات جديدة، وتأهيلها لتحمل مسؤوليات التخطيط والمتابعة والتقييم في جميع مجالات النشاط والعمل على إدخال مقررات دراسية عن العمل الأهلي بمؤسسات التعليم العالي وقيام هذه المؤسسات بدراسات وأبحاث حول المجتمع المدني ويشمل تطوير القدرات البشرية أيضا التدريب على التكنولوجيا الجديدة.

8-3 معوقات العمل التطوعي:

لقد بيّنت نتائج البحوث الميدانية التي أجرتها الشبكة العربية للمنظمات الأهلية في (الأردن ومصر- وفلسطين) أن العمل التطوعي يواجه العديد من الإشكاليات التي يمكن إجمالها على النحو التالي:

1- محدودية مشاركة المتطوعين في العمل الأهلي العربي وفي صنع وتنفيذ السياسات والبرامج.

2- عدم توافر التوجيه والتدريب الكافي للمتطوعين.

3- إن الغالبية العظمى من المتطوعين وفقا للدراسات الميدانية في العالم العربي في المرحلة العمرية من (45-65) سنة.

4- هناك أزمة في المتطوعين بين النساء والشباب. فمن جهة، هناك تراجع للمرأة عن العمل التطوعي، ومن جهة أخرى، فإن هناك عدم إقبال للشباب (أقل من 35 سنة)على العمل التطوعي.

5- ضعف الوعي العام لدى المواطنين بقيمة التطوع المنظم، فلا توجد ثقافة تطوع.

6- غياب تام في الساحة العربية لمراكز توجيه المتطوعين.

7- ضعف الحوافز المجتمعية للمتطوعين.

لم تصل أية دولة عربية حتى الآن إلى توافق وطني حول التشريعات المنظمة للعمل التطوعي، والتفاعل وتبادل الخبرات فيما بينهما (التشبيك) أو على مستوى القيام بالمسموح الميدانية والبحوث العلمية التي توجه لتطوير العمل التطوعي.

كما يواجه العمل التطوعي العديد من الإشكاليات التي يرتبط بعضها بالثقافة السياسية للمجتمع، ومحدودية الدور الذي تؤديه مؤسسات التنشئة الاجتماعية المختلفة. وعدم توافر بيئة تشريعية مهيّئة ومدعّمة للتطوع. ويسود ثقافة التطوع مناخ من عدم الثقة بين الدولة والمجتمع المدني مازال يؤثر سلبا على أخذ المبادرات التطوعية.،حيث أشار كل من عبد

الغفار شكر ومحمد مورو إلى أن هناك العديد من القيود التي تحول دون تطور مؤسسات المجتمع المدني وتحولها إلى مؤسسات ديمقراطية قادرة على الإسهام في بناء الديمقراطي بالمجتمع، وتتحمل القوى الديمقراطية مسؤولية العمل على تقوية المجتمع المدني وتحريره من القيود التي تحدّ من حركته وتأثيره، والسير في نفس الوقت على طريق التطور الديمقراطي، وأي نجاح تحرزه القوى الديمقراطية في إحدى المهمتين سوف يؤثر إيجابيا في الأخرى، وسيساعد بالتالي على مضاعفة الآثار المترتبة على النتائج المتحققة.،حيث إنه لا يمكن بناء الديمقراطية في أي مجتمع تغيب عنه مؤسسات مدنية فعّالة، ولا يمكن كذلك تقوية المجتمع المدني الذي تغيب عنه الحريات والحقوق الأساسية والمؤسسات والآليات اللازمة للممارسة الديمقراطية وبالتالي لن تتحقق نتائج ملموسة بإعطاء الأولوية لإحدى المهمتَين بل يتعين السير نحو تحقيقهما معا.

كما أشارا إلى أن غالبية الدول العربية قد استخدمت آلية التشريع للهيمنة على مؤسسات المجتمع المدني وإخضاعها للسيطرة الحكومية، مما يحد من نموها وقيامها بالدور المطلوب منها، وإسهامها في دعم التطوير الديمقراطي للمجتمع. أجريت تعديلات على القوانين القائمة عندما تبين أنها غير كافية لإحكام السيطرة على مؤسسات المجتمع المدني من جمعيات أهلية ونقابات مهنية وعمالية واتحادات طلابية ومنظمات حقوقية ودفاعية.

علماً بأن هناك ارتباطاً قوياً بين المجتمع المدني والانتقال إلى الديمقراطية في أي مجتمع من المجتمعات، حيث ربط الإعلان العالمي لحقوق الإنسان بين الحق في تكوين الجمعيات، والحق في المشاركة الشعبية، وتوافر الحقوق الأساسية في المجتمع، و،حيث تتكامل هذه الجوانب الثلاثة بعدّها شروطا ضرورية للتطوير الديمقراطي للمجتمع. ويلعب التضييق على الحريات والحقوق الأساسية دورا محبطا لإمكانيات تطور مؤسسات المجتمع المدني. وتشكل القيود المفروضة في معظم الأقطار العربية على حرية التنظيم، بما في ذلك حق تشكيل

الجمعيات وتأسيس النقابات، عاملا سلبيا يحول دون إسهام المواطنين في العمل العام(شكر، عبد الغفار، مورو، محمد، 2003).

وهناك مسؤولية كذلك على التنشئة الأسرية التي أصبحت تهتم فقط بالتعليم دون زرع روح التطوع وبث الانتماء ومساعدة الآخرين.

كما أن مناهج وأنشطة المدارس والجامعات تكاد تكون خالية من كل ما يشجع على العمل التطوعي الحقيقي، وغياب التطوع في كل من الأسرة والمؤسسات التعليمية أدى إلى خلق أجيال ليس لديها الوعي بمفهوم التطوع وأهميته.

الضغوط الاقتصادية التي يعاني منها معظم الشباب، من الأسباب التي تدفع بعضهم للبحث عن عمل والانخراط به وبالتالي عدم وجود وقت كاف للتطوع.

كما أن معظم المؤسسات الأهلية في العالم العربي ليس لديها المهارة لمخاطبة الشباب وجذبهم إليها للتطوع، بعض الشباب الذين حاولوا التطوع في بعض المؤسسات كانت لهم خبرات سيئة بسبب سوء التخطيط، أو عدم الاكتراث في المعاملة، أو إسناد أعمال غير مهمة إليهم. من الضروري اتخاذ خطوات عملية لتشجيع التطوع بين الشباب الذين يعدون من أهم موارد الدولة وأعظم أدواتها.

ويضيف نيلسون Nelson إلى أن إحدى العوائق أمام تعزيز موضوع التطوع في صناعة السياسة، هي صعوبة تقدير فوائده ونتائجه المحققة كميا. إذ إنه بدون نتائج يمكن قياسها، يصعب الحصول على الدعم المالي والسياسي من الحكومة (Nelson, 2005)

9-3 السياسة الناجحة للعمل التطوعي:

لا شك أن نجاح أي فعل بهذا الحجم من الأهمية، يحتاج إلى سياسات رشيدة تدعم قيامه ونجاحه، لذلك فإنه يجب أن تتوافر بهذه السياسات مجموعة من الخصائص لضمان نجاحها، وقد حدد نيلسون هذه الخصائص بما يلي:

1- **مستوى التنظيم:** وفيما إذا كانت الترتيبات للعمل التطوعي رسمية أو غير رسمية، وكذلك توافر المعلومات حوله بوضوح في نص التشريع، وأن يكون هناك اتفاق أو عقد بين المتطوع والمنظمة القائمة بموجب القانون، وأن المبدأ الأساسي للعمل التطوعي هو استقلاليته. وأن يحدد التنظيم حقوق وواجبات المتطوعين، وشروط عمل منظمات التطوع.

2- **الاعتماد العام والخاص:** أما من حيث القطاع الخاص والعام وتوفير الفرص لتعبئة المتطوعين، ففي حالة النوع العام تبين وجود مقادير كبيرة من البنى التحتية الحكومية للبرنامج، لأجل توجيه جهود المتطوعين، حيث يبرز في الغالب شكل من أشكال التعاقد الذي يوجه الأموال لمجموعات تابعة لتشغيل المخصصات والقيام بأنشطة المتطوع، كما هو الحال في تشيلي مع برنامج (العمل معا) الذي يستفيد من طلبة المدارس العليا ويشغلهم لفترة ثمانية أشهر مع أفراد مجتمعات فقيرة. البرامج التي تعتمد القطاع الخاص في المجهود التطوعي تقدم الحوافز للقطاع الخاص، أما الدعم الحكومي فهو رمزي أكثر منه مادي.

3- **مركز المجهود (الهيكل المركزي مقابل اللامركزي):** إن درجة المركزية قرار آخر يختص به صانعوا السياسة.ومن بين بعض المقايضات التي يصادفها المسئولون بين البرامج المركزية واللامركزية هي الكفاءة الإدارية ودرجة التخصص، وحيث إن هناك فروقا واضحة بين المناطق في الاحتياجات، فإن طبيعة التطوع يمكن أن توفر المركزية، شبكة دعم أكبر بين منظمات التطوع عند إقامة قنوات الاتصال المناسبة.

4- **المجموعات المستهدفة:** تستهدف برامج التطوع الوطني عامة مجموعات عمرية معينة في بناء البرامج في كثير من البلدان، حيث تركز البرامج على الشباب بالتنسيق مع النظام التعليمي، إذ إن المتطوعين الشباب خاصة، يمكن أن يكونوا أهم أنصار تقدم التنمية في البلاد لعقود قادمة إن الانخراط المنظم للشبيبة في التطوع، هو الذي سيوقف الطبيعة

الدّوارة للعزل الاجتماعي من جيل إلى آخر، ويلاحق الأهداف الجماعية طويلة المدى للبلاد، والمجموعات المستهدفة يمكن أن توجد في القطاعين الخاص والعام.

5-**التشريع ومتطلباته الأساسية:** يتطلب وجود تشريعات خاصة بالعمل التطوعي تتضمن ما يلي:

أ. تعريف المتبرع أو المتطوع: وهو يتعلق بتقدير وإيجاد الوضع القانوني للمتطوع، وأن يقدم الفرد نشاطه بإدارته الحرة، ليس هناك أجر أو مكافأة مالية لقاء الخدمة، هناك منافع للمجتمع أو لطرف ثالث نتيجة هذا النشاط، تحتوي بعض التعريفات أيضا هدف الصالح العام في عمل المتطوع والالتزام الاجتماعي الذي يبديه الشخص المتطوع. حاليا لا توجد أية معايير قانونية متفق عليها عالميا للتطوع ينبغي على المشرع أن يطبقها.

ب. حماية المتطوعين (حقوقهم والتزاماتهم): ينبغي وصف حقوق ومسؤوليات المتطوع في صيغة التعريف لتشمل الحقوق العامة للمتطوع.الانتماء للمنظمة، وتمييز تسميته متطوعا، ظروف عمل آمنة وصحية، والحصول على تدريب كاف للمهمة.

ج. المسؤوليات الملقاة على كاهله والتي تضمن التزامه مع المنظمة، احترامها وصون السرية من بين بعض الالتزامات التي ينص عليها القانون. وعدم قبول المكافأة المالية واحترام حقوق المستفيدين وضمان الاستخدام الجيد للموارد. وهذه تعد من مبادئ الخدمة الاجتماعية في التعامل مع العملاء.

د. كما أنه يجب العمل على توفير الكثير من القوانين لضمان شروط الحماية الاجتماعية التي تقدم للموظفين مثل: التامين الصحي والضمان الاجتماعي.إذ ينبغي ألا يحول العمل التطوعي دون تسلم الأفراد إعانات البطالة.

ه. **وكالة التنسيق:** إن إنشاء وكالة أو لجنة للإشراف على جميع أنشطة التطوع الوطني ترسي قاعدة ثابتة للتطوع تنظم الدعاية وحملات المعلومات، حيث تعمل كقوة تنظيم

أساسية في إقرار التشريعات. إن إقامة وكالة رسمية هي أفضل خطوة أولية في الغالب حتى قبل سنّ التشريعات في سبيل تقدم السياسة الوطنية على التطوع.

و. كما يمكن أن تتضمن واجبات الوكالة المنسقة، إدارة قواعد البيانات حول المجتمع المدني ومنظمات التطوع، لمقارنة المتطوعين بناء على المهارات والمواقع والاهتمامات،ويمكن للوكالة أيضا أن تشرف على التخطيط للمدى الطويل، من أجل مدخل استراتيجي يعزز التطوع وتطابقه مع خطط التنمية الوطنية. كما يمكنها العمل على تبادل الخبرات والترويج للبحث في مجال التطوع، لإعداد قاعدة بيانات وإحصاءات عن التطوع، وذلك لإيجاد الأرضية والدعم القانوني، إذ يحتاج صناع السياسة إلى معطيات لتبرير القرارات.

ز. **الدعاية:** إن حملات الإعلان وسيلة نافعة في ترويج التطوع. يمكن لحملات الدعاية أن تملأ الفراغ المعلوماتي الذي يعتقد المواطنون عامة أنه يعيق المشاركة في أنشطة التطوع. للمناسبات الدعائية مثل "اليوم الوطني للتطوع" تأثير واضح على رفع شان أهمية المتطوعين وإنجازاتهم.

ح. كما يضيف هيجل (Hegel) فيما يتعلق بالإعلام، أن اهتمام السياسيين بالقضية يتوقف على اهتمام وسائل الإعلام بها. وتتضمن وسائل الإعلام: الصحف، التلفزيون، محطات الراديو، مواقع الشبكة. ويفضل تعيين شخص دائم لمهمة الارتباط مع وسائل الإعلام تكون مهمته: كتابة البيانات الصحفية،الاتصال مباشرة مع وكالات الأنباء، إنشاء علاقة مع المحررين الذين يتناولون قضايا ذات صلة، استضافة المشاركة في رعاية مناسبات وسائل الإعلام التقيد بالمواعيد النهائية.كما حدد بعض النقاط الأساسية اللازمة لتطوير إستراتيجية إلكترونية:

ط. جمع عناوين البريد الإلكتروني.

ي.   إنشاء قوائم بريد إلكتروني مميزة حسب الموضوع/ المشترك لتسهيل الاتصال مع المستفيدين.

ك.   فتح فهرس نقاش للاتصالات الدائرة مع المتعاونين. كما أشار هيجـل Hegel إلى أن هنـاك اسـتراتيجيات
        للتثقيف العام حول التطوع، إذ إن لعقد جلسات التوعية والمناقشات العامة والورشات تأثير كبير.

ل.   إطلاق حملات التوعية العامة باستخدام التلفزيون والراديو والإنترنت، التي تبلغ ابعد المنـاطق وفعالـة
        رغم تكلفتها المحسوبة هنا . (Hegel, 2003)

م.   **المساعدة الفنية:** تتعزز فعالية أنشطة التطوع بالتوجيه والتدريب في المجالات الخدميـة المطلوبـة، كـما
        يمكن أن تواجه المساعدة الفنية للمديرين في مجال اللاربحية لتـدريبهم عـلى إدارة المتطـوعين للتجنيـد
        وتجنيدهم والاحتفاظ بهم.

ن.   **الحوافز:** إن الحوافز جزء مهم، وهي إما معنوية مثل: الرضى عن مساعدة الآخرين، أو قد تكـون ماديـة
        مثل: مواصلات عامة مجانية، دخول المتاحف المجاني.

س.   من الأمثلة على الدول التي تقدم الحوافز للمتطوعين، هندوراس إذ يمنح مكتب الـرئيس جائـزة وطنيـة
        سنوية للتطوع، وتعمل الجائزة على شكر زعماء جماعات التطوع للأعمال الخيرية والمتطوعين المتفرغين
        على المستوى الوطني، مما يعمل على إعلاء شأن مساهماتهم والترويج لها، كما أعلنت بريطانيا أن سـنة
        2005 هي "عام التطوع" وذلك بهدف إعلاء صورة عمـل المتطوعين ومـا يفعلونه عـلى مسـتوى الـبلاد
        وشكر المتطوعين في كل مكان لقاء وقتهم والتزامهم. كما أن المنح التعليمية للطلبة الناشطين في خدمـة
        التطوع، وخفض الضريبة للمنظمات التطوعية أسلوب نظامي لتعزيز التطوع.

10-3 تشجيع العمل التطوعي:

لعل التساؤل عن كيفية تشجيع العمل التطوعي لدى أفراد المجتمع تطرح نفسها من الذي يمارس هذا الدور وكيف, ولعل الإجابة على هذه التساؤلات وجدت لدى بعض المهتمين في قضايا العمل التطوعي،حيث ذكر نعمان عبد الغني بأنه يجب العمل على ما يلي:

1- إتاحة الفرص أمام مساهمات الشباب وخلق خيارات جديدة وعدم احتكار العمل التطوعي على فئة أو مجموعة معينة.

2- تكريم المتطوعين الشباب ووضع برنامج امتيازات وحوافز لهم لتشجيع العمل التطوعي لدى الشباب مهما كان حجمه ونوعه.

3- تطوير القوانين والتشريعات للعمل التطوعي بما يكفل إيجاد فرص حقيقية لمشاركة الشباب في اتخاذ القرارات المتصلة بالعمل التطوعي

4- إنشاء اتحاد خاص بالمتطوعين يشرف على تدريبهم وتوزيع المهام عليهم وينظم طاقاتهم.

5- إيجاد مشاريع خاصة بالشباب تهدف إلى تنمية روح الانتماء والمبادرة لديهم، أن تمارس الجامعة والمؤسسات الدينية دورا اكبر في حث الشباب على التطوع وخصوصا أثناء الإجازات الدراسية.

6- أن يمارس الإعلام دورا اكبر في دعوة المواطنين للعمل التطوعي (عبد الغني, نعمان, 2005).

7- أن يكون هناك يوم إجازة مدفوع الأجر شهريا كي يمارس الشباب العمل التطوعي وخدمة مجتمعهم المحلي، وأن يكون للمشاركة بالأعمال التطوعية دافعا للترقيه في السلم الوظيفي.هذه الاقتراحات والتصورات لتفعيل العمل التطوعي لدى الشباب (شعيب، 2004، 82).

كما أضافت الدراسة القومية عن العطاء الاجتماعي في مصر- بأنه يجب بث روح التطوع من خلال التنشئة الأسرية والمؤسسات التعليمية، حيث أن الأطفال والطلاب يجب أن

يتعلموا ممارسة التطوع بصورة منظمة وفعالة, ولتصبح خدمة المجتمع من أولى الواجبات التي تتعلمها الأجيال القادمة،فإنه يجب إقامة مراكز للمتطوعين لتكون وسيطا يوجه المتطوع للمكان أو الجهة المناسبة للتطوع حسب وقته وإمكانياته ومهارته (مركز خدمات التنمية, 2005).

ويرى نيلسون Nelson فيما يتعلق بتشجيع المبادرات الخاصة تجاه العمل التطوعي بأن الحوافز الضريبية هي أهم وسائل تشجيع التطوع المؤسسي- حيث وجد أن الاقتراحات لترويج المبادرات التي يدعمها المستخدم (صاحب العمل)، من بين أشكال دعم المستخدم، كالسماح باستخدام المعدات أو المرافق أو الموافقة على إجازة للمتطوع، والموافقة على تعديل ساعات العمل،حيث يعطي عددا من الأيام للموظفين المتطوعين عدا الإجازة المرضية أو أيام العطل، تشريعات تسمع باقتطاع الهبات الخاصة المقدمة للمنظمات الخيرية أو غير الربحية من الضريبة، هي طريقة أخرى في تعزيز المبادرات الخاصة اتجاه التطوع. كما يتم دعم المتطوع المؤسسي- من خلال أنظمة حوافز مثل منح الموظفين أيام إجازة إضافية إذا عملوا كمتطوعين برامج شبكات وتدريب وإقامة شراكة مع المنظمات التطوعية كمثال على ذلك قامت شركة Bomco Galicia في الأرجنتين بإنشاء برنامج تطوعي مؤسسي لموظفيها وذلك في سبيل خدمة المجتمع في مجالات الصحة والتغذية.(Nelson,2005).

11-3 تفعيل العمل التطوعي لدى الشباب الجامعي:

أما عن كيفية تفعيل العمل التطوعي لدى الشباب الجامعي فقد ذكر مختار شعيب بعض الإجراءات التي تساهم في ذلك منها ما يلي:

1- تنقية العملية التعليمية من الشوائب التي تعزز السلبية واللامبالاة وإيجاد أساليب وأنشطة تعليمية مهمتها تنمية روح التطوع.

2- إدخال المشاركة التطوعية في العملية التعليمية بوضعها مادة قائمة بذاتها مثل: التربية الوطنية والأنشطة الاجتماعية والفنية.

3- 3-تخصيص جزء من تقييم الطالب لمشاركته في إحدى المشروعات التنموية في المجتمع المحلي.

4-إنشاء جمعيات تكون مهمتها وأهدافها مرتبطة بفئة الشباب بوضعهم فئة قائمة بذاتها مثل:الأطفال والمسنين.

5-ربط عملية التعيين في الوظائف المتعلقة بالقطاعين العام والخاص، بعملية التطوع، حيث يكون للشباب المتطوع أولوية بالتعيين بالمقارنة مع الشباب الذي لم يشارك بأي عمل تطوعي (شعيب، 2004: 81-82).

12-3 العمل التطوعي في الأردن:

لقد مر العمل التطوعي في الأردن بعدة مراحل رئيسية وهي كما يلي:

1- **مرحلة التأسيس من عام (1912-1932):** بهذه المرحلة تأسست ثلاث جمعيات خيرية وهي جمعية دور الإحسان في مادبا تأسست عام (1912) وجمعية المقاصد الحجازية عام (1931) وجمعية الإخاء الشركسية (1932)

2- **مرحلة الإغاثة والعمل الخيري التطوعي من عام (1932-1951):** وبهذه المرحلة تم صدور أول قانون للجمعيات الخيرية عام (1936) كما تأسست مجموعة من الجمعيات الخيرية تركزت أهدافها على عمل الخير والإحسان وتوزيع الصدقات. واستحدثت أول دائرة للشؤون الاجتماعية في وزارة الصحة.

3- **مرحلة التنظيم من (1951-1956):** بدأت بإنشاء دائرة الشؤون الاجتماعية كأول دائرة حكومية لتنظيم العمل الاجتماعي وكانت تابعة لوزارة الصحة كما صدرت مجموعة من القوانين مثل قانون ضريبة الخدمات الاجتماعية (1953) وقانون إصلاح الأحداث لعام (1954) وصدرت مجموعة من الأنظمة منها نظام المساعدات للفقراء والمحتاجين(1955).

4- **مرحلة الرعاية الاجتماعية (1956-1970):** حيث شهدت هذه المرحلة تأسيس أول وزارة مستقلة ترعى العمل الاجتماعي كما صدر قانون وزارة الشؤون الاجتماعية رقم (14) لسنة (1956)، حيث حدد دورها بما يلي "توفير الضمان الاجتماعي الشامل والكفاية الإنتاجية وتنسيق الخدمات الاجتماعية لجميع المواطنين في جميع مراحل العمر". كما تأسس الاتحاد العام للجمعيات الخيرية عام(1959) الذي يهدف إلى تنظيم عمل الجمعيات وتنظيم الخدمات الاجتماعية وتوفير الدعم المالي للجمعيات وغيرها. كما ركزت هذه المرحلة على خدمات الرعاية الاجتماعية من مساعدة الفقراء والطلبة المحتاجين والمعوقين والأيتام والأحداث, ولم تعر الجانب التنموي اهتمام يذكر.

5- **مرحلة التنمية الاجتماعية (1970-1997):** حيث بدأت هذه المرحلة مع بداية وضع الخطط الاقتصادية والاجتماعية بداية السبعينات ومن ابرز الانجازات فيها اعتماد المنهج التنموي في علاج المشكلات الاقتصادية والاجتماعية وتغيير اسم الوزارة إلى وزارة التنمية الاجتماعية عام 1979 كما تم صدور عدد من القوانين التي ركزت على البعد التنموي منها قانون صندوق الزكاة عام 1978 وقانون صندوق المعونة الوطنية عام 1986 وقانون التنمية والتشغيل عام 1992 وقانون رعاية المعوقين 1993.

كما تم إنشاء هيئات اجتماعية تطوعية على المستوبكين للتنميةوق الملكة علياء عام 1979 ومؤسسة نور الحسين عام 1985 والمجلس الأعلى لشبكة العون الاجتماعي عام 1995. كما تم وضع خطة وطنية لتنفيذ قرارات مؤتمر قمة بكين للتنمية الاجتماعية لمحاربة الفقر وللحد من البطالة.

6- **مرحلة الزيادة الإنتاجية 1997:** والتي بدأت مع إقرار إستراتيجية حزمة الأمان الاجتماعي،حيث يستند العمل الاجتماعي على التنمية الشاملة لتنظيم التغيرات الاجتماعية وإشباع الحاجات الأساسية للمواطن والمجتمع (وزارة التنمية الاجتماعية,1998).

من خلال المراحل الواردة أعلاه يلاحظ أن تنظيم العمل التطوعي من خلال تشريعات تنظمه قد تأخر, كما تأخر تأسيس الاتحاد العام للجمعيات الخيرية كذلك. إن السنوات القليلة الماضية شهدت حركة تطور بمجال العمل التطوعي، وظهرت مبادرات عديدة من مؤسسات المجتمع المدني من جهات متعددة، أردنية وغير أردنية دولية وإقليمية كالجمعيات الخيرية والاتحاد النسائي وتجمع لجان المرأة والأندية وعمادة شؤون الطلبة في الجامعات ولجان الزكاة ومركز التميز للمنظمات غير الحكومية ووكالة الغوث وبرنامج الأمم المتحدة الإنمائي واليونسكو واليونيسيف واليونيفيم والفاو وفرق السلام والمتطوعين الأجانب وغيرها. إلا أن غياب التشريعات التي تنظمه ووجود الفجوات فيها ما يعيقه عن اخذ دوره ومكانته في المجتمع, كما يواجه العديد من المعوقات التي سبق عرضها من خلال الدراسات التي أجريت حول العمل التطوعي في الأردن.

13-3 دراسة حالة للمبادرات التطوعية المنظمة:

متطوعو الألفية MV:

إن "متطوعي الألفية" هي حركة جديدة في جميع أرجاء المملكة المتحدة، أقامتها دائرة التعليم والمهارات في أوروبا والكومنولث "البلدان المستقلة" وذلك لمساعدة من أعمارهم بين 16-24 على التطوع بوقتهم لصالح المجتمع. إن متطوعي الألفية MV حركة ممولة من قبل الحكومة لأجل الشباب، ويوفر هذا المشروع فرصة للشباب ليؤدوا حقوقهم تجاه المجتمع،ويكتسبوا مهارات جديدة. يحصل كل متطوع على عدد من الحوافز، فهي إما جائزة التميز، موقعة من قبل أمين الدولة لشؤون التعليم والاستخدام، لتشهد على إنهاء المتطوع خطة المتطوع (200) ساعة من النشاط التطوعي، أو شهادة تشهد بإنهائه(100) ساعة عمل تطوعي. أن لهذه الشهادة أهميتها بالنسبة للشباب الذين يحصلون على قبول جامعي أو يلجؤون إلى سوق العمل. يسمح للشباب بأن يشتركوا في القضايا المحلية التي تؤثر في مجتمعاتهم ويمكّنوا من اكتشاف الحلول للمشكلات. من خلال MV يستطيع الشباب أن

يكتسبوا الخبرة والمهارة والثقة والمساهمة إيجابيا نحو مجتمعهم. إن الهدف منه هو تشجيع الشباب على تنمية روح التطوع وتمكينهم من اكتساب الخبرة، المهارة، الثقة والمساهمة إيجابيا نحو مجتمعهم.

ويقوم الشباب بأعمال مثل: المساعدة على تعليم القراءة في المدارس, العمل البيئي, التدريب والتعليم الجماعي (الإرشاد) للإقلاع عن الكحول والعقاقير -ضمن الإعالة الاجتماعية للبرنامج- وقد ركّز على تطوع الشباب كوسيلة تقدم وتوفر الكثير من الأنشطة الترفيهية الموجهة التي تعبئ الشباب، وتطور قدراتهم، كما أنها تساعد الشباب على اكتساب المهارات الجديدة والثقة من خلال المشاركة في برنامج التطوع.

لقد اعتمد برنامج التطوع الشبابي كوسيلة من وسائل التغيير الإيجابي والتقدم، كما عمل الشباب على تنمية المهارات الجديدة والثقة، من خلال المشاركة في البرنامج، مما ساعدهم على بناء شخصية بناءة، تعكس صورة المجتمع.وتستهدف هذه المبادرة التصدي لمعوقات العمل التطوعي، وهي: الافتقار إلى الموارد، نقص المعلومات، الافتقار للتوجيه ونقص المهارات.

أما عن النتائج والآثار فهي كما يلي:

1- هناك (95) مشروعا قائما وعاملا في انجلترا بالإضافة إلى (88) منظمة تتفاوض مع دائرة التعليم والاستخدام لإدارة مشاريع مماثلة.

2- إن(4000) شابا بدؤوا في التطوع تحت MV.

3- انشئ منبر للشباب لنشر كل ما يتعلق ببرامج MV كما تمت مساعدة الشباب ليكونوا شركاء متساوين في تصميم وتلقين النشاط التطوعي.

أما عن التمويل والدعم: فإن مجموعات كبيرة من المنظمات تعمل على دعم المشروع منها من القطاع التطوعي ومن الحكومة المحلية ومن المؤسسات الأكاديمية، هذا الدعم مكّن البرنامج ماليا، من توفير الفرص أمام المتطوعين الشباب، مثل: المساعدة على تعليم

القراءة في المدارس، العمل في مجال البيئة, التدريب الرياضي, المراكـز الاجتماعيـة, الإرشـاد الجماعـي للإقـلاع عـن الكحول والعقاقير. كما كان لدعم المتنفذين في مجال الإعلام والرياضة والموسيقى دور مهـم في نشر الرسـالة، كـما ساعد على تطبيق البرنامج بفاعلية وبسهولة ويسر.

إمكانية نقل التجربة: لقد حاز برنامج الألفية على شعبية وقبول واسعين، مما جعله ناجحا، وقد دعم عدد من المشاهير البرنامج، ونشروا رسالته في أنحاء بريطانيا، لذلك فإن العمل على إيجاد برامج مماثلة في أماكن أخـرى، بإعطاء الأولوية العظمى في المشاركة للشباب، يمكن أن يعطي نتائج ايجابية بشرط اتخاذ الاحتياطات اللازمة لتأمين الدعم من الحكومة والمؤسسات والمجتمع والشباب (Global Knowlede Resource,2005).

الفصل الرابع
المشاركة السياسية

تمهيد:

تعدّ المشاركة في الحياة الاجتماعية بشكل عام حقا من حقوق الإنسان،حيث إنها بجميع أشكالها ومجالاتها حق من حقوق الإنسان الأساسية كما جاء في الميثاق العالمي لحقوق الإنسان،إذ بالمشاركة يصبح الإنسان أداة للتنمية الفعالة، وهي تعطي الإنسان الحق في إخضاع جميع القضايا التي تؤثر عليه وعلى جماعته للمناقشة وإبداء الرأي، وتنمي الشعور القومي لديه.لذلك وحتى يستطيع الفرد أن يعبر عن قناعاته بوضوح،فإنه يفترض وجود الديمقراطية التي من خلالها يمكن الحديث عن مشاركة حقيقية لكل قوى المجتمع- بمن فيهم الشباب- تحقيقا لرغباتهم وقناعاتهم، وتعبيرا عن الشعور بالانتماء للمجتمع الذي يعيشون فيه.

1-4 ماهية المشاركة السياسية المشاركة:

تعددت التعريفات التي تناولت المشاركة بشكل عام في مختلف مجالات الحياة, منها ما ذكر في معجم العلوم الاجتماعية بأن المشاركة تعني " تفاعل الفرد عقليا وانفعاليا في موقف الجماعة بطريقه تشجعه على المساهمة في تحقيق أهداف الجماعة والمشاركة في تحمل المسئولية " (بدوي، احمد، 1982: 305). كما استعرض كل من عليوة ومحمود بعض التعريفات منها ما يلي:

قد تعني المشاركة "أي عمل تطوعي من جانب المواطن، بهدف التأثير على اختيار السياسات العامة وإدارة الشؤون العامة أو اختيار القادة السياسيين على أي مستوى حكومي أو محلي أو قومي".

وهناك من يعرفها بأنها" عملية تشمل جميع صور اشتراك أو إسهامات المواطنين في توجيه عمل أجهزة الحكومة أو أجهزة الحكم المحلي أو لمباشرة القيام بالمهام التي يتطلبها

المجتمع سواء كان طابعها استشاريا أو تقريريا أو تنفيذيا أو رقابيا وسواء كانت المساهمة مباشرة أو غير مباشرة ".

وهي قد تعني لدى البعض " الجهود التطوعية المنظمة التي تتصل بعمليات اختيار القيادات السياسية وصنع السياسات ووضع الخطط وتنفيذ البرامج والمشروعات، سواء على المستوى الخدمي أو على المستوى الإنتاجي وكذلك على المستوى المحلي أو المستوى القومي ".

كما عرفت المشاركة بأنها "إسهام المواطنين بدرجة أو بأخرى في إعداد وتنفيذ سياسات التنمية المحلية سواء بجهودهم الذاتية أو التعاون مع الأجهزة الحكومية المركزية والمحلية". كما قد تعني "تلك الجهود المشتركة الحكومية والأهلية في مختلف المستويات لتعبئة الموارد الموجودة أو التي يمكن إيجادها لمواجهة الحاجات الضرورية وفقا لخطط مرسومة" (عليوة،محمود،2001).

يلاحظ من خلال العرض السابق أن المشاركة تشمل جوانب عديدة من الحياة الإنسانية إذ إن الإنسان بطبيعته الاجتماعية لا يستطيع الحياة منعزلا عن الآخرين, لذلك فإن الحاجة له ولبقائه تفرض عليه أن يكون مشاركا في الجوانب المختلفة من الحياة,لذلك فان بعض المفكرين قسموا المشاركة إلى ثلاثة أنواع رئيسية وهي: المشاركة الاجتماعية والمشاركة الاقتصادية والمشاركة السياسية. وقد أشاروا إلى أن هناك صعوبة عند الفصل بين هذه الأنواع في الواقع العملي, لارتباط هذه الأنواع مع بعضها ارتباطا قويا وتداخلها تداخل قويا وتأثير كل نوع في النوعين الآخرين وتأثره بهما تأثرا كبيرا.

أما عن تعريف المشاركة السياسية بشكل خاص فقد عرفت كالتالي:

"تلك الأنشطة الإرادية التي يقوم بها المواطنون بهدف التأثير بشكل مباشر أو غير مباشر في عملية اختيار الحكام أو التأثير في القرارات أو السياسيات التي يتخذونها".

كما قد تعني "العملية التي يلعب الفرد من خلالها دورا في الحياة السياسية لمجتمعه وتكون لديه الفرصة لان يسهم في مناقشة الأهداف العامة لذلك المجتمع وتحديد أفضل

الوسائل لإنجازها وقد تتم هذه المشاركة من خلال أنشطة سياسية مباشرة أو غير مباشرة "(عليوة،محمود،2001).

كما عرفتها العامري بأنها "تلك الأنشطة التي يتداولها أعضاء المجتمع بهدف اختيار حكامهم وممثليهم والمساهمة في صنع السياسات والقرارات سواء بشكل مباشر أم غير مباشر" (العامري،2002: 263).

إذا فالمشاركة نشاط يساعد الفرد على أن يقوم بدور في الحياة السياسية بصورة اختيارية تطوعية, إلا أن صور المشاركة السياسية تتنوع وتختلف باختلاف المجتمعات ودرجة نموها وتقدمها الاجتماعي والاقتصادي والسياسي, لذلك فالمشاركة في الدول المتقدمة تختلف عنها الدول النامية,ويتوقف المدى الذي يشترك به المواطن في العمل السياسي على اهتمامات المواطن بالدرجة الأولى وعلى المناخ السياسي الذي يسود في المجتمع,كما أن مدى المشاركة يتفاوت طبقا للتعليم والمهنة والجنس والسن والديانة ومحل الإقامة والشخصية والمحيط الثقافي.

تعدّ الديمقراطية والمشاركة السياسية والاشتراك الواعي برسم السياسات والاستراتيجيات ورفع مستوى الوعي بقضايا الوطن، من أهم وسائل التربية المدنية التي يجب غرسها في أوساط الشباب،عن طريق إشراكهم في العمل الجماعي، ورفع مستوى إدراكهم للمشكلات التي تعاني منها مجتمعاتهم، أو إسهامهم في وضع حلول للمشكلات، وتدريبهم على المشاركة الديمقراطية الشاملة.

2-4 التنشئة السياسية:

يستخدم مفهوم التنشئة السياسية للإشارة إلى التعليم السياسي للفرد، والتنشئة السياسية تدعم الثقافة السياسية السائدة، وتعمل على إيجاد المعلومات والاتجاهات لدى الفرد نحو النسق السياسي السائد.

والتنشئة السياسية عملية مستمرة، تهدف إلى تلقين المواطن الثقافة السياسية للمجتمع، وهي أساسية لخلق إحساس عام بالهوية القومية، لذلك فهي العملية التي يكتسب الأفراد من خلالها المعارف والخبرات التي تمكنهم من المشاركة كأعضاء فاعلين بالمجتمع. كما أنها عملية تدريب على المواطنة ومن خلالها يتم نقل القيم والمعتقدات السياسية إلى الأجيال القادمة وتبدأ من سن مبكرة وتستمر مدى الحياة من خلال الأسرة والمدرسة والجامعة ووسائل الأعلام والأحزاب وغيرها من المؤسسات.

تتوقف مشاركة الفرد في الحياة السياسية جزئيا على كم ونوعية المنبهات السياسية التي يتعرض لها، غير أن مجرد التعرض للمنبه السياسي لا يكفي وحده لدفع الفرد إلى المشاركة السياسية، وإنما لابد أيضا أن يتوافر لديه قدر معقول من الاهتمام السياسي، وهو ما يتوقف على نوعية خبرات تنشئته المبكرة.إذ إن التجارب والخبرات التي تحدث في مرحلة الطفولة تلعب دورا مهما في تشكيل اتجاهات الأفراد وتوجيه سلوكهم الفعلي فيما بعد، ويستمر تأثير هذه التجارب والخبرات على الأفراد طوال سنوات المراهقة والنضج.

كما تشير التنشئة السياسية إلى الطريقة التي يتعلم بها الأطفال قيم واتجاهات مجتمعهم، وما ينتظر أن يقوموا به من أدوار عند الكبر. ويعرفها البعض بأنها "تلك العملية التي يكتسب الفرد من خلالها ثقافة ومعايير جماعته في السلوك الاجتماعي، وهي عملية لا تحدث لفترة معينة ثم تتوقف ولكنها مستمرة وممتدة، أي أن هناك اتجاهين للنظر إلى مفهوم التنشئة:

الأول: ينظر إلى التنشئة كعملية يلقن المرء بمقتضاها مجموعة من القيم والمعايير المستقرة في ضمير المجتمع بما يضمن بقاءها واستمرارها.

الثاني: ينظر إلى التنشئة بأنها عملية من خلالها يكتسب المرء تدريجيا هويته الشخصية التي تسمح له بالتعبير عن ذاته وقضاء مطالبة بالطريقة التي تحلو له".

لذلك فإن عناصر مفهوم التنشئة السياسية هي كما يلي:

1. التنشئة السياسية عملية تلقين لقيم واتجاهات سياسية، ولقيم واهتمامات اجتماعية ذات دلالة سياسية.
2. عملية مستمرة، بمعنى أن الإنسان يتعرض لها طيلة حياته من الطفولة وحتى الشيخوخة.
3. تلعب التنشئة السياسية أدوارا رئيسة في نقل الثقافة السياسية عبر الأجيال، وفي تكوين الثقافة السياسية، وفي تغيير الثقافة السياسية.
4. وفيها يتحدد سلوك الفرد السياسي سواء بقبول أو رفض النظام السياسي أم قبول أو رفض المجتمع ككل أو إحدى مؤسساته(عليوة ومحمود، 2001).

3-4 صور المشاركة السياسية:

تتعدد صور المشاركة السياسية وتختلف باختلاف كل مجتمع حسب درجة النمو والتطور الاقتصادي والاجتماعي الخاص به، وهذا ينعكس بدوره على درجة الوعي بأهمية المشاركة، وبالتالي فإن صور المشاركة تتنوع منها نذكر ما يلي:

1- **المشاركة من خلال الاهتمام بمتابعة الحياة السياسية:** ويعد الاهتمام بالسياسة عموما أحد المؤشرات التي لا يمكن إغفالها، على الرغم من أنه لا يرقى لمستوى الممارسة لكنه يعد خطوة أولى قد تدفع صاحبها إلى مستوى أعلى من المشاركة.

2- **المشاركة في الانتخابات:** وهي تضمن نوعين من المشاركة: التصويت والاشتراك في الحملات الانتخابية.

3- **المشاركة الاجتماعية:** من خلال مؤسسات المجتمع المدني,وهي من أهم صور المشاركة في المجتمعات المدنية، وهي انعكاس لمدى الديمقراطية في هذه المجتمعات, ومن آليات التغيير الاجتماعي في المجتمع,ولها عدة اوجه منها القيام بالأعمال والخدمات التطوعية في

البيئة، المشاركة بالأنشطة الثقافية والرياضية والأعمال الخيرية (العامري،2002: 264-272).

كما يرى بعض المهتمين أن أنشطة المشاركة يمكن تصنيفها في مجموعتين:

1- أنشطة تقليدية أو عادية: وتشمل التصويت ومتابعة الأمور السياسية والدخول مع الآخرين في مناقشات سياسية، وحضور الندوات والمؤتمرات العامة، والمشاركة في الحملة الانتخابية بالمال والدعاية، والانخراط في عضوية الأحزاب، والاتصال بالمسؤولين، والترشيح للمناصب العامة وتقلد المناصب السياسية.

ويعدّ التصويت أكثر أنماط المشاركة السياسية شيوعا،حيث تعرفه الأنظمة الديمقراطية بأنه آلية للمفاضلة بين المرشحين واختيار شاغلي المناصب السياسية بحرية تامة، ولكنه ليس كذلك في الأنظمة غير الديمقراطية التي تعرفه بأنه أداة لمن هم في مواقع السلطة، يستخدمونها للدعاية وكسب التأييد والشرعية، أكثر من استخدامها أداة للاختيار السياسي الواعي والتأثير في شؤون الحكم والسياسة من قبل الجماهير.

2- أنشطة غير تقليدية: بعضها قانوني مثل الشكوى، وبعضها قانوني في بعض البلاد وغير قانوني في بلاد أخرى، كالتظاهر والإضراب وغيرها من السلوكيات السلبية.

4-4 مستويات المشاركة السياسية:

1- **المستوى الأعلى:** وهو مستوى ممارسي النشاط السياسي: ويشمل هذا المستوى من تتوافر فيهم ثلاث شروط من ستة: عضوية منظمة سياسية، التبرع لمنظمة أو مرشح، حضور الاجتماعات السياسية بشكل متكرر،المشاركة في الحملات الانتخابية، توجيه رسائل بشأن قضايا سياسية للمجلس النيابي أو لذوي المناصب السياسية أو للصحافة، والحديث مع أشخاص خارج نطاق الدائرة الضيقة المحيطة بالفرد.

2- **المستوى الثاني:** المهتمون بالنشاط السياسي: ويشمل هذا المستوى الذين يصوتون في الانتخابات، ويتابعون بشكل عام ما يحدث على الساحة السياسية.

3- **المستوى الثالث:** الهامشيون في العمل السياسي: ويشمل من لا يهتمون بالأمور السياسية ولا يميلون للاهتمام بالعمل السياسي ولا يخصصون أي وقت أو موارد له، وان كان بعضهم يضطر للمشاركة بدرجة أو بأخرى في أوقات الأزمات، أو عندما يشعرون بأن مصالحهم المباشرة مهددة، أو بأن ظروف حياتهم معرضة للتدهور.

4- **المستوى الرابع:** المتطرفون سياسيا: وهم أولئك الذين يعملون خارج الأطر الشرعية القائمة ويلجأون إلى أساليب العنف، والفرد الذي يشعر بعداء تجاه المجتمع بصفة عامة أو اتجاه النظام السياسي بصفة خاصة، إما أن ينسحب من كل أشكال المشاركة أو أن يلجأ إلى أعمال تتسم بالحدة والعنف.

5-4 مراحل المشاركة السياسية:

- **الاهتمام السياسي:** الاهتمام لمجرد الاهتمام أو متابعة الاهتمام بالقضايا العامة بالإضافة إلى متابعة الأحداث السياسية، الاشتراك في المناقشات السياسية مع إفراد العائلة أو الزملاء في العمل, وتزداد وقت الأزمات أو أثناء الحملات الانتخابية.
- **المعرفة السياسية:** والمقصود هنا هو معرفة الشخصيات ذات الدور السياسي في المجتمع على المستوى المحلي أو القومي، مثل أعضاء المجلس المحلي وأعضاء الشعب والشورى بالدائرة والشخصيات القومية كالوزراء.
- **التصويت السياسي:** ويتمثل في المشاركة في الحملات الانتخابية بالدعم والمساندة المادية من خلال تمويل الحملات ومساعدة المرشحين، أو بالمشاركة بالتصويت.
- **المطالب السياسية:** وتتمثل في الاتصال بالأجهزة الرسمية وتقديم الشكاوى والالتماسات والاشتراك في الأحزاب والجمعيات التطوعية.

6-4 خصائص المشاركة السياسية:

للمشاركة السياسية مجموعة من الخصائص التي تميزها عن غيرها من أنواع المشاركة،حددها عليوة ومحمود بما يلي:

1- المشاركة سلوك تطوعي ونشاط إرادي، حيث أن المواطنين يبذلون جهودهم التطوعية لشعورهم بالمسؤولية الاجتماعية تجاه القضايا والأهداف.

2- المشاركة سلوك مكتسب، فهي ليست سلوكا فطريا يولد به الإنسان أو يرثه، وإنما عملية مكتسبة يتعلمها الفرد أثناء حياته وخلال تفاعلاته مع الأفراد والمؤسسات الموجودة في المجتمع.

3- المشاركة سلوك إيجابي واقعي، بمعنى أنها تترجم إلى أعمال فعلية وتطبيقية وثيقة الصلة بحياة وواقع الجماهير، فهي ليست فكرة مجردة تحلق في الأجواء ولا تهبط إلى مستوى التنفيذ.

4- المشاركة عملية اجتماعية شاملة ومتكاملة متعددة الجوانب والأبعاد تهدف إلى اشتراك كل فرد من أفراد المجتمع في كل مرحلة من مراحل التنمية، في المعرفة والفهم والتخطيط والتنفيذ والإدارة والاشتراك والتقويم وتقديم المبادرات والمشاركة في الفوائد والمنافع.

5- لا تقتصر المشاركة على مجال أو نشاط واسع من أنشطة الحياة بل أن للمشاركة مجالات متعددة، اقتصادية وسياسية واجتماعية، يمكن أن يشارك فيها الفرد من خلال اشتراكه في أحدها أو فيها كلها في آن واحد.

6- المشاركة الجماهيرية لا تقتصر على مكان محدد، ولا تتقيد بحدود جغرافية معينة فقد تكون على نطاق محلي أو إقليمي أو قومي.

7- المشاركة حق وواجب في آن واحد، فهي حق لكل فرد من أفراد المجتمع، وواجب والتزام عليه في نفس الوقت، فمن حق كل مواطن أن يشارك في مناقشة القضايا التي تهمه، وان ينتخب من يمثله في البرلمان،وان يرشح نفسه إذا ارتأى في نفسه القدرة على قيادة الجماهير، والتعبير عن طموحاتهم في المجالس النيابية، فالمشاركة هي الوضع السليم للديمقراطية، فلا ديمقراطية بغير مشاركة، كما أن المشاركة واجب على كل

مواطن، فهو مطالب بأن يؤدي ما عليه من التزامات ومسؤوليات اجتماعية اتجاه قضايا مجتمعه، لأحداث التغيير اللازم نحو التوجه التنموي في المجتمع.

8- المشاركة هدف ووسيلة في آن واحد فهي هدف لان الحياة الديمقراطية تقتضي مشاركة الجماهير في المسئولية الاجتماعية، مما يعني تغيير سلوكيات وثقافات المواطنين واتجاهاتهم نحو الشعور بالمسؤولية الاجتماعية، كما أنها وسيلة لتمكين الجماهير من لعب دور محوري في النهوض بالمجتمع نحو الرقي والرفاهية والمساهمة في دفع عجلة التنمية.

9- المشاركة توحد الفكر الجماعي للجماهير، حيث تساهم في بلورة فكر واحد نحو الإحساس بوحدة الهدف والمصير المشترك، والرغبة في بذل الجهود لمساندة الحكومة والتخفيف عنها.

7-4 دوافع المشاركة:

يسعى الفرد للمشاركة في مختلف المجالات والميادين السياسية والاقتصادية والاجتماعية انطلاقا من عدة دوافع، منها ما يتصل بالمجتمع ككل ومنها ما يتعلق باهتمامات الفرد واحتياجاته الشخصية.

لذلك يمكن الحديث عن نوعين من الدوافع:

الدوافع العامة: وتتمثل في: الشعور بأن المشاركة واجب والتزام من كل فرد اتجاه المجتمع الذي يعيش فيه، مما يستوجب مشاركة الجماهير بفاعلية في الحياة العامة للمجتمع، فيعبرون عن آرائهم وأفكارهم ورغباتهم فيما يجب اتخاذه من قرارات وقوانين وسياسات، وفي البرامج والسياسات التي تتخذ استجابة لاحتياجات المواطنين.كما أن حب العمل العام والرغبة في مشاركة الآخرين في تطوير المجتمع وتحسين مستويات الخدمة فيه من خلال العمل في المجالات المختلفة التي تستهدف تحسين وجه الحياة على ارض الوطن، تعد من دوافع المشاركة.

وتلعب الرغبة في دور محوري ومؤثر في المجتمعات المختلفة بشكل يؤثر على حاضرها ومستقبلها ويشعرها بأهمية دورها، وانعكاساته على دعم مسيرة التنمية، كما ان الرغبة في تقوية الروابط بين مختلف فئات المجتمع وجماعاته بهدف تحقيق نوع من التكامل والتفاعل بين الفئات، يحقق المصالح المشتركة لهذه الفئات والجماعات،حيث أثبتت بعض الدراسات أن المشاركة الجماهيرية تزداد مع زيادة الرضا عن هذه السياسات والعكس صحيح، وان الذين يهتمون بالمشكلات العامة هم أكثر الناس رضاء عن المجتمع.

كما أن عوامل التنشئة الاجتماعية والسياسية في محيط الأسرة أو المدرسة أو النادي أو المؤسسات الدينية أو التطوعية أو الأحزاب أو وسائل الاتصال وغيرها، تنمي في الفرد قيمة المشاركة وتجعل منه مواطنا مشاركا.

كما أن توافر الضمانات القانونية والدستورية مهم هنا، إذ إنها تضمن للمواطنين الأمن والأمان والمناخ الديمقراطي السليم وسيادة القانون وحرية التفكير والتعبير، بما يتفق والمصالح العليا في المجتمع.

أن تعاليم الدين من خلال القران الكريم والسنة النبوية المباركة، تحث على التعاون والتكامل والمشاركة، (وتعاونوا على البر والتقوى ولا تعاونوا على الإثم والعدوان)المائدة: ٢كما(فاعف عنهم واستغفر لهم وشاورهم في الأمر) آل عمران: ١٥٩، وقال صلى الله عليه وسلم " ما تشاور قوم إلا هدوا إلى ارشد أمورهم".

الدوافع الخاصة: وتتمثل في: محاولة التأثير على صنع السياسة العامة في المجتمع لتكون ملائمة للاحتياجات الفعلية، والرغبات الخاصة بأفراد المجتمع، والتي تعود بالنفع عليهم. ومن الدوافع كذلك تحقيق المكانة المتميزة بين أفراد المجتمع، واكتساب الشهرة والحصول على التقدير والاحترام من خلال المشاركة في قضايا تهم المجتمع.

كذلك فإن إشباع الحاجة إلى المشاركة لها تأثير على المشاركة، حيث تنقسم حاجات الإنسان إلى مستويات

خمس هي:

الحاجـات الأساسـية كالمأكل والملبس، والحاجـة إلى الأمن والطمأنينـة، والحاجـة إلى العاطفة والتقـدير، والحاجة إلى تحقيق الذات وأخيرا تحقيق مصالح شخصية، تتمثل في السيطرة والتمتـع بالنفوذ وتحقيق منافـع مادية وغيرها من المصالح الشخصية(عليوة ومحمود،2001).

8-4 معوقات المشاركة السياسية:

تتأثر مشاركة الأفراد في الحياة العامة بمتغيرات متعددة، أهمها المؤثرات السياسية التي يتعرضون لها، وخصائص الخلفية الاجتماعية، ومدى توافر وفاعلية القنوات المؤسسية للتعبير والعمل السياسي. يمكن التعرض لهـا على النحو التالي:

المنبهات السياسية:

مع تعرض المرء للمؤثرات السياسية، يـزداد احتمال مشاركته في الحياة العامة غير أن التعرض للمنبـه السياسي لا يفضي بالضرورة إلى المشاركة، وتصدر المنبهات عـن وسائل الإعلام الجماهيري والحملات الانتخابية والاجتماعات العامة والمناقشات العامة، إلا أن مستوى التعرض لها يرتبط بعوامل عديدة مثل: الانتماء الطبقـي ومحل الإقامة والحالة التعليمية، بالإضافة إلى الميول الشخصية. والشخص الإيجابي يرحب بالمنبهات السياسية ويسعى إليها، بعكس الشخص السلبي الذي يتجنبها. وكما أشارت دراسة بيومي خليل حول "ضعف التدين والأمية عند الشباب" إلى أن الأمية السياسية والصراع السياسي، وتساقط الضحايا مـن جيل الآبـاء في دوامة الصراعـات السياسية، أدت إلى عزوف الشباب عن أي فكر سياسي، وعن مزاولة الحقوق والواجبات الوطنية خاصة وان معظـم الآباء غير متعلمين، والمتعلمين منهم عرفوا من خبراتهم الماضية أن السياسة تعنـي السجون والمعتقلات والضياع والتشرد. فالخوف والفزع يتولد في نفوس الناس، وخصوصا في ظل غياب السلطة الضابطة

واضطرابها، أو وجود سلطة خارجية تعسفية، وتركيز السلطة والقوة في يد فرد قد يدفع الآخرين للابتعاد عن المشاركة لاحتكار الآخرين للسلطة وحرمان الآخرين، ومحاربتهم إن حاولوا المشاركة كما يحـدث في الأحزاب.

وبالنسبة للشباب، فإن أمامهم ثلاثة خيارات صعبة:

أولها: أن يتحول إلى السلوك المنحرف إجراميا أو ممارسة السلوك الانتهازي باعتبار أن الغاية تبرر الوسيلة.

ثانيها: الانزواء والانسحاب من الحياة الاجتماعية للمجتمع وعدم التفاعل معه، وعدم الانتماء لـه، ويصبح الشاب صيدا لأية جماعة ذات أيديولوجية مضادة، خاصة أن هذه الجماعات تقدم له الإشباع البديل، ومـن ثـم تستقطبه لكي تعيد توجيهه في حركة مضادة للمجتمع.

ثالثها: العيش مهاجرا داخل الوطن، رافضا لواقعه سـاعيا للهـروب إلى خـارج الـوطن، علـه يمكنـه إشباع حاجاتـه الأساسية، وهنا الإشباع لا يقتصر على الحاجات المادية فقط بل إن الإشباع في جوهره يرتكز على الإشباع النفسي والاجتماعي، فـالأمن حاجـة نفسية اجتماعيـة ضرورية بينما الخوف والقلق يولـدان العزلـة والانعزال (خليل، 2002: 20-23).

وترتبط المشاركة بعناصر الإطار السياسي، التي تتمثل في رؤية القيادة لدور المواطن، ومـدى تـوافر الحريـة للتنظيمات الحزبية والشعبية والمجالس النيابية المنتخبة، وطبيعة النظام الإعلامي التي قد تحد أو تدعم من عملية المشاركة.

المتغيرات الاجتماعية:

يتأثر حجم ومدى المشاركة السياسية بالمتغيرات الاجتماعية المختلفة، مثل التعليم والدخل والمهنة والجنس والسن وغيرها من العوامل، حيث يرتبط الدخل إيجابيا مع المشاركة، فأصحاب الدخول المتوسطة أكثر مشاركة من ذوي الدخل المنخفض، وذوي الدخل المرتفع

أكثر مشاركة من ذوي الدخل المتوسط. وتعد الأمية أحد معوقات المشاركة في دول العالم فالشخص المتعلم أكثر وعيا ومعرفة بالقضايا السياسية، واشد إحساسا بالقدرة على التأثير في صنع القرار، والاشتراك في المناقشات السياسية، وتكوين أراء بخصوص الموضوعات والقضايا المختلفة.

ويضيف سبايزو Spiezio أن من العوامل الرئيسية التي تسبب الابتعاد السياسي للطلبة هـو، أن الطلبـة غير متأكدين ببساطة من كيفية المشاركة في العملية السياسية الكلية وان جزءا من المشكلة يعود إلى افتقار الطلبة للمعرفة الأساسية، والمهارات اللازمة وبالتالي الثقة في المشاركة سياسيا (Spiezio,2002).

4-9 متطلبات المشاركة السياسية الفاعلة:

تتطلب المشاركة ضرورة توافر عدد من العوامل التي تزيد مـن فاعليتهـا وتضمن بقاءها واستمرارها، وتساعدها على تحقيق أهدافها بما يدفع بمعدلات التنمية الشاملة، أهم هذه المتطلبات:

- توفير الاحتياجات الأساسية للجماهير مثل: الغذاء والكساء والمسكن الملائم والصحة والتعليم وفرص العمـل وحرية التعبير، وغيرها من الاحتياجات التي تحقق الإشباع المـادي والنفسي ـ للإنسـان، ويتيح لـه قـدرا مـن الاستعداد للمشاركة في الحياة العامة داخل وطنه.

- رفع مستوى وعي الجماهيـر بأبعاد الظروف السياسية والاقتصادية والاجتماعيـة التي يمـر بها المجتمـع، ويكتسب هذا الوعي، إما عن طريق سعي الأفراد لبلوغ هـذه القدر المطلـوب مـن المعرفة، أو عـن طريق الوسائل المختلفة لتكوين الرأي العام داخل المجتمع،مثل المؤسسـات الحكوميـة العاملـة في مجـال الإعـلام والثقافة والتعليم،أو المؤسسات غير الحكومية،كالنقابات المهنية والعمالية والجمعيـات الخاصة والاتحـادات، بالإضافة إلى الأحزاب السياسية.

135

- الشعور بالانتماء للوطن، وإحساس المواطنين بـأن مشاركتهم في الحيـاة السياسية والاجتماعيـة والاقتصـادية للمجتمع، تمثل واجبا تفرضه العضوية في هذا الوطن.

- الإيمان بجدوى المشاركة، فإحساس المـواطن بأهميـة المشاركة، وفاعليـة هـذه المشاركة، وسرعـة استجابة المسؤولين، يعمق من شعوره بجدوى مشاركته، ومردودها المباشر في تحسـين صـورة حيـاتـه، وحيـاة الآخرين داخل المجتمع.

- وضوح السياسات العامة المعلنة وذلك يتأتى من خلال الإعلام الجيد عن الخطط والأهداف ومـدى مواءمتهـا لاحتياجات المواطنين.

- إيمان القيادة السياسية واقتناعها بأهمية مشاركة الجماهير في صنع وتنفيذ السياسات العامة، وإتاحة الفرصة لدعم هذه المشاركة من خلال ضمان الحرية السياسية، وإتاحة المجال أمام الجماهير للتعبير عـن آمالهم وطموحاتهم ورأيهم في قضايا مجتمعاتهم ومشكلاتها، ومناقشة تصريحات المسؤولين والقوانين العامة، سـواء داخل البرلمان أو عبر الصحف وفي الندوات العامة في ظل مناخ أمن ودون تعرضهم لأي مساءلة قانونية.

- وجود التشريعات التي تضمن وتؤكد وتحمي المشاركة، وكذلك الوسائل والأساليب المتنوعة لتقـديم وعـرض الآراء والأفكار والاقتراحات بوضوح تام، وحرية كاملة ومع توافر الأساليب والوسائل والأدوات التـي تسـاعد على توصيل هذه الأفكار والتي تضمن وصول هذه المشاركات لصانع القرار.

- وجود برامج تدريبية لمن في مواقع من مواقع العمل، مما يستلزم التدقيق في اختيار القيادات، هـذه القـدوة الصالحة من شانها أن تكون مشجعة وليست معوقة للمشاركة كما يفترض فيها إيمانها بإمكانيـات الشـباب ودوره في عملية التنمية.

- اللامركزية في الإدارة، مما يفسح المجال أمام الجماهير لكي تشارك في إدارة شؤون حياتها.

- زيادة المنظمات التطوعية، ورفع مستوى فاعليتها حتى تغطي اكبر مساحة ممكنة، فتنتشر في كل مكان وفي كل نشاط، وان يكون لها دور فاعل من خلال إتاحة صلاحيات أكثر لها ما يجعلها أكثر تأثيرا في خدمة المجتمع.
- تقوية دور مؤسسات التنشئة الاجتماعية والسياسية مثل: الأسرة والمدرسة والجامعة والمؤسسات الدينية والأحزاب ووسائل الاتصال وغيرها، وتشجيعها على غرس قيم المشاركة لدى الجماهير.
- ضرورة التزام وسائل الاتصال بالصدق والموضوعية في معالجة القضايا والأحداث والمشكلات المختلفة، وإفساح المجال أمام جميع الآراء والاتجاهات والأفكار للتعبير عن نفسها، بغض النظر عن انتماءاتهم الحزبية أو المهنية.

10-4 الآثار الإيجابية للمشاركة السياسية:

تؤثر المشاركة على الأفراد وعلى السياسة العامة للدولة، فعلى مستوى الفرد تنمي المشاركة فيه الشعور بالكرامة والقيمة والأهمية السياسية، وتنبه كلا من الحاكم والمحكوم إلى واجباتها ومسؤولياتهما، وتنهض بمستوى الوعي السياسي، كما أنها تساعد على خلق المواطن المنتمي.

على صعيد السياسة العامة تجلب المشاركة الخير لأكبر عدد من الأفراد، إذ إنها تدفع الحاكم إلى الاستجابة لمطالب المواطنين وتسهم في إعادة توزيع موارد المجتمع بشكل أكثر عدالة، حيث يؤدي ازدياد عدد المشاركين إلى مزيد من العدل الاقتصادي والاجتماعي، عن طريق قيام الحكومة بإعادة توزيع الدخل والثروة، وتعدّ المشاركة السياسية شكلا من أشكال التعليم، حيث يتعلم المواطنين من خلالها حقوقهم وواجباتهم.

فالمشاركة السياسية ترتبط بالمسئولية الاجتماعية التي تقوم على أساس الموازنة بين الحقوق والواجبات، لذلك فهي سمه من سمات النظم الديمقراطية، حيث يتوقف نمو وتطور الديمقراطية على اتساع نطاق المشاركة، وجعلها حقوقا يتمتع بها كل إنسان في المجتمع.

والمشاركة من خلال الهيئات التطوعية تفتح في بعض الأحيان ميادين للخدمات والنشاط، وهي بذلك بجانب مساهمتها المادية والمعنوية توجه الأنظار إلى ميادين جديدة، كما أن المشاركة تزيد من الوعي العام للجماهير،لاضطرار القائمين عليها إلى شرح أبعاد الخدمات والمشروعات باستمرار، بغرض حث الجماهير على الاشتراك والمساهمة فيها.

والمشاركة تعود المواطنين الحرص على المال العام، لأن المال العام هو في حقيقته نابع من أموالهم الخاصة، بالإضافة إلى أن مشاركة المواطنين في المساهمة في تحمل مسئولية صنع القرار يسهل عملية تنفيذ الخطط والبرامج.

كما تسهم المشاركة وتزيد من ارتباط الجماهير بالنظام وأهدافه، وترفع من شان الولاء والمسئولية، وتحسن من الفاعلية، وترفع من مستوى الأداء، وتحقق التكيف الاجتماعي، وتقضي على صور استغلال السلطة والاغتراب، وتحقق قيم المساواة والحرية.

والمشاركة مبدأ أساسي من مبادئ تنمية المجتمع،فالتنمية الحقيقية الناجحة لا تتم بدون مشاركة، وبما أن التنمية تسعى إلى توحيد جهود المواطنين مع الجهود الحكومية، لتحسين الظروف الاقتصادية والاجتماعية والسياسية والثقافية لأفراد المجتمع، وربطهم بظروف مجتمعهم ونمط الحياة فيه وتمكينهم من المساهمة في تحقيق التقدم والرقي لمجتمعهم، فإن هناك ارتباطا وثيقا وتأثيرا متبادلا بين المشاركة والتنمية،حيث تتيح التنمية فرصا اكبر لتوسيع مجالات المشاركة، كما تخلق الحافز للمشاركة، في الوقت الذي تسمح فيه المشاركة بممارسة الجماهير ضغوط على صانع القرار، لاتخاذ إجراءات جادة نحو تفعيل قضايا التنمية.

أن المشاركة تعدّ أفضل وسيلة لتدعيم وتنمية الشخصية الديمقراطية، على مستوى الفرد والجماعة والمجتمع،كما انه من خلال المشاركة يمكن أن يقوم الفرد بدور في الحياة السياسية والاجتماعية والاقتصادية لمجتمعه.

11-4 مقومات المشاركة الفاعلة للشباب:

ترتبط المشاركة السياسية في الغالب بوجود النظام السياسي الذي يوفر درجة مرتفعة من المشاركة في مؤسساته المختلفة، فالمجتمع الذي تدار مؤسساته الاجتماعية والاقتصادية على أساس سلطوي، لا يسمح لأفراده ولا يشجعهم على المشاركة السياسية. والمجتمع الذي تدار مؤسساته المختلفة الاجتماعية والاقتصادية وفقا للأسس الديمقراطية، يفرض ظهور النظام السياسي الديمقراطي بمعناه الحقيقي والذي يعتمد على التعددية الحزبية ويكفل تحقيق الاستقرار السياسي.

وتقع على الدولة مهمة إيجاد المناخ الملائم والبيئة المناسبة التي تتيح فرصة الانطلاق، وتفجر الطاقات الإبداعية للشباب لكي يشارك في جميع الأنشطة والجهود في جميع مناخي الحياة،ويتأتى ذلك من خلال توفير المقومات التالية(عليوة ومحمود،2001):

1-إعداد قاعدة بيانات أولية عن الشباب:

المعلومة هي ركيزة التخطيط السليم، فلا يستطيع أي مخطط أن ينجح في إعداد سياسات ناجحة بدون توفير حد أدنى معقول من المعلومات والبيانات السليمة، ولكي يحسن المجتمع الاستفادة من الطاقات السياسية وتوظيفها لخدمة قضايا المجتمع واحتياجاته، لابد من إعداد قاعدة بيانات عن الشباب تتضمن عدة جوانب منها ما يلي:

تعداد الشباب في المجتمع وتوزيعهم على الفئات العمرية المختلفة، التوزيع الجغرافي بين الريف والحضر، المستويات التعليمية، توزيعهم من حيث الجنس، الوضع الاقتصادي، الحالة الاجتماعية، الانتماءات العقائدية، علاقة الشباب بوسائل الإعلام،قضايا الشباب ومشكلاته.

2-دراسة المنظمات العاملة في مجال خدمة الشباب:

يتردد الشباب عبر مراحل عمره على العديد من المؤسسات، كالمدارس والجامعات والأندية الرياضية والمؤسسات الثقافية والإعلامية ودور العبادة. وتقوم هذه المؤسسات بدور

كبير في مجال تنشئة الشباب، وإعداده للخدمة العامة وللاستفادة مـن إمكانـات هـذه المؤسسات الإلمـام بجوانب معينة منها:

- مدى إقبال الشباب على التعامل مع هذه المؤسسات.
- مدى نجاح المؤسسات في تلبية احتياجات الشباب.
- مدى التزام المؤسسات بالأسلوب الديمقراطي في التعامل مع الشباب.
- دور المؤسسات في تدعيم مشاعر الولاء والانتماء لدى الشباب.
- المشاكل والعقبات التي تعترض المؤسسات في تأدية رسالتها، وإمكانية التغلب عليها.
- نوع العلاقة بين هذه المؤسسات وبعضها ومدى التوافق أو التعارض بين مضامينها.
- مدى إيمان قيادات هذه المؤسسات بدور الشباب في التنمية.

ومن خلال الإجابة على هـذه التسـاؤلات، يتسنى الوقـوف عـلى نـواحي القـوة والضعـف في عمـل هـذه المؤسسات ليتم التعامل معها.

3 - حل مشاكل الشباب وتلبية احتياجاته:

عندما توجد حاجات أساسية ومهمة لدى الشباب ولا تجد لها إشباعا مناسبا في مـدى زمنـي معقـول، فـلا يتوقع من الشباب أن يكون مشاركا فاعلا في قضايا مجتمعه، وعنـدما تكـون الخـدمات غـير مهيـأة بالقـدر الكـافي والاحتياجات غير مشبعة، فلا ننتظر مـن الشباب أن يكون إيجابيا، فالشباب يحتـاج إلى الأمـن والاطمئنـان عـلى مستقبله، وانه سيتمكن في مدى زمني معقول أن تجد بيتا صغيرا يكون فيه أسرة، وان يجد حلا مستقرا يحقـق لـه نوعا من الاعتماد على الذات في تلبية احتياجاته، كما أن الشباب في حاجة إلى من يشعره بالانتماء، وفي حاجـة إلى من يشعره بالتقدير والاحترام، يمنحه الفرصة ويشجع نجاحاته وإنجازاته.

4- تنمية وعي الشباب بقضايا مجتمعه:

لا يشارك إنسان في موضوع يجهل أبعاده، وغالبا ما يحجم الشباب عن المشاركة في قضايا مجتمعه حينما تقل المعلومات أو تنعدم، وعندما تتسم القضايا الموجودة في محيطه بعدم التحديد والغموض.

يجب أن تطرح جميع القضايا والمستجدات التي تفرض نفسها على المجتمع في لغة سهلة وبسيطة، بعيدة عن الغموض والتجريد، متحاشية استخدام الأساليب الخطابية الرنانة والمصطلحات العلمية المتخصصة، وشرح المصطلحات الجديدة التي بدأت تتردد كالعولمة والخصخصة وصراع الحضارات والنظام العالمي الجديد.

وفي مجال ترسيخ قيم الديمقراطية في وجدان الشباب، فإنه ينبغي الإعداد الجيد للشباب، وإكسابه قيم التعاون والمشاركة، وتعويد الشباب على أن كل حق يقابله واجب وترسيخ قيم المواطنة لديه من خلال إدراك حقوقه وواجباته وإشعاره بأهمية وجدوى مشاركته وفاعليتها، وربط الديمقراطية بعنصر المصلحة، فعندما يحترم رأي الآخرين يحترمون رأيه وعندما يشارك بالرأي في قضايا وطنه، فهو يساهم في صنع السياسات العامة لوطنه كما أن الإدلاء يعد مدخلا لتلبية الاحتياجات فكيف يعرف صانع القرار الاحتياجات، إذا أحجم الشباب عن إبداء الرأي.

5 - التعبير عن المشاركة كواجب ديني:

إن للدين تأثير نافذ يدعو إلى التدين والتقوى والصلاح والإحسان إلى الغير والعمل الصالح، لذلك فهو من أهم العوامل التي تحكم نظرة المجتمع إلى متغيرات العصر، والتي ينطلق منها إلى اتخاذ موقف معين من القضايا والمشكلات سلبا وإيجابا، فإذا تلقى الشباب عبر مؤسسات التنشئة المختلفة، ما يلقي الأضواء على موقف الإسلام من المشاركة واعتبارها واجبا دينيا، فإن نهوض الشباب لتلبية هذا الواجب الديني ستتسم بسرعة الاستجابة وستكون أكثر فاعلية، وقد تضمنت الآيات القرآنية العديد من القوانين والأسس، التي تؤكد على

ضرورة مشاركة الجماهير في جميع الجوانب السياسية والاقتصادية والاجتماعية لإيجاد مجتمع إسلامي متكامل، فقد امتدح القرآن الكريم الجماعة التي تعتمد الشورى منهاجا لحياتها (وأمرهم شورى بينهم ومما رزقناهم ينفقون)الشورى: ٣٨.(فبما رحمة من الله لنت لهم ولو كنت فظا غليظ القلب لانفضوا من حولك فاعف عنهم واستغفر لهم وشاورهم في الأمر) آل عمران: ١٥٩. وتاريخ الرسول الكريم يعزز المشاركة، ولنا في رسول الله صلى الله عليه وسلم أسوة حسنه عندما كان يحلل الخصائص الكامنة في الشخصيات، ويضع الرجل المناسب في المكان المناسب، دونما التفات لاعتبارات تتعلق بالسن، وإنما معيار الأهلية والكفاءة للقيام بالدور المطلوب، ويذكر الرسول صلى الله عليه وسلم أسامة بن زيد بقيادة جيش المسلمين لغزو الروم وهو دون العشرين من عمره، وتحت آمرته أبو بكر الصديق وعمر بن الخطاب، وعندما استكثر البعض على أسامة هذا المنصب، قال الرسول صلى الله عليه وسلم: " و الله انه بالأمارة لخليق، وان أباه من قبله بالأمارة لخليق فاستوصوا به خيرا فإنه من مصالحيكم ". وكذلك يذكر التاريخ انه قد التف حول المسيح عليه السلام عدد من الحواريين الشبان. لذلك فقد أوصى بيومي خليل، بإتاحة الفرصة للشباب بتولي قيادات الأحزاب السياسية والجمعيات المختلفة، حتى لا تكون متوارثة، وان تكون التنظيمات السياسية والشعبية مدارس فكرية تربي الشباب تربية سياسية واجتماعية واعية، وتقدم نماذج للأدب السياسي والحوار الديمقراطي القويم (خليل، 2002: 76).

تعد الحوافز من محركات السلوك، فإذا تم إيجاد الروابط أو العلاقة بين المشاركة والجزاء، فإن هذا يؤدي إلى تعظيم المشاركة وتفعيلها، ولما كانت الحاجة إلى التقدير بشقية المادي والمعنوي من حاجات الإنسان الاجتماعية،فإن إشباعها يؤدي إلى مزيد من العطاء، فمن يشارك في محو أمية مجموعة من المواطنين أو يستصلح قطعة ارض صحراوية أو يساهم في نظافة البيئة أو تشجير المنطقة التي يقطنها، يمنح حافزا ماديا أو معنويا،فإن هذا يؤدي إلى حدوث تأثيرات إيجابية.

6- قناعة القيادة:

أن إيمان القيادة على أي مستوى وفي كل موقف بفلسفة مؤداها، أن الشباب جزء مهـم في كيـان المجتمـع، وان انعدام مشاركة هذه الجزء وتهميشه، يعود بالضرر على المجتمع ككل،فالاقتناع بـدور الشبـاب مـن شـأنه أن ينعكس إيجابيا على تهيئة الظروف المناسبة لاندماج الشباب في أنشطة المجتمع، ومشاركته في الأدوار المطروحة.

7- توافر النموذج والقدوة:

الإنسان يتلقى تعليمه وثقافته عن طريق الاطلاع والقراءة والدرس، كما أن جزءا كبيرا من خبراته ومعارفه تنتقل إليه نتيجة احتكاكه بمن حوله، في مواقف الحياة الاجتماعية المختلفة.

أن الإنسان لا يمكن أن يستغني عن القدوة، فهو كائن اجتماعي يتأثر بالمجتمع ومن الخطأ أيضـا الظـن أن الأخلاق الفاضلة والسلوك المستقيم للفرد والمجتمع، تتحقق بمجرد سن القوانين، وتوقيع العقوبات، وإنما يلـزم مـع ذلك وجود القدوة الحسنة في مختلف مجالات الحياة الاجتماعية.

لذلك يجب أن تحرص القيادات على أن تكون مثالا للقدوة الطيبة في الحفاظ عـلى الوقـت والانضبـاط في العمل، والصدق في القول والحفاظ على المال العام، فالأخلاق الفاضلة دعاية صامته أما إذا اتصـف سـلوك القيـادة بالغش والخداع وعدم المطابقة بين القول والعمل، هذا سيؤدي إلى إشاعة مناخ مـن الإحبـاط لـدى الشبـاب مـما سيعيق نمو شعوره بالولاء والانتماء للمجتمع.

12-4 دور الجامعة في التنشئة السياسية:

تعدّ الجامعة قمة المؤسسة التعليمية، لذلك فمن المتوقع أن يكون لها دور مهم في التنشئة السياسية، وأن تكون الأقدر على إكساب الطلبة مزيدا من أساليب التنشئة السياسية، لأن التنشئة عملية تعلم بالدرجة الأولى، كما أنه من المفترض أن يكون الطلبة في هذه المرحلة العمرية على درجة أعلى من الوعي ولديه حرية أكبر في التعبير عن رأيه.

إن الجامعة توفر فرص المشاركة السياسية من خلال: انتخابات اتحاد الطلبة في مختلف كليات الجامعة، بالإضافة إلى أنشطة المؤتمرات والندوات التي يتم فيها الحوار بين الأساتذة والطلبة، بالإضافة إلى استضافة المسؤولين من رؤساء وزارت، ووزراء ونواب، والسماح بمشاركة الطلبة في مظاهرات احتجاجية على مواقف معينة. (العامري:281-282) والجامعات في الماضي كانت منبع المظاهرات والثورات لطرد المستعمرين، وقد بيّنت دراسة العامري حول المشاركة السياسية للشباب أن للجامعة دور التنشئة السياسية، لذلك فقد أوصت بتدعيم الدور الذي نقوم به الجامعة في هذا المجال، بتدريب الشباب على الممارسة الديمقراطية، والتمهيد للدخول في الحياة العامة والحياة السياسية (العامري، 2002: 283).

أشارت العامري إلى أن أشكال المشاركة تتعدد، حيث تبدأ من مجرد الاهتمام بالأمور السياسية، لتصل إلى الترشيح لعضوية المجالس النيابية،وهي الدرجة التي يصعب على الطلبة الوصول إليها، لذلك فالمشاركة تقتصر لديهم على متابعة الحياة السياسية، والمشاركة في العمليات الانتخابية في الحملات الانتخابية، أو التصويت أو الانضمام للأحزاب (العامري: 263-264). كما يشير كامبل Campbell إلى أنه يوجد اليوم اتفاق واسع حول أهداف تميز التعليم الذي ينتج مواطنين صالحين،وهو التعليم الذي يهيئ ناخبي الأمة المستقبليين كي يتفاعلوا مع العملية السياسية، التعليم الذي يهيئ الطلبة لأجل الديمقراطية، للفت نظرهم إلى احترام أراء الآخرين وحسن التسامح السياسي والاجتماعي (Campbell . 2001) .

كشفت دراسة أشار إليها سبايزو Spiezio في دراسته "فن التدريس والعمل أو اللاعمل السياسي" حول الاتجاهات الجامعية تجاه السياسات والخدمة العامة "، وهي دراسة على مستوى البلاد، تتناول طلبة الكليات، يجريها سنويا معهد السياسة في جامعة هارفارد، بهدف جمع البيانات حول رؤى الطلبة ومواقفهم من السياسة والخدمة العامة (دراسة عام 2000 و2001) أن أكثر من80% من الطلبة قد شعروا بأن التجديدات المؤسسية والمنهجية التالية، يمكن أن تكون فعالة نوعا ما أو فعالة تماما من منطلق تعزيز مشاركة سياسية أعظم من جهة الشبان الأمريكان:-

1- إذا أعطي وقت أطول لتدريس الأساسيات حول كيفية المشاركة في السياسة الفاعلة، وتوفير موقع إلكتروني مخصص، لتزويد الطلبة بالمعلومات السياسية بما فيها سبل إمكانية المشاركة.

2- إذا أوجدت الكليات كجزء من المنهاج شراكة مع الحكومة المحلية وحكومة الولاية، وقدمت استحقاقا أكاديميا للطلبة الذين شاركوا في فعاليات الخدمة العامة.

3- إذا كان للطلبة اتصال مباشر مع الموظفين المنتخبين وأعضاء الحكومة والمرشحين السياسيين في الحملات والمؤسسات.

4- إذا كان هناك لجنة عمل سياسي موجهة للطالب، أو شبكة تركز على تنظيم مجموعات الطلبة، وتدريبهم للمشاركة السياسية، ومساعدة الشبان على الدخول في انتخابات المراكز الفيدرالية ومناصب الولاية والمراكز المحلية.

5- إذا تمت توعية الطلبة أكثر بشان أمثلة الواقع الحي وكيف يمكن للشبان أحداث فرق سياسي.

6- إذا كانت عملية تسجيل وتصويت اقتراع الغائب قد أصبحت أسهل، بحيث يتمكن الطلبة من التصويت من الكلية (Spiezio, 2002).

والجامعات تستطيع إعداد الشباب لأداء أدوار معينة باستغلال جهودهم في الخدمة الوطنية والتطوعية، من خلال مشروعات التخرج، حيث يقومون بأعمال تدخل ضمن صميم تخصصاتهم. كما أن تنظيم ندوات تثقيفية وتوجيهية للطلاب بشكل مستمر قد يدعم مشاركة الشباب الجامعي.

ودخول الطالب في حوار مع أساتذته وزملائه،حيث يتعلم كيف يعرض رأيه في إطار عدم التعصب له بتعلم الحوار البناء، وإتاحة الفرصة له ليساهم في اختيار من يمثله في الاتحادات الطلابية، ويرشح نفسه إذا وجد في نفسه كفاءة، وأن يعرض برنامجه الانتخابي أمام الآخرين، وان توفر له الجامعة استخدام وسائل الاتصال المتاحة في حدود إمكاناته وظروفه، وان يلتحق بعضوية الأسر الطلابية التي تقدم ألوانا من النشاط يعود عليه بالنفع وعلى الآخرين بالفائدة، ومن خلال ذلك يتعلم القيادة والمبادأة وتحمل المسئولية والتعاون مع الآخرين.

كما أن على الشباب الجامعي ألا يمتنع عن الاشتراك في المعسكرات الشبابية الطلابية، التي تعوّد الطلاب العمل الجماعي والتعاون ويتعلم كيف يوجّه نشاطه لخدمة المجتمع، والمساهمة في أنشطة الحفاظ على البيئة وحمايتها من التلوث، أو المساهمة في مشروع محو الأمية أو التصدي لبعض القيم المعوقة للتنمية وذلك بحشد جهود شباب الجامعات وخريجيها للتصدي لبعض السلوكيات التي تعوق جهود التنمية،بعد إشراكهم في دورات تدريبية لزيادة وعيهم ببعض هذه القضايا.واليوم فإن الاشتراك في أنشطة مواجهة الأزمات التي أصبحت تحدث بشكل متكرر حتى أصبحت الأزمات جزءا من حياة أي مجتمع، وحيث إن الأزمات تكون مفاجئة تتسبب عند وقوعها في خسائر بشرية أو مادية بالنسبة لجماعة من الناس، مما يؤدي إلى درجة من التوتر في النسيج الاجتماعي لهذه الجماعة، فالأزمة تكون التهديد المفاجئ وضيق الوقت ونقص المعلومات، والحاجة هنا ماسة للتحرك بسرعة وفاعلية، للمساعدة للتقليل ما أمكن من الآثار الاجتماعية والنفسية والانفعالية والاقتصادية لها.

الفصل الخامس

الطريق و والإجراءات

5-1 المنهج:

لقد اعتمد في هذه الدراسة على المنهج الوصفي حيث اعتمد على المسح بالعينة،والذي يعدّ من أكثر المناهج المستخدمة في العلوم الاجتماعية، فهذا المنهج يصف الظاهرة قيد الدراسة ويحللها ويفسرها للوصول إلى نتائج بالإمكان تعميمها.

5-2 مجتمع الدراسة:

يتكون مجتمع الدراسة من طلبة البكالوريوس في الجامعة الأردنية المسجلين بها رسميا للفصل الدراسي الثاني من العام الدراسي 2006/2005. وقد بلغ مجموع الطلبة (31308) واحدا وثلاثين ألفا وثلاثمائة وثمانية طلاب، استنادا إلى سجلات مديرية القبول والتسجيل في الجامعة الأردنية،حيث بلغ عدد الإناث 19363 تسعة عشر ألفا وثلاثمائة وثلاث وستين طالبة، وعدد الذكور 1194، منهم 15474 يتوزعون في الكليات العلمية و 15834في الكليات الإنسانية، ومنهم 8153 طالبة في الكليات العلمية يقابلهم 7421 من الذكور، وفي الكليات الإنسانية بلغ عدد الإناث 11210 يقابلهم 4624 من الذكور.

وقد جاء اختيار العينة من طلبة الجامعة الأردنية لعدة أسباب منها: أنها الجامعة الحكومية الأم من حيث النشأة والتأسيس، ولأنها الأكبر من حيث عدد الطلبة، الذين بلغ عددهم وقت إجراء الدراسة 31308 من مختلف شرائح المجتمع الأردني. كما أن الجامعة تحتوي عددا كبيرا من التخصصات، موزعة على 17 كلية، تمنح درجة البكالوريوس، وهي كذلك تقع في العاصمة في موقع متوسط من الأردن، مما يوجد تنوعا في مجتمع الدراسة.

5-3 عينة الدراسة:

لقد استُخدم أسلوب العينة العشوائية الطبقية متعددة المراحل، إذ إن طلبة الجامعة الأردنية يتوزعون على سبع عشرة كلية ضمن مجموعة كبيرة من التخصصات، وبما أن أحد مواضيع الدراسة هو المشاركة السياسية فإن الطلبة أبدوا تحفظا في الإجابة عن الاستبانة،

لذلك فقد تم اللجوء إلى اختيار المساقات التي يتواجد بها جميع طلبة الجامعة الأردنية، ليطمئن أفراد العينة إلى أنهم غير معروفين بشكل شخصي، وهي المساقات التي تعد متطلبات إجبارية يجب أن يدرسها جميع طلبة الجامعة من مختلف المستويات الدراسية والتخصصات، لذلك فقد اختيرت العينة على مراحل،كما يلي:

المرحلة الأولى: حددت فيها جميع المساقات الإجبارية التي تم طرحها لطلبة الجامعة الأردنية خلال الفصل الدراسي الثاني من العام الجامعي 2006/2005 بناء على سجلات مديرية القبول التسجيل، وقد بلغ عددها 6 مساقات، وهي:

1- العلوم العسكرية.

2- مهارات الاتصال باللغة العربية (1).

3- مهارات الاتصال باللغة العربية (2).

4- مهارات الاتصال باللغة الإنجليزية (1).

5- مهارات الاتصال باللغة الإنجليزية (2).

6- التربية الوطنية.

وكما يظهر الجدول رقم (1) فقد توزع الطلبة على 302 شعبة، وبلغ عددهم (16995) إذ بلغ عدد الطلبة المسجلين بمادة العلوم العسكرية (2400) يتوزعون على 6 شعب، وكذلك (1125) طالبا توزعوا على 25 شعبة مهارات اتصال باللغة العربية(1)، و4860 توزعوا على 108 شعب مهارات اتصال باللغة العربية(2) و4500 مهارات الاتصال باللغة الإنجليزية (1) توزعوا على 100 شعبة ومهارات اللغة الإنجليزية (2)، وعددهم 2070 توزعوا على 46 شعبة والتربية الوطنية 2040 من الطلبة توزعوا على 17 شعبة.

جدول رقم (1)

توزيع العينة على المساقات الإجبارية في الجامعة ونسبة العينة في كل منها

المادة	عدد الشعب	عدد الطلبة	%8
علوم عسكرية	6	2400	192
مهارات ع (1)	25	1125	90
مهارات ع (2)	108	4860	388.8
إنجليزي (1)	100	4500	360
إنجليزي (2)	46	2070	165.6
تربية وطنية	17	2040	163.2
المجموع	302	16995	1359.6

المرحلة الثانية: اختيرت نسبة 8% من حجم مجتمع الدراسة كعينة، حيث بلغ عددهم 1360 شكّلوا 4.34% من حجم المجتمع الكلي.

المرحلة الثالثة: اختيرت الشعب بواسطة العينة العشوائية، عن طريق القرعة لكل مساق على حدة، بإتباع طريقة النسبة والتناسب، حسب عدد الشعب وعدد الطلبة المسجلين بكل منها، إذ يختلف عدد الطلبة المسجلين من مساق إلى آخر (تم الحصول على الكشوفات الخاصة بأعداد الطلبة من مديرية القبول والتسجيل في الجامعة الأردنية).

المرحلة الرابعة: بعد ذلك تم الاتصال والتنسيق مع رؤساء الأقسام المعنية في الجامعة، ومن ثم الاتصال مع مدرسي المساقات المعنية، لأخذ موافقة المدرس الذي وقعت القرعة على المساق والشعبة التي يدرسها لاقتطاع الجزء الأول من محاضرته الذي يتراوح بين 12-15 دقيقة لتعبئة الاستبانة.

4-5 أداة الدراسة:

لقد اعتمد الاستبانة أداة بحثية للحصول على البيانات والمعلومات، وقد طورت اعتمادا على المقاييس المستخدمة في الدراسات السابقة التي اطلع عليها، وكذلك تم الاطلاع على عدد من الاستبانات حول المشاركة، منها: استبيان المشاركة الفنلندي، ومقترحات الأمم المتحدة في قياس التطوع، وذلك حتى يكتمل الغرض من الدراسة، وقد تكونت الاستبانة من(139) سؤالا توزعت على 12 بندا، وقد قسمت لتتماشى مع طبيعة الدراسة، ولتقيس دور الشباب من مجرد الاهتمام بالمشاركة وصولا إلى المشاركة الفاعلة. وقد تضمن ما يلي:

البند الأول:

يتعلق بالخصائص النوعية (الاجتماعية والاقتصادية والديمغرافية) تضمن عشرة أسئلة تتعلق بكل من: الجنس والديانة ودرجة التدين ونوع الكلية والمستوى الدراسي ومكان الإقامة في السنوات العشر الأخيرة، والعمل إلى جانب الدراسة، ودخل الأسرة الشهري، والمستوى التعليمي للأب، والمستوى التعليمي للأم.

البند الثاني:

يتعلق بالمشاركة في الفعاليات التطوعية والسياسية من خلال العضوية والانتساب من خلال 17 فعالية،،حيث مُثّلت المشاركة في الفعاليات التطوعية من خلال العضوية والانتساب إلى أي من: (النوادي الطلابية،جائزة الأمير حسن للشباب، هيئة اجتماعية، جمعية عائلية، رابطة طلابية، جمعية خيرية، جمعية علمية، جمعية دينية، لجان عمل اجتماعي متخصص، ناد رياضي، جمعية تعاونية) حيث طلب من الطلبة تحديد مشاركتهم على مقياس من نقطتين (2،1) نعم، لا.

كما مُثّلت المشاركة السياسية من خلال العضوية في أي من (مجلس الطلبة، منظمات السلام وحقوق الإنسان، مجالس الشباب المحلية، برلمان الشباب، حزب سياسي، منظمات العون)، حيث طلب من الطلبة تحديد مشاركتهم على مقياس من نقطتين (2،1) نعم،لا.

البند الثالث:

تتعلق الأسئلة فيه بالمشاركة في العمل التطوعي، من خلال المشاركة في عـدد مـن الفعاليـات في مجـالات متعددة من الأعمال التطوعية، وقد تضمن هذا البند 13 نشاطا في مجالات متنوعة، حيث أُخذ المقيـاس مـن أربـع نقاط (1، 2، 3، 4) تدرجت حولها الإجابة بين دائما وأحيانا ونادرا وأبدا، ودارت الفعاليات حول: (المشاركة في حملة جمع تبرعات لفئات محتاجة، تقديم مساهمة في بازار خيري، المشاركة بحملة للعناية بالبيئة، المشاركة بأي نشاط صحي، المشاركة بحملة قطاف الثمار (الزيتون)، المشاركة بحملـة توعيـة مروريـة، المشاركة بحمـلات النظافـة في المدن، المشاركة بأي نشاط تطوعي في الحي الذي يسكن فيه، المشاركة بأي نشاط إرشادي للزملاء الطلبة، المشاركة في الأنشطة الطلابية في الجامعة، الاهتمام بأماكن العبادة، حضور احتفال لصالح أعمال خيرية، حضور ندوة أقامتها جمعية خيرية).

البند الرابع:

تضمن تأثير الأسرة وتأثير الأصدقاء على المشاركة في العمل التطوعي، من خلال 10 أسئلة على مقياس مـن أربع نقاط (4، 3، 2، 1) تدرجت الإجابة فيها من: دائما، أحيانا، ونادرا، إلى أبـدا. وفيما يتعلـق بتـأثير الأسرة عـلى المشاركة في العمل التطوعي، فقد وضعت 5 أسئلة وهي تتعلـق بـ: (تشجيع الأسرة عـلى المشاركة في الأعـمال التطوعية. ومناقشة قضايا تتعلق بالعمل التطوعي والتشجيع على المشاركة في الحملات التطوعية. والتشـجيع عـلى الانتساب للمؤسسات التطوعية. وتحذير الأهل من المشاركة في النشاطات التطوعية).

أما تأثير الأصدقاء على العمل التطوعي فقد قيس من خلال 5 أسئلة وهي تتعلق بـ: (تشجيع الأصدقاء على المشاركة في الأعمال التطوعية، التشجيع على ضرورة المشاركة، تشجيع الأصدقاء على الانتساب لأي جمعيـة أو هيئة تطوعية، النقاش مع الأصدقاء حول العمل التطوعي في المجتمع، الحديث مع الأصدقاء حول أهميـة أو عـدم أهمية العمل التطوعي).

البند الخامس:

تضمن هذا البند نظرة الشباب الجامعي للعمل التطوعي،،حيث وضعت 5 أسئلة على مقياس من أربع نقاط (4، 3، 2، 1) تدرجت الإجابة فيها من: دائما، أحيانا، نادرا، إلى أبدا. وهي تتعلق بـ: (النظرة لاعتبار التطوع لمساعدة الآخرين واجب وطني، اعتبار المشاركة فيه تعبر عن الإحساس بالمسؤولية تجاه المجتمع، الاعتقاد بأن المشاركة تعبر عن الإحساس بالمسؤولية نحو المجتمع، الاعتقاد بأن العمل التطوعي يساهم في التخفيف من المعاناة الإنسانية، الاعتقاد بأن العمل التطوعي يساهم بدعم مسيرة التنمية.

البند السادس:

وقد تضمن معوقات المشاركة في فعاليات العمل التطوعي المختلفة، و تضمن 18 سؤالا، طلب من الطلبة تحديد إجاباتهم على مقياس من نقطتين (2،1) نعم، لا، وهي: (الانشغال بالدراسة، الاهتمام بأمور الحياة الشخصية، عدم وجود قدوة أو مثل أعلى، لا يرى أهمية للمشاركة، الاعتقاد بأنه ليس للمشاركة وزن أو قيمة، عدم توافر وقت للتطوع، عدم المعرفة بمكان التطوع، عدم توافر معلومات حول العمل التطوعي، الاعتقاد بأنه ليس مؤهلاً وتنقصه الخبرة، عدم وجود حوافز للتطوع، يخشى المحاسبة والمسائلة، الاعتقاد بأن فرص تأثير الشباب ضعيفة، الاعتقاد بأن الوقت مبكر للمشاركة، الأوضاع المادية تحول دون المشاركة، عدم الاقتناع بالأسلوب الذي تتم به، عدم توافر الرغبة في المشاركة، فقدان المصداقية في العمل التطوعي، الاعتقاد بالتأثير السلبي على المستقبل الوظيفي).

البند السابع:

النية المستقبلية للمشاركة في العمل التطوعي،وقد تضمن 5 أسئلة، طلب من المشاركين تحديد إجاباتهم على مقياس من نقطتين (2،1) نعم، لا، وهي كما يلي: (توافر النية في المستقبل لتسجيل الاسم كمتطوع، توافر النية للمشاركة بأي نشاط تطوعي في الجامعة، توافر النية للمشاركة بأي نشاط تطوعي في

المدينة التي يسكن بها، التطوع لدى أي جهة تحتاج لجهود المتطوعين، توافر النية للانتساب لجمعية أو هيئة تطوعية).

البند الثامن:

وهو حول المشاركة بالفعاليات السياسية المختلفة، وقد تضمن 13 مجالاً للمشاركة على مقياس من أربع نقاط (1، 2، 3، 4) تدرجت الإجابة فيها من دائما، أحيانا، ونادرا،إلى أبدا وهي: (المشاركة في التصويت الانتخابات الطلابية، حضور المحاضرات والندوات السياسية، الاهتمام بمتابعة الأحداث السياسية، متابعة البرامج السياسية، المشاركة في مسيرة تأييد للتعبير عن موقف معين، المشاركة في مظاهرة احتجاج، الاتصال مع أي مسؤول في الحكومة للتعبير عن الرأي، الاتصال مع جريدة أو مجلة للتعليق على موضوع أو قضية، كتابة عريضة رسمية، المشاركة كمتطوع بحملة انتخابية، متابعة البرلمان، قراءة البيانات الانتخابية، التحدث مع الآخرين حول أهمية أو عدم أهمية التصويت في الانتخابات).

البند التاسع:

حول تأثير الأسرة، وتأثير الأصدقاء على المشاركة، تضمن 10 أسئلة تقيس مدى تأثير الأسرة وتأثير الأصدقاء على المشاركة السياسية من خلال مقياس من أربع نقاط (1، 2، 3، 4) تدرجت الإجابة فيها من دائما، أحيانا، ونادرا، إلى أبدا.

فيما يتعلق بتأثير الأسرة على المشاركة السياسية في فقد وضعت 5 أسئلة وهي تتعلق بما يلي: (النقاش مع الأسرة حول القضايا السياسية،تشجيع الأسرة على المشاركة بالنقاشات السياسية داخل المنزل، تشجيع الأسرة على المشاركة في الحملات الانتخابية، تشجيعا للأسرة على الانتساب للأحزاب، تحذير الأسرة من المشاركة في النشاطات السياسية).

فيما يتعلق بتأثير الأصدقاء على المشاركة السياسية، فقد قيست من خلال5 أسئلة وهي: هل يشجع الأصدقاء المشاركة في الفعاليات السياسية، حديث الأصدقاء حول أهمية أو

عدم أهمية التصويت في الانتخابات، تشجيع الأصدقاء على المشاركة السياسية، النقاش مع الأصدقاء حول القضايا السياسية، تشجيع الأصدقاء على الانتساب لأي حزب سياسي).

البند العاشر:

حول نظرة الشباب الجامعي إلى المشاركة السياسية، وقد تضمن 5 أسئلة على مقياس من نقطتين (1، 2) نعم، لا. وهي تتعلق بالاعتقاد بأن التصويت بالانتخابات واجب وطني، اعتبار المشاركة السياسية تعبر عن إحساس بالمسؤولية نحو المجتمع، اعتبار المشاركة السياسية تعبر عن انتماء أكثر للوطن، الاعتقاد بأن المشاركة السياسية تساهم في التخفيف من معاناة الإنسانية، الاعتقاد بأن المشاركة السياسية تساهم في دعم مسيرة التنمية).

البند الحادي عشر:

تضمن أسئلة حول المعوقات التي تحد من المشاركة خلال مقياس من نقطتين، (1، 2) نعم، لا. وقد تضمن 19 فقرة وهي (الانشغال بالدراسة، الاهتمام بأمور الحياة الشخصية، عدم وجود قدوة أو مثل أعلى، لا يرى أهمية للمشاركة، عدم معرفة مكان المشاركة، ليس للمشاركة وزن أو قيمة، عدم توافر وقت للمشاركة،عدم توافر معلومات كافية حول القضايا السياسية، ليس مؤهلاً وتنقصه الخبرة، عدم وجود حوافز للمشاركة، الخشية من المحاسبة والمسائلة، الاعتقاد بضعف تأثير الشباب، الدولة تحجب المشاركة، الاعتقاد بأن الوقت مبكر على المشاركة، الأوضاع المادية تحول دون المشاركة، عدم الاقتناع بالأسلوب الذي تتم به، عدم توافر الرغبة في المشاركة، فقدان المصداقية في العمل السياسي، التأثير سلبيا على المستقبل الوظيفي).

البند الثاني عشر:

يتعلق بالنية المستقبلية للمشاركة السياسية من خلال 7 بنود باستخدام مقياس من نقطتين، (1، 2) نعم، لا. وهي: (توافر النية المستقبلية للمشاركة بالتصويت في الانتخابات

البرلمانية، المشاركة في التصويت في الانتخابات البلدية، المشاركة بالتصويت في انتخابات مجلس الطلبة، توافر النية للترشح في الانتخابات: البلدية، البرلمانية، مجالس الطلبة، الانضمام إلى حزب سياسي).

البند الثالث عشر:

تناول النظرة للعمل التطوعي والمشاركة السياسية معا، من خلال بندين و6 أسئلة، واستخدام مقياس من نقطتين، (1، 2) نعم، لا، وهي:

البند الأول: حول تقيم العمل التطوعي والمشاركة السياسية من خلال 3 أسئلة هي: (الاعتقاد بأن عمل القطاع التطوعي أجدى من أداء الحكومة في حل بعض المشكلات، أن التطوع لتأدية خدمات للمجتمع أيسر من التطوع من السياسية الاعتقاد بأن التطوع في النشاطات الاجتماعية أفضل من التطوع في النشاطات السياسية).

البند الثاني: العلاقة المتبادلة بين العمل التطوعي والمشاركة السياسية والذي جاء من خلال ثلاث أسئلة. وهي (المشاركة في الأعمال التطوعية بناء على المعتقد السياسي، هل للمعتقدات السياسية تأثير على العضوية بفعاليات العمل التطوعي، تبادل الحديث حول القضايا السياسية أثناء المشاركة بفعاليات العمل التطوعي).

5-5 الاختبار القبلي للاستبانة:

أجرت الباحثة اختباراً قبلياً على عينة صغيرة ممثلة للعينة الأساسية بلغت (200) طالب وطالبة، من مختلف كليات الجامعة، حيث تم اختيار 4 شعب بطريقة القرعة من ضمن متطلبات الجامعة الاجبارية، وذلك من أجل التعرف على:

1- مدى فهم المبحوثين لأسئلة الاستبيان.

2- التعرف على مدى تجاوب المبحوثين مع الاستبانة.

3- قياس الفترة الزمنية التي يحتاجها المبحوثون للإجابة عن فقرات الاستبانة.

بعد إجراء الاختبار القبلي على العينة الاستطلاعية ممثلة بالعينة الأساسية أجريت التعديلات المناسبة ليخرج الاستبيان بصورته النهائية واضحاً صالحاً للتطبيق على مجتمع الدراسة الأساسي، وبناء عليه اختير الجزء الأول من كل محاضرة،،حيث تفاعل الطلبة بشكل أفضل من تفاعلهم بالجزء الأخير منها. وقد استغرق إجراء الدراسة الميدانية 3 أسابيع من (2006/6/1-5/9).

6-5 صدق وثبات الأداة:

تم التأكد من صدق الأداة (صدق الخبراء) من خلال عرضها على مجموعة من الخبراء والمحكّمين من ذوي التخصص والخبرة والكفاءة العلمية لإبداء رأيهم في الاستبيان، سواء من حيث مناسبة فقراته لأهداف البحث، أو مدى تغطيتها للجوانب والمجالات المقصودة في الدراسة وبناء على ملاحظات المحكمين فقد أجريت بعض التعديلات،،حيث ظهرت الاستبانة بصورتها النهائية.

تم احتساب الثبات على عينة قوامها 200 مفحوص من الشباب الجامعي،حيث أُجري اختبار ثبات الأداة بإجراء اختبار كرونباخ ألفا،حيث بلغت قيمة معامل كرونباخ ألفا لمنظومة القيم (81،95) مما يدل على درجة مرتفعة من الاتساق الداخلي في فقرات الدراسة، كونها أعلى من النسبة المقبولة 60%.

7-5 التحليل الإحصائي:

بعد جمع البيانات من ميدان الدراسة للعينة التي تكونت من 1360، تبيّن أن 210، غير صالحة للتحليل الإحصائي، وذلك لعدم اكتمال تعبئتها، وبالتالي استُبعدت، ولم يتم تعويضها كون الفصل الدراسي الثاني كان قد أوشك على الانتهاء، وابتدأت الامتحانات النهائية للعام الجامعي 2005/ 2006.

حُللت البيانات بعد ذلك باستخدام البرنامج الإحصائي(spss):

(Statically Package for Social Science) وهو حزمة الـبرامج الإحصائية للعلـوم الاجتماعيـة، وقـد اخـتيرت الأساليب الإحصائية الملائمة للإجابة عن تساؤلات الدراسة وهي:

أولاً: الإحصاء الوصفي: وذلك لعرض خصائص أفراد العينة ووصف استجاباتهم لفقرات الاستبانة.

ثانياً: اختبار صـدق وثبـات أداة الدراسـة (cornobachs Alpha) كرونبـاخ ألفـا الـذي اسـتخدم لقيـاس الاتسـاق الداخلي لأداة الدراسة.

ثالثاً: اختبار مربع كاي (chi-square) واستخدم لاختبار مدى دلالة المتغيرات المستقلة والتابعة.

رابعاً: اختبار (ت) T.test (paired –sample) لفروق العينات المتزاوجة حيث يقوم هذا النـوع باختبـار الفـروق بين إجابات عينة واحدة حول موضوعين أو مجالين مختلفين.

خامساً: اختبار معامل ارتباط بيرسون Pearson لاختبار وجـود علاقـة ارتباطيـه بـين المشـاركة في العمـل التطـوعي والمشاركة السياسية.

الفصل السادس

نتائج الدراسة

6- عرض البيانات وتحليل النتائج:

يتناول هذا الفصل عرضا لبيانات الدراسة، وتحليل للنتائج التي تُوصّل إليها، وهي كالتالي:

6-1 الخصائص الاجتماعية والاقتصادية والديموغرافية لأفراد العينة:

يشير الجدول رقم (2) إلى ما يلي:

1-الجنس:

فيما يتعلق بمتغير الجنس تشير البيانات إلى أن النسبة الأكبر من عينة الدراسة كانت من الإناث، إذ بلغت 68.9%، فيما بلغت نسبة الذكور 31.1%، وهذا الوضع يعد طبيعيا، كون عدد الإناث في الجامعة الأردنية اكبر من عدد الذكور.

2-الديانة:

فيما يتعلق بالديانة فإن 91.7% هم من المسلمين و7.5%من المسيحيين و0.5% من الديانات الأخرى، وهذا التوزيع يعتبر منطقيا لأن دين الدولة هو الإسلام، وان النسبة الغالبة من سكان المجتمع الأردني هي من المسلمين، يليهم أصحاب الديانة المسيحية.

3-درجة التدين:

أما درجة التدين فإن النسبة الأكبر 63.9% هي للمتدينين إلى حد ما, يليهم 30.6% من المتدينين و 4.8% من غير المتدينين, يلاحظ أن أنسبة الغالبة كانت للمتدينين إلى حد ما ولعل ذلك يعكس حالة من الوسطية والاعتدال بدرجة التدين بين طلبة الجامعة.

4-نوع الكلية:

أما نوع الكلية فكان 58.5 % من الكليات الإنسانية، يقابلهم من الكليات العلمية 41.5%، حيث عدد الطلبة في الكليات الإنسانية اكبر من عددهم في الكليات العلمية.

5-المستوى الدراسي:

فيما يتعلق بالمستوى الدراسي لأفراد العينة شكّل طلبة السنة الثانية النسبة الأكبر من العينة وبلغت نسبتهم 26.8% يليهم طلبة السنة الثالثة، وبلغت نسبتهم 26% والسنة الأولى بلغت نسبتهم 23.7%وطلبة السنة الرابعة 20.3% وطلبة السنة الخامسة 2.3% والنسبة الأقل لطلبة السنة السادسة وبلغت نسبتهم 0.3%. ويعتبر توزيع المستوى الدراسي للطلبة مقبولا كون أن الكليات التي تتطلب الدراسة فيها أكثر من 4 سنوات قليلة من حيث عددها وعدد الطلبة الذين يلتحقون بها.

6-مكان الإقامة:

فيما يتعلق بمكان الإقامة في السنوات العشرة الأخيرة، كما يبين الجدول, فإن 79.8% من العينة يقيمون في المدن وهي النسبة الأكبر، يليها سكان القرى 15.7% ومن ثم 3.7% يقيمون في مخيم. أما سكان البادية فقد بلغت نسبتهم 0.6% وهي الأقل.وهذا التوزيع يعكس طبيعة التوزيع السكاني على مناطق الأردن ويعتبر ممثل لتوزيع سكان الأردن كافة.

7-العمل إلى جانب الدراسة:

تبيّن فيما يتعلق بالعمل إلى جانب الدراسة أن84.3% من الطلبة لا يعملون, مقابل 15.4% يعملون بجانب الدراسة وهذا يدل على أن عدد الطلبة الذين يتفرغون للدراسة هم الأغلبية، وكذلك يلاحظ أن هناك نسبة من الطلبة الذي يعمل إلى جانب الدراسة، ولعل الظروف الاقتصادية قد تدفع الطلبة نحو العمل لمساعدة الأسرة في تحمل نفقات الدراسة, أو الرغبة في الاستقلالية عن الأسرة. والاعتماد على النفس.

8-دخل الأسرة الشهري:

فيما يتعلق بدخل الأسرة الشهري فقد لوحظ أن النسبة الأكبر 26% من العينة يتراوح دخل آسرهم بين(301-450) دينار, يليهم 23.7% يزيد دخل أسرهم عن 751 ديناراً. فيما كانت ما نسبته 20.5% من العينة يقل دخل أسرهم عن 300 دينار 16.2% منهم يتراوح دخل

أسرهم بين (451-600) و 9.8% يتراوح دخل أسرهم بين (601-750) دينار. وهذا يـدل عـلى أن نسـبة كبـيرة مـن الطلبة ينتسبون لأسر من ذوي الدخل المتوسط.

9-المستوى التعليمي للأب:

فيما يتعلق بالمستوى التعليمي للأب أن النسبة الأكبر كانت للذين يحمل آباؤهم مؤهل بكالوريوس وهـي 34.5% يليهم 31.9% من العينة يقل المؤهل العلمي لآبائهم عن الثانوية، وأن 20.6 % مـن العينة يحمـل آبـاؤهم مؤهل دبلوم، و12.7% من العينة يحمل آباؤهم مؤهل الدراسات العليا، فيما لم يجب عن السـؤال 4% مـن أفـراد العينة، أي أن أكثر من نصف أفراد العينة آبائهم من المتعلمين دبلوم وبكالوريوس.

10-المستوى التعليمي للأم:

فيما يتعلق بالمستوى التعليمي للأم فإن النسبة الأكبر كانت للذين تحمل أمهاتهم مؤهلا يقل عن الثانوي، ونسبتهم 43.9%، يليهم 28.8% تحمل أمهاتهم شـهادة الـدبلوم، و23.7% تحمـل أمهـاتهم مؤهـل بكـالوريوس، و 3.1% من العينة حصلت أمهاتهم على مؤهل الدراسات العليا، فيما لم يجب عـن السـؤال 4% مـن أفـراد العينـة. وهذه النتيجة هي على العكس من تلك المتعلقة بالمستوى التعليمي للأب حيث أن النسبة الأكبر كانت لمن تحمل أمهاتهم مؤهلا يقل عن الثانوية.

الجدول 2. الخصائص الاجتماعية والاقتصادية والديموغرافية لأفراد العينة:

النوع	ت	%	المستوى الدراسي	ت	%
ذكر	358	31.1	سنة أولى	273	23.7
أنثى	792	68.9	سنة ثانية	308	26.8
المجموع	1150	100	سنة ثالثة	299	26
الديانة	-	-	سنة رابعة	234	20.3
مسلم	1054	91.7	سنة خامسة	26	2.3
مسيحي	86	7.5	سنة سادسة	6	0.5
ديانة أخرى	6	0.5	لا إجابة	4	0.3
لا إجابة	4	0.3	**المجموع**	1150	100
المجموع	1150	100	**مكان الإقامة**	-	-
درجة التدين	-	-	مدينة	918	79.8
متدين	352	30.6	قرية	180	15.7
إلى حد ما	735	63.9	بادية	7	0.6
غير متدين	55	4.8	مخيم	42	3.7
لا إجابة	8	0.7	لا إجابة	3	0.3
المجموع	115	100	**المجموع**	1150	100
نوع الكلية	-	-	**تعليم الأم**	-	-
علمية	478	41.5	أقل من ثانوي	505	43.9
إنسانية	673	58.5	دبلوم	331	28.8
المجموع	1150	100	بكالوريوس	273	23.7
دخل الأسرة	-	-	دراسات عليا	36	3.1
أقل من 300	236	20.5	لا إجابة	5	0.4
450-301	299	26	**المجموع**	1150	100
600 -451	186	16.2	**تعليم الأب**	-	-
750-601	113	9.8	أقل من ثانوي	367	31.9
751 فما فوق	272	23.7	دبلوم	237	20.6
لا إجابة	44	3.8	بكالوريوس	397	34.5
المجموع	1150	100	دراسات عليا	144	12.5
العمل مع الدراسة	-	-	لا إجابة	5	0.4
نعم	177	15.4	**المجموع**	1150	100
لا	969	84.3	-	-	-
لا إجابة	4	0.3	-	-	-
المجموع	1150	100	-	-	-

*(ت) تكرار الاجابات

2-6 العضوية بالفعاليات التطوعية والسياسية:

يشير الجدول رقم (3) إلى توزيع أفراد العينة حسب عضويتهم بالفعاليات التطوعية والسياسية،حيث إن النسبة الأكبر من أفراد العينة ليسوا أعضاء في أي من الفعاليات, سواء أكانت مجالس طلبة أم نواد طلابية، وسواء أكانت فعاليات اجتماعية أم علمية أم دينية أم رياضية، وأن كان الانتساب للنوادي الرياضية الأعلى نسبة إذ بلغت 21.8% من أفراد العينة، تلاها الانتساب إلى جمعية عائلية ونسبتهم 10.5% و10.3% من أفراد العينة ينتسبون إلى النوادي الطلابية وأن الأعضاء في جمعيات خيرية هم 7.6% يليهم الأعضاء في جمعية دينية، أما بقية الفعاليات بين الجدول أدناه، أن نسبة الانتساب إليها منخفضة جدا. كما بين الجدول أن العضوية في الفعاليات ذات السياسية منخفضة جدا، إذ إن نسبة الأعضاء في مجالس الشباب المحلية 3.8% وهي الأعلى، يليهم الذين لديهم عضوية في منظمات السلام وحقوق الإنسان ونسبتهم 2.7%، يليهم الأعضاء في مجلس الطلبة وبلغت نسبتهم 1.9%، أما نسبة الأعضاء في الأحزاب السياسية فقد بلغت 1.7%. ونسبة الأعضاء في منظمات العون 1.7%. النتيجة التي تتبين من خلال البيانات الواردة في الجدول رقم (3) إن مشاركة الشباب الجامعي من خلال العضوية في الفعاليات التطوعية والسياسية متدنية، ويبدو من خلال النتائج الواردة من خلال البيانات إن اهتمام الشباب الأعلى كان للرياضة، الأمر الذي يعكس الاهتمام الذي تبديه المؤسسات المختلفة للرياضة، من خلال توفير النوادي والملاعب وغيرها من الإمكانات التي تدعم مشاركة الشباب في الرياضة، الأمر الذي لا يتوفر لغيرها من الفعاليات، التي من ضمنها المشاركة في العمل التطوعي والمشاركة السياسية.

النتيجة التي تبينها البيانات إن المشاركة بشكل عام متدنية في كلا المجالين, والأكثر تدنيا العضوية في المؤسسات ذات البعد السياسي، وهذا يعكس واقع مؤسف لمشاركة الشباب الجامعي في كلا المجالين، وقد يعود ذلك إلى عدد من الأسباب، فعدم توفر المعلومات حل هذه المؤسسات إحدى، أو لوجود اهتمامات أخرى لدى الشباب الجامعي،

وغيرها من الأسباب التي تحد من إسهام الشباب ومشاركتهم، وهذا ما حاولت هذه الدراسة البحث فيه للتعرف على المعوقات التي قد تحد من المشاركة لدى الشباب وحصر أهمها، حيث سيتم عرضها لاحقا عند تناول معوقات المشاركة في العمل التطوعي والمشاركة السياسية.

جدول 3. توزيع أفراد العينة حسب عضويتهم بالفعاليات التطوعية والسياسية

الفعالية	لا		نعم		المجموع	%
	ت	%	ت	%		
مجلس الطلبة	1128	98.1	22	1.9	1150	100
نادي طلابي	1031	89.7	119	10.3	1150	100
جائزة الأمير حسن للشباب	1122	97.6	28	2.4	1150	100
هيئة اجتماعية	1099	95.6	51	4.4	1150	100
جمعية عائلية	1029	89.5	121	10.5	1150	100
رابطة طلابية	1073	93.3	77	6.7	1150	100
جمعية خيرية	1063	92.4	87	7.6	1150	100
جمعية علمية	1106	96.2	44	3.8	1150	100
جمعية دينية	1068	92.9	82	7.1	1150	100
لجان عمل اجتماعي	1090	94.8	60	5.2	1150	100
ناد رياضي	898	78.2	251	21.8	1150	100
منظمات السلام وحقوق الإنسان	1119	97.3	31	2.7	1150	100
مجالس الشباب المحلية	1106	96.2	44	3.8	1150	100
برلمان الشباب	1130	98.3	20	1.7	1150	100
حزب سياسي	1131	98.3	19	1.7	1150	100
منظمات العون	1124	97.7	26	2.3	1150	100
جمعية تعاونية	1112	96.7	38	3.3	1150	100

3-6 المشاركة في أنشطة الفعاليات التطوعية:

يلاحظ من خلال الجدول رقم (4) إن اتجاهات إجابة عينة الدراسة نحو المشاركة في الفعاليات التطوعية المختلفة سلبية، وأن درجة المشاركة متدنية جدا لدى أفراد العينة، حيث جاءت إجابات أفراد العينة كما يلي:

إن الاهتمام بأماكن العبادة كان الأعلى في نسبة المشاركة، حيث بلغت نسبة من يشاركون فيه دائما 18.5% مقابل 43.5% لم يشاركوا فيه أبدا، وتشير البيانات إلى وجود ارتفاع نسبي في درجة المشاركة بالنشاط الإرشادي للزملاء الطلبة، حيث بلغت نسبة من يشاركون دائما 9.3% يقابلهم 56.3% لم يسبق لهم المشاركة أبدا،كما تبيّن أن 7.9% يشاركون دائما في الأنشطة الطلابية في الجامعة، يقابلهم 62.0% لم يشاركوا أبدا, وبلغت نسبة من يشاركون دائما بحضور ندوات تقيمها جمعيات خيرية 0.6% ونسبة من لم يشاركوا أبدا 46.3%، وتعود نسب المشاركة للانخفاض عند تعلق الأمر بالحضور الدائم لاحتفال لصالح أعمال جمعية خيرية لتصل إلى 5.7% تقابلها نسبة من لم يسبق لهم المشاركة أبدا 48.4%، كما تشير البيانات إلى أن 5.7% شاركوا دائما بعمل تطوعي في الحي الذي يسكنون فيه، ويقابلهم 65.5% لم يسبق لهم المشاركة أبدا، إن 4.8% قدموا دائما مساهمة في بازار خيري بينما 62.2% لم يسبق لهم تقديم مساهمة أبدا. ورغم أن نسبة المشاركين بحملات العناية في البيئة بشكل دائم قد بلغت 4.7%، إلا أن ما نسبته 67.4% من العينة لم يشارك بأي حملة للعناية في البيئة وأن 3.4% من أفراد العينة سبق وأن شاركوا دائما في حملة جمع تبرعات لفئات محتاجة، وأن 60.3% لم تسبق لهم المشاركة أبدا،وتبيّن كذلك من خلال البيانات الواردة في الجدول إن 4.2% سبق لهم المشاركة دائما في أنشطة صحية في حين أن 0.71% لم يسبق لهم المشاركة أبدا، وكذلك الحال للمشاركة بحملة قطاف الثمار (الزيتون) كانت نسبة من شارك فيها دائما 3.3% في حين إن 80.3% لم يسبق لهم المشاركة أبدا، وأن 1.9% سبق لهم المشاركة في حملة نوعية مرورية في حين إن 81.5% لم يسبق لهم

المشاركة أبدا. أما فيما يتعلق بحملات النظافة في المدن فإن البيانات تظهر إن 1.9% سبق وأن شاركوا بها وأن 77.7% لم يسبق لهم المشاركة أبدا.

إن البيانات تعطي مؤشرات على إن المشاركة في أنشطة العمل التطوعي متدنية حتى قبل التحاق الطلبة بالجامعة كون غالبية الطلبة لم يشاركوا أبدا بأي من الفعاليات الواردة أدناه في الجدول رقم (4) بأي فترة من حياتهم, وقد يعكس ذلك واقع ان هناك افتقار لثقافة التطوع في المجتمع بشكل عام، ولدى الشباب الجامعي بشكل خاص, كون ان النتيجة التي تظهرها اتجاهات الإجابة لدى عينة الدراسة، بالنسبة للفقرات المتعلقة بالفعاليات التي يشارك بها الطلبة في مجال العمل التطوعي، تتجه نحو السلبية كون متوسطاتها الحسابية جميعها أقل من متوسط أداه القياس (2.5). هذه النتيجة في ضعف اقبال الشباب على المشاركة في العمل التطوعي بشكل عام، تلتقي مع دراسة شتيوي وآخرون التي كانت إحدى نتائجها، ان هناك عدم إقبال من الشباب من عمر 35 سنة فما دون على العمل التطوعي.

جدول 4. التوزيع النسبي والمتوسطات الحسابية والانحرافات المعيارية للعينة حسب مشاركتهم بالفعاليات التطوعية

نوع المشاركة	دائما %	أحيانا %	نادرا %	أبدا %	المجموع %	الوسط الحسابي	الانحراف المعياري
المشاركة في حملة جمع تبرعات لفئات محتاجة	4.3	17.2	19.1	60.3	100	1.6374	0.88297
قدمت مساهمة في بازار خيري	4.8	16.7	16.3	62.2	100	1.06409	0.92291
المشاركة بحملة للعناية في البيئة	4.7	10.7	17.2	67.4	100	1.5270	0.86347
المشاركة بأي نشاط صحي	4.2	10.2	14.7	71.0	100	1.4757	0.83901
المشاركة بحملة لقطاف الثمار(الزيتون)	3.3	5.1	11.2	80.3	100	1.3139	0.71881
المشاركة بحملة توعية مرورية	1.9	4.6	12.0	81.5	100	1.2696	0.63577
المشاركة بحملات النظافة في المدن	1.9	7.7	12.7	77.7	100	1.3391	0.70293
المشاركة بأي عمل تطوعي في الحي الذي تسكن به	5.7	12.9	15.9	65.5	100	1.5887	0.91902
المشاركة بأي نشاط إرشادي لزملائك الطلبة	9.3	17.0	17.5	56.3	100	1.7930	1.03075
المشاركة في الأنشطة الطلابية في الجامعة	7.9	13.9	16.2	62.0	100	1.6774	0.98611
الاهتمام بأماكن العبادة	18.5	21.8	16.2	43.5	100	2.1539	1.17107
حضور احتفال لصالح أعمال خيرية	5.7	22.3	23.6	48.4	100	1.8530	0.95693
حضور ندوة أقامتها جمعية خيرية	6.0	23.2	24.4	46.3	100	1.8887	0.9128

4-6 تأثير الأسرة على دور الشباب في المشاركة بالعمل التطوعي:

يظهر الجدول رقم (5) أن النسبة الأعلى من الذين تشجعهم أسرهم على المشاركة في الأعمال التطوعية بصورة دائمة بلغت 18.1%، في حين بلغت نسبة من لم تشجعهم أسرهم أبدا هي 68.1%، يليهم نسبة الذين تشجعهم أسرهم على المشاركة في الحملات التطوعية، وقد بلغت 15.9%، بينما 29.7% لم تشجعهم أسرهم أبدا ,وأن نسبة الذين تناقش أسرهم قضايا تتعلق بالعمل التطوعي هي 12.7%، في حين أن الذين لا تناقش أسرهم أبدا هذا الموضوع 30.8%، وبلغت نسبة من تشجعهم أسرهم دائما على الانتساب للمؤسسات التطوعية 11.8%، في حين بلغت نسبة الذين لم تشجعهم أسرهم أبدا على ذلك 34.9%، أما فيما يتعلق بالذين يحذرهم الأهل دائما من المشاركة في النشاطات التطوعية بلغت نسبتهم 4.8% في حين أن 66.2% لم تحذرهم أسرهم أبدا.

النتيجة التي تظهرها البيانات إن اتجاهات الإجابة لدى عينة الدراسة على الفقرات المتعلقة بتأثير الأسرة على المشاركة في العمل التطوعي تتجه نحو السلبية، كون متوسطاتها الحسابية جميعها أقل من متوسط أداه القياس (2.5) أي أن تأثير الأسرة على الشباب الجامعي ضعيف، إذ تبين أن الأسرة لا تقوم بدورها في توجيه أبنائها للمشاركة في العمل التطوعي، وبنفس الوقت تشير البيانات إلى أن غالبية الشباب الجامعي لا تحذرهم الأسرة من المشاركة بأي نشاط تطوعي، وقد تدل هذه النتيجة على أن الآسرة قد لا تتوفر لديها معلومات حول العمل التطوعي وأهميته للمجتمع، وبالتالي ليس لديها ما توجه الأبناء نحوه، وقد لا يكون موضوع العمل التطوعي والمشاركة فيه، من ضمن المواضيع المهمة لديها، لوجود مواضيع وقضايا أكثر أهمية بالنسبة للأسرة والأبناء.

جدول 5. تأثير الأسرة على دور الشباب في المشاركة بالعمل التطوعي

الانحراف المعياري	الوسط الحسابي	المجموع %	أبدا %	نادرا %	أحيانا %	دائما %	الفقرة
1.07586	2.3696	100	68.1	25.0	28.9	18.1	هـل تشجعـك أسرتـك عـلى المشاركة في الأعمال التطوعية
1.02363	2.2304	100	30.8	28.1	28.4	12.7	هـل تناقش أسرتـك قضايا تتعلق بالعمل التطوعي
1.06083	2.3078	100	29.7	25.8	28.6	15.9	هـل تشجعك الأسرة عـلى المشاركة في الحمـلات التطوعية
1.02724	2.1400	100	34.9	28.1	25.2	11.8	هـل تشجعك الأسرة عـلى الانتسـاب للمؤسسـات التطوعية
0.86110	1.5365	100	66.2	18.5	10.3	4.8	هـل يحـذرك الأهـل مـن المشـاركة في النشـاطات التطوعي

6-5 تأثير الأصدقاء على دور الشباب في المشاركة بالعمل التطوعي:

يوضح الجدول رقم (6) أن النسبة الأعلى كانت لمن يشجعهم أصدقاؤهم على ضرورة المشاركة وقد بلغت 19.5%، وان

نسبة من لم يشجعهم الأصدقاء على ضرورة المشاركة 29.5%، يليهم الـذين يشجعهم الأصدقاء عـلى الانتسـاب لأي جمعيـة أو

هيئة تطوعية دائما وبلغت نسبتهم 13.7%، في حين بلغت نسبة مـن لم يشجعهم الأصدقاء أبدا 34.3%، يليهم نسبة الـذين

يتناقشون دائما مع الأصدقاء حول العمل التطوعي في المجتمع، وبلغت 11.1%، في حين أن 35.9% لم يتناقشوا أبدا مع الأصدقاء

حول الموضوع، كما أظهرت البيانات أن من يتحدثون مع الأصدقاء دائما عـن أهميـة أو عـدم أهميـة العمـل التطوعي بلغت

نسبتهم 11.9%، وأن من لم يتحدثوا أبدا حول هذا الموضوع 31.9 % من أفراد العينـة، والنسبـة الأقـل وهـي 9.8% كانت لمـن

يشجعهم الأصدقاء دائما على المشاركة في الأعمال التطوعية في حين أن 33.5% لم يشجعهم الأصدقاء على ذلك أبداً.

النتيجة التي تظهرها البيانات إن اتجاهات الإجابة لدى عينة الدراسة على الفقرات المتعلقة بتأثير الأصدقاء على المشاركة في العمل التطوعي تتجه نحو السلبية كون متوسطاتها الحسابية جميعها أقل من متوسط أداة القياس (2.5). أي أن تأثير الأصدقاء على المشاركة في العمل التطوعي هو تأثير منخفض، وان الاهتمام بهذا الموضوع لدى الشباب الجامعي والأصدقاء ضعيف، ولم يكن من ضمن حديث واهتمام نسبة كبيرة منهم, وقد يكون ذلك بسبب عدم توفر المعلومات حوله، أو لوجود مواضيع يعتبرها الشباب أكثر أهمية من العمل التطوعي والمشاركة فيه، وربما لوجود أسباب أخرى يجب البحث عنها, لذلك ترى الباحثة أن الموضوع بحاجة إلى المزيد من البحث والدراسة حول هذا الموضوع ,لمعرفة سبب التأثير المحدود للأصدقاء على العمل التطوعي والمشاركة فيه.

جدول 6. تأثير الأصدقاء على دور الشباب في المشاركة بالعمل التطوعي

الانحراف المعياري	الوسط الحسابي	المجموع %	أبدا %	نادرا %	أحيانا %	دائما %	الفقرة
1.00445	2.1713	100	33.5	25.7	31.0	9.8	هل يشجعك الأصدقاء على المشاركة في الأعمال التطوعية
1.10380	2.3913	100	29.5	21.4	29.7	19.5	هل يشجعك أصدقاؤك على ضرورة المشاركة بالعمل التطوعي
1.05580	2.1870	100	34.3	26.3	25.6	13.7	هل يشجعك الأصدقاء على الانتساب لأي جمعية أو هيئة تطوعية
1.01438	2.0965	100	35.9	29.7	23.3	11.1	هل تتناقش مع الأصدقاء حول العمل التطوعي في المجتمع
1.01673	2.1939	100	31.9	28.7	27.5	11.9	هل تتحدث مع الأصدقاء حول أهمية أو عدم أهمية العمل التطوعي

6-6 نظرة الشباب إلى العمل التطوعي:

يشير الجدول رقم (7) إلى آراء العينة حول نظرتهم إلى العمل التطوعي، حيث يعتقد 88.8% أن العمل التطوعي يساهم في التخفيف من المعاناة الإنسانية وهي النسبة الأعلى، يليها 87% من أفراد العينة يعتقدون أن المشاركة في العمل التطوعي تعبر عن الإحساس بالمسؤولية, وبلغت نسبة من يعدّون التطوع واجب وطني 83.9% من أفراد العينة، واعتقد 82.7% من أفراد العينة أن المشاركة في العمل التطوعي تعبر عن الإحساس بالانتماء للوطن، أما النسبة الأقل فقد كانت 65.2% للذين يرون أن العمل التطوعي يؤثر على مسيرة التنمية.

فالنتيجة التي تشير إليها البيانات أن نظرة الشباب الجامعي للعمل التطوعي هي نظرة ايجابية، وتشير إلى وجود وعي باهمية للمجتمع. وهذه النتيجة تأتي متناقضة مع المستوى المتدني من المشاركة للشباب الجامعي في العمل التطوعي، سواء من حيث العضوية أو المشاركة في الأنشطة التطوعية المختلفة، وهذا يدل على وجود أسباب تؤثر على مشاركة الشباب في العمل التطوعي، توجب القيام بالمزيد من البحث فيها. هذه النتائج أتت مخالفة لبعض نتائج دراسة العامري التي وجدت أن من أسباب عدم المشاركة بالقطاعات التطوعية هو، عدم إدراك و معرفة الدور الذي تقوم به.

جدول 7. توزيع أفراد العينة حسب نظرتهم إلى العمل التطوعي

الفقرة	لا		نعم		المجموع	%
	ت	%	ت	%		
هل تعدّ التطوع لمساعدة الآخرين واجب وطني	185	16.1	965	83.9	1150	100
هل تعدّ المشاركة تعبر عن إحساس بالمسؤولية نحو المجتمع	150	13	1000	87	1150	100
هل تعتقد أن المشاركة تعبر عن الإحساس بالانتماء أكثر للوطن	199	17.3	951	82.7	1150	100
هل تعتقد أن العمل التطوعي يساهم في التخفيف من المعاناة الإنسانية	129	11.2	1021	88.8	1150	100
هل تعتقد أن العمل التطوعي يساهم بدعم مسيرة التنمية	400	34.8	750	65.2	1150	100

7-6 معوقات مشاركة الشباب في العمل التطوعي:

يشير الجدول رقم (8) إلى آراء العينة حول المعوقات التي تحد من مشاركتهم بالأعمال التطوعية المختلفة، حيث تبيّن أن النسبة الأعلى كانت بسبب الانشغال بالدراسة وبلغت72.1%، يليها الاهتمام بأمور الحياة الشخصية وكانت لدى 70.6% من أفراد العينة, يليهم الذين لا يجدون الوقت للتطوع وكانوا 69% من أفراد العينة، يليهم الذين لا يعرفون أماكن التطوع ونسبتهم 65.8%، يليهم الذين لا تتوافر لديهم المعرفة بكيفية المشاركة في التطوع ونسبتهم65.7%، وأن فقدان المصداقية في العمل التطوعي كان لدى 56.6% من أفراد العينة، ويرى 53.1% من أفراد العينة أن فرص تأثير الشباب ضعيفة في العمل التطوعي، وأن 52.8% غير مقتنعين بالأسلوب الذي يتم به العمل التطوعي، وكانت نسبة الذين لا يشاركون بالأعمال التطوعية بسبب عدم وجود حوافز للتطوع 51.7% يليهم ما نسبته 40.1% يرون أن

الأوضاع المالية تحول دون المشاركة في العمل التطوعي. كذلك تتأثر المشاركة بعدم وجود قدوة أو مثل أعلى، حيث بلغت نسبتة الذين يتأثرون بذلك39.1% وأن ما نسبته 37.4% لا يشاركون بالأعمال التطوعية خشية المحاسبة والمسائلة وكذلك إن ما نسبة 35.3% من أفراد العينة يعتقدون بأنهم ليسوا مؤهلين وتنقصهم الخبرة للمشاركة بالأعمال التطوعية، وأن عدم توافر الرغبة في المشاركة في العمل التطوعي كانت لدى 31.4% من أفراد العينة، كذلك تبيّن بأن 25.7% من أفراد العينة يرون أن الوقت مبكر على المشاركة بأي عمل تطوعي وأن نسبة 25.1% يعتقدون بأنه ليس لمشاركتهم وزن. وكذلك تبيّن أن نسبة 25% من أفراد العينة لا يرون أهمية للمشاركة بالأعمال التطوعية، وأخيرا كانت نسبة من يرون أن هناك تأثيرا سلبي للعمل التطوعي على المستقبل الوظيفي 23.2%.

النتيجة التي تشير إليها البيانات أن هناك العديد من الأسباب الهامة التي تؤثر على مشاركة الشباب الجامعي في العمل التطوعي رغم قناعتهم باهميته، الأمر الذي يستدعي البحث في هذه الأسباب، والتحرك للحد أو التخفيف من تأثيرها على المشاركة السلبية للشباب الجامعي في العمل التطوعي، وكذلك يتوجب على جهات عديدة للتحرك كل ضمن أعمالها ومسؤلياتها لمعالجة المعوقات التي تحد من العمل التطوعي وتساهم في تفعيل مشاركة الشباب فيه.

بعض هذه النتائج تلتقي مع دراسة شتيوي وآخرون، التي وجدت أن من بين الأسباب التي تحد من الإقبال على التطوع ضعف الحوافز المجتمعية للمتطوعين، وكذلك دراسة مركز الأردن الجديد، التي أظهرت أن قلة وعي الشباب بأهمية المشاركة في الحياة العامة، والاهتمام بالمشكلات الحياتية يقلل من المشاركة في العمل التطوعي، إضافة إلى القوانين التي تعيق المشاركة، وقلة الحرية المتاحة أمام الشباب، وعدم الاهتمام برأي الشباب، كل ذلك يعتبر من المحددات للمشاركة أمام الشباب الجامعي. كما واتفقت بعض من هذه النتائج مع دراسة روسنتل وآخرون، Rosentthl,S et al. التي وجدت أن التطوع يرتبط بمستوى المعلومات المتوفرة لدى الشباب حول العمل التطوعي ومجالاته. وكذلك دراسة نيلسون Nelson التي وجدت في إحدى نتائجها، بان قلة المعلومات حول فرص التطوع وكيفية

المشاركة فيها، من الأسباب المهمة لعدم المشاركة. كما اتفقت كذلك مع دراسة جاكيولاين Jacqueline التي وجدت أن عدم المشاركة في العمل التطوعي تأتي من كون الأفراد، يعتقدون بأنه لا أهمية لما يقومون به، وان أكثر من نصف أفراد العينة يرون بأنهم لا يستطيعون تغير أوضاع مجتمعاتهم، وبالتالي فليس لمشاركتهم أهمية أو تأثير.

جدول 8. توزيع أفراد العينة حسب معوقات المشاركة في العمل التطوعي

الفقرة	نعم		لا		المجموع	%
	ت	%	ت	%		
الانشغال بالدراسة	829	72.1	321	27.9	1150	100
الاهتمام بأمور الحياة الشخصية	812	70.6	338	29.4	1150	100
عدم وجود قدوة أو مثل أعلى	450	39.1	700	60.9	1150	100
لا ترى أهمية للمشاركة	287	25	863	75	1150	100
تعتقد بأنه ليس لمشاركتك وزن أو قيمة	289	25.1	861	74.9	1150	100
عدم توافر وقت للتطوع	793	69	357	31	1150	100
عدم معرفتك بمكان التطوع	757	65.8	393	34.2	1150	100
عدم توافر معلومات حول العمل التطوعي	756	65.7	394	34.3	1150	100
تعتقد أنك لست مؤهلا وتنقصك الخبرة	406	35.3	744	64.7	1150	100
عدم وجود حوافز للتطوع	594	51.7	556	48.3	1150	100
تخشى المحاسبة والمسائلة	430	37.4	720	62.6	1150	100
تعتقد أن فرص تأثير الشباب ضعيفة	611	53.1	539	46.9	1150	100
تعتقد أن الوقت مبكر على المشاركة بأي عمل تطوعي	295	25.7	855	74.3	1150	100
أوضاعك المادية تحول دون المشاركة	461	40.1	689	59.9	1150	100
لست مقتنعا بالأسلوب الذي تهتم به	607	52.8	543	47.2	1150	100
لا تتوافر لديك الرغبة في المشاركة	361	31.4	789	68.6	1150	100
تفتقد المصداقية بالعمل التطوعي	651	56.6	499	43.4	1150	100
تعتقد أن المشاركة تؤثر سلبيا على المستقبل الوظيفي	267	23.2	883	76.8	1150	100

8-6 التوجهات المستقبلية نحو المشاركة في العمل التطوعي:

يبين الجدول رقم (9) توزيع أفراد العينة حسب توجهاتهم المستقبلية للمشاركة في العمل التطوعي وتشير البيانات إلى أن النسبة الأعلى، وقد بلغت 60.9% لديهم النية في المستقبل لتسجيل أسماءهم كمتطوعين, يليهم وكما تشير البيانات 60.6% لديهم النية في المستقبل للقيام بأي نشاط تطوعي في مدينتهم، كذلك تشير البيانات إلى أن نسبة الذين لديهم النية للانتساب لجمعية أو هيئة تطوعية 57.3%، كما تشير البيانات إلى أن 56.4% لديهم النية في المستقبل للمشاركة بأي عمل تطوعي وأخيرا تظهر البيانات أن 45.6% لديهم النية للتطوع لدى أي جهة تحتاج جهود المتطوعين.

النتيجة التي تظهرها البيانات في النهاية أن التوجهات المستقبلية نحو المشاركة في العمل التطوعي ايجابية وان هناك نية للمشاركة في المستقبل، ولعل هذا مؤشر على وجود التفاؤل والتصميم لدى الشباب في التغلب على المعوقات التي تحد من مشاركتهم في العمل التطوعي، أو لوجود التفاؤل بتغير الظروف التي تحد من مشاركتم. وقد أتت بعض نتائج دراسة برامفيرا Primavera متفقة مع بعض نتائج هذه الدراسة، في أن المتطوعين ابدوا التزاما أقوى نحو المشاركة في المستقبل في بعض مجالات العمل التطوعي.

جدول 9. توزيع أفراد العينة حسب توجهاتهم المستقبلية نحو العمل التطوعي

الفقرة	نعم		لا		المجموع	%
	ت	%	ت	%		
هل لديك النية في المستقبل لتسجيل أسمك كمتطوع	700	60.9	450	39.1	1150	100
هل لديك النية في المستقبل للمشاركة بأي نشاط تطوعي في الجامعة	649	56.4	501	43.6	1150	100
هل لديك النية في المستقبل للمشاركة بأي نشاط تطوعي في مدينتك	697	60.6	453	39.4	1150	100
هل لديك النية للتطوع لدى أي جهة تحتاج لجهود المتطوعين	524	45.6	626	54.4	1150	100
هل لديك النية للانتساب لجمعية أو هيئة تطوعية	659	57.3	491	42.7	1150	100

9-6 مشاركة الشباب في أنشطة الفعاليات السياسية:

تبيّن من خلال الجدول رقم (10) تدني مستوى المشاركة من خلال الفعاليات المختلفة، حيث إن نسبة المشاركة السياسية من خلال الفعاليات المختلفة أتت كالتالي: فيما يتعلق بالمشاركة في الانتخابات الطلابية من خلال التصويت كانت نسبة المشاركين دائما 29.4%، في حين قابلها 37% من أفراد العينة لم يسبق لهم أبدا المشاركة، وفيما يتعلق بحضور المحاضرات والندوات السياسية, كانت نسبة من يحضرون دائما 10.3%، في حين أن نسبة الذين لم يشاركوا أبدا 45.6%، أما فيما يتعلق بالاهتمام بمتابعة الأحداث السياسية، فقد كان 22.6% من أفراد العينة مهتمون دائما بالمتابعة، بينما لم يهتم أبدا 27.3%، وكذلك الأمر فيما يتعلق بمتابعة البرامج السياسية، فإن 14.5% فقط يتابعون دائما تلك البرامج، يقابلهم 29.7% لم يتابعوا أبدا، والمشاركون في مسيرة تأييد للتعبير عن موقف معين دائما كانت نسبتهم 10.9% بينما لم يشارك أبدا 46.3% وبلغت نسبة من يشاركون دائما في مظاهرات احتجاج 7.9%، ونسبة من لم يشاركوا أبدا 57.3% ,ونسبة من يتصلون مع جريدة أو مجلة للتعليق على موضوع أو قضية كانت نسبتهم 4.3%، في حين أن 73.9% لم يسبق لهم أبدا الاتصال بأي منها، وتتدنى النسبة كذلك لمن سبق لهم كتابة عريضة رسمية لتصل إلى 3.9%، بينما الذين لم يسبق لهم الكتابة 76.6%,أما المشاركون كمتطوعين بحملة انتخابية فقد بلغت نسبتهم 10.3%، والذين لم يشاركوا أبدا 57.6%، والذين يتابعون جلسات البرلمان دائما شكلوا 5.4% من العينة، فيما 62.5% لم يتابعوا أبدا تلك الجلسات، أما فيما يتعلق بقراءة البيانات الانتخابية فقد كان 12.1% من الذين يقرءون دائما تلك البيانات، يقابلهم 47.1% لم يسبق لهم أبدا قراءة بيان انتخابي، وأخيرا فيما يتعلق بالتحدث مع الآخرين حول أهمية أو عدم أهمية التصويت في الانتخابات، فقد ارتفعت نسبتهم قليلا لتصل إلى 19.8% في حين بلغت نسبة من لم يتحدث أبدا عن هذا الموضوع 29.7% من أفراد العينة.

وأخيرا فالنتيجة التي تظهرها البيانات, إن اتجاهات الإجابة لدى عينة الدراسة على الفقرات المتعلقة بالمشاركة في الفعاليات السياسية جميعها, تتجه نحو السلبية ,كون متوسطاتها الحسابية جميعها أقل من متوسط أداه القياس (2.5).أي انه ليس لدى الشباب الجامعي أدنى اهتمام بالمشاركة السياسية بكافة مستوياتها، وقد يعود السبب في ذلك، إلى الخوف الموجود لديهم من العضوية والانتساب لأي منها، وتواجد الشك وعدم الثقة والأمان بسبب المشاركة السياسية، وذلك بسبب ما يحمله الماضي من قصص العقوبات المختلفة التي كانت تقع على الأفراد الناشطين سياسيا بشكل عام، والأعضاء في الأحزاب بشكل خاص، فالشك لا يزال موجودا رغم التغيرات التي تحدث الآن بخصوص النظرة إلى الشباب، وضرورة إشراكهم في صنع القرار السياسي.

هذه النتائج لم تأتي متفقة مع دراسة مجموعة أعضاء الهيئة التدريسية بقسم الاجتماع جامعة الإسكندرية، والتي وجدت أن الشباب المصري لديه اهتمام كبير بمتابعة القضايا السياسية والعامة، بينما خرجت هذه الدراسة بنتيجة أن الشباب الجامعي لديه اهتمام ضعيف ضعيف في المشاركة. كما أتت هذه النتائج متفقة مع تقرير التنمية الإنسانية العربية (2002)، والذي جاء فيه أن قضية المشاركة السياسية بالنسبة للشباب كان نصيبها 5% من اهتمامات الشباب مقارنة مع أمور الحياة الأخرى.

جدول 10 التوزيع النسبي والمتوسطات الحسابية والانحرافات المعيارية للعينة حسب مشاركتهم بالفعاليات السياسية

الانحراف المعياري	الوسط الحسابي	أبدا" %	نادرا %	أحيانا %	دائما %	الفقرة
1.25478	2.4252	37.0	12.8	20.8	29.4	المشاركة بالانتخابات من خلال التصويت
1.04461	1.9678	45.9	21.7	22.2	10.3	حضور المحاضرات والندوات السياسية
1.1696	2.4583	27.3	22.2	27.9	22.6	الاهتمام بمتابعة الأحداث السياسية
1.03770	2.2600	29.7	29.2	26.7	14.5	متابعة البرامج السياسية
1.02950	1.9209	46.3	26.1	16.7	10.9	المشاركة في مسيرة تأييد للتعبير عن موقف معين
0.97092	1.7174	57.3	21.6	13.2	7.9	المشاركة في مظاهرة احتجاج
0.78129	1.4061	74.0	15.2	7.0	3.8	الاتصال مع أي مسؤول في الحكومة للتعبير عن رأيك
0.80233	1.4174	73.9	14.8	7.0	4.3	الاتصال مع جريدة أو مجلة للتعليق على موضوع أو قضية
0.77505	1.3774	76.6	13.0	6.5	3.9	كتابة عريضة رسمية
1.03282	1.7635	57.6	18.9	13.2	10.3	المشاركة متطوعا بحملة انتخابية
0.88499	1.5913	62.5	21.2	10.9	5.4	متابعة جلسات البرلمان
1.05957	1.9409	47.1	23.7	17.0	12.1	قراءة البيانات الانتخابية
1.10735	2.3800	29.7	22.5	28.0	19.8	التحدث مع الآخرين عن أهمية أو عدم أهمية التصويت في الانتخابات

10-6 تأثير الأسرة على دور الشباب في المشاركة السياسية:

يظهر الجدول رقم (11) تأثير الأسرة على دور الشباب في المشاركة السياسية، حيث تظهر البيانات أن من يتناقش مع أسرته حول القضايا السياسية دائما بلغت 18.2%، في حين بلغت نسبة من لم يتناقش أبدا مع أسرته 30.0%، أما فيما يتعلق بتشجيع الأسرة على المشاركة بالمناقشات السياسية داخل المنزل، فقد بلغت نسبة من يشجعون أبناءهم 19.6%، في حين أن 33.7%، لم تشجعهم أسرهم أبدا على ذلك، أما فيما يتعلق بتشجيع الأسرة لأبنائها دائما فقد بلغت النسبة 11.4%، في حين بلغت نسبة من لم يشجعوا أبناءهم أبدا على ذلك 45.4%، وقد بلغت نسبة من تشجعهم أسرهم على الانتساب للأحزاب السياسية 4.8%،في حين ارتفعت نسبة من لم يشجعوا أبناءهم أبدا على ذلك وبلغت 72.0%، وتظهر البيانات كذلك أن 28.5% تحذرهم أسرهم دائما من المشاركة في النشاطات السياسية في حين أن 36.8% لم تحذرهم أسرهم أبدا من ذلك.

النتيجة التي تشير إليها هذه البيانات أن تأثير الأسرة على على الأبناء فيما يتعلق بالمشاركة السياسية تأثير ضعيف وأن المواضيع والقضايا السياسية على ما يبدو غير مرغوبة في المناقشات الأسرية، ربما لوجود مواضيع أكثر أهمية لدى الأسرة لمناقشتها، هذا من ناحية، ومن ناحية أخرى قد يكون لخوف الأسرة على أبناءها من الدخول في المناقشات السياسية خارج نطاق الأسرة، وما قد يحمله ذلك من مخاطر على مستقبلهم من جوانبه المختلفة، وخصوصا إن خبرة الآباء بهذا المجال تنقل إلى الأبناء، لذلك فان الأسرة على ما يبدو تحاول إقصاء موضوع المشاركة السياسية عن الجو الأسري.

النتيجة التي خرجت بها هذه الدراسة لم تتفق مع دراسة العامري، التي وجدت أن أقل من نصف أفراد العينة تحذرهم أسرهم من المشاركة السياسية، بينما النسبة الغالبة في هذه الدراسة لم تحذرهم أسرهم ابدأ من المشاركة في النشاطات السياسية، إلا أن الدراسة تتفق

مع دراسة العامري في عدم تشجيع الأسرة على المشاركة من خلال الانتخابات وكذلك عدم تشجيع الأسرة على الانضمام إلى الأحزاب السياسية.

وأخيراً فالنتيجة التي تظهرها البيانات إن اتجاهات الإجابة لدى عينة الدراسة على الفقرات المتعلقة بتأثير الأسرة على المشاركة السياسية تتجه نحو السلبية كون متوسطاتها الحسابية جميعها أقل من متوسط أداه القياس (2.5).

جدول 11. توزيع أفراد العينة حسب تأثير الأسرة على المشاركة السياسية

الفقرة	دائما %	أحيانا %	نادرا %	أبدا %	المجموع %	الوسط الحسابي	الانحراف المعياري
هل تتناقش وأسرتك حول القضايا السياسية	18.7	25.2	26.1	30.0	100	2.3261	1.09303
هل تشجع أسرتك مشاركتك بالمناقشات السياسية	19.6	21.7	25.0	33.7	100	2.2722	1.12407
هل تشجعك أسرتك على المشاركة في الحملات الانتخابية	11.4	17.0	26.3	45.4	100	1.9435	1.03772
هل تشجعك الأسرة على الانتساب للأحزاب	4.8	7.4	15.9	72.0	100	1.4487	0.82523
هل تحذرك أسرتك من المشاركة في النشاطات السياسية	28.5	16.7	18.0	36.8	100	2.3696	1.24113

11-6 تأثير الأصدقاء على دور الشباب في المشاركة السياسية:

يظهر الجدول رقم (12) توزيع إجابات أفراد العينة حول تأثير الأصدقاء على المشاركة السياسية، حيث تشير البيانات إلى أن 3.18% من أفراد العينة يشجعهم الأصدقاء دائما على المشاركة بالفعاليات السياسية في حين أن 9.34% لم يشجعهم أصدقائهم أبدا، وبلغت نسبة

الذين يتحدثون مع الأصدقاء عن أهمية التصويت في الانتخابات 19.8%، في حين أن29.7%، لم يتحدثوا حول ذلك أبدا, كما تشير البيانات إلى أن نسبة الذين يشجعهم الأصدقاء على المشاركة السياسية فقد بلغ 11.6%، في حين بلغت نسبة من لم يشجعوا أبدا 43.7%، أما بخصوص النقاش مع الأصدقاء حول القضايا السياسية فقد بلغت نسبة الذين يناقشون دائما 12.2% كما تبين أن 38.2% لم يتناقشوا أبدا حول ذلك، أما تشجيع الأصدقاء على الانتساب لحزب سياسي فقد بلغت نسبة من يشجعهم الأصدقاء دائما 17.8% في حين أن 33.3% لم يشجعهم الأصدقاء أبدا على ذلك.

النتيجة التي تبينها هذه البيانات، وعلى الرغم من الدور الهام لتأثير جماعة الرفاق إلا أن تأثير الأصدقاء على المشاركة السياسية ضعيف، وان تجنب الحديث والنقاش في القضايا السياسية بين الأصدقاء هو الغالب، وقد يعود ذلك إلى الشعور بعدم الأمان من الحديث حول القضايا السياسية، أو عدم توفر المعلومات حول القضايا والمواضيع السياسية المطروحة، أو أن هناك أولويات لمواضيع أخرى يتناقش حولها الأصدقاء.

هذه النتيجة تتفق مع بعض نتائج مسح اليونيسف من أن هناك ضعف في قيادة جماعة الرفاق, وأن هناك ضعفا في الدفاع عن رأي مختلف, ولعل هذا هو السبب في ضعف المشاركة السياسية، والى ذلك خرجت دراسة جارفز واخرون، Jarvis, et al، التي وجدت أن تأثير جماعة الرفاق، والعلاقات الاجتماعية داخل تلك الجماعات هي متغير قوي للمشاركة السياسية الأمر الذي لم يظهر بنتائج هذه الدراسة.

جدول 12. توزيع أفراد العينة حسب تأثير الأصدقاء على المشاركة السياسية

الفقرة	دائما %	أحيانا %	نادرا %	أبدا %	مجموع %	الوسط الحسابي	الانحراف المعياري
هل يشجعك أصدقاؤك على المشاركة بالفعاليات السياسية	18.3	23.4	23.5	34.9	100	2.2504	1.11867
هل تحدث الأصدقاء عن أهمية التصويت بالانتخابات	19.8	28.0	22.5	29.7	100	2.3800	1.10735
هل يشجعك أصدقاؤك على المشاركة السياسية	11.6	18.8	26.0	43.7	100	1.9826	1.04288
هل تتناقش مع الأصدقاء حول القضايا السياسية	12.2	21.2	28.4	38.2	100	2.0739	1.03747
هل يشجعك الأصدقاء على الانتساب لأي حزب سياسي	17.8	21.1	27.7	33.3	100	2.2348	1.09875

12-6 نظرة الشباب للمشاركة السياسية:

يشير الجدول رقم (13) إلى أن آراء العينة تميل للموافقة فقط على أن التصويت واجب وطني وبلغت نسبتهم 55%، وأن 52.6% يعدّون أن المشاركة السياسية تعبر عن الانتماء للوطن، وتميل آراء أكثر من نصف أفراد العينة إلى الموافقة على اعتبار أن المشاركة السياسية تعبر عن إحساس بالمسؤولية نحو المجتمع ونسبتهم 54.3%، بينما لم توافق نسبة كبيرة من العينة على أن المشاركة السياسية تساهم في التخفيف من المعاناة الإنسانية، وبلغت نسبة هؤلاء 55.4% من أفراد العينة، وبلغت نسبة من لا يعتقدون أن المشاركة السياسية تساهم في دعم مسيرة التنمية 52.2%. إن الإحساس والشعور بأهمية المشاركة السياسية

للمجتمع بدا واضحا من خلال النتائج التي أظهرتها بيانات الدراسة لدى الشباب الجامعي، إلا أن النظرة تختلف لدى أكثر من نصف أفراد العينة فيما يتعلق بدور المشاركة السياسية بتخفيف المعاناة الإنسانية، ودورها بدعم مسيرة التنمية ولعل ذلك يعكس الفجوة الموجودة لدى الشباب الجامعي، بين الجانب النظري المتمثل بالإحساس والشعور بأهمية المشاركة, وبين الجدوى الفعلية من عملية المشاركة السياسية ومردودها على المجتمع.

بعض هذه النتائج لم تتفق مع دراسة شعيب التي كانت إحدى نتائجها أن نسبة الذين يعدون المشاركة السياسية من خلال الانتخابات واجب وطني هي نسبة متدنية وقد بلغت 8%، بينما ارتفعت في هذه الدراسة لتصل إلى 55%.

جدول 13 توزيع أفراد العينة حسب نظرتهم إلى المشاركة السياسية

%	المجموع	لا		نعم		الفقرات
		%	ت	%	ت	
100	1150	45	518	55	632	هل تعتقد أن التصويت بالانتخابات واجب وطني
100	1150	45.7	526	54.3	624	هل تعدّ المشاركة السياسية تعبر عن إحساس بالمسؤولية نحو المجتمع
100	1150	47.4	545	52.6	605	هل تعدّ المشاركة تعبر عن الانتماء أكثر للوطن
100	1150	55.4	637	44.6	513	هل تعتقد أن المشاركة السياسية تساهم في التخفيف من المعاناة الإنسانية
100	1150	52.2	600	47.8	550	هل تعتقد أن المشاركة السياسية تساهم في دعم مسيرة التنمية

6-13 معوقات مشاركة الشباب في الفعاليات السياسية:

تظهر بيانات الجدول رقم (14) المعوقات التي تؤثر على مشاركة الشباب الجامعي في الفعاليات السياسية، حيث ظهر أن مشاركة الشباب السياسية تتأثر بعدد من المعوقات، وهي كالتالي:

إن الذين يفتقدون المصداقية في العمل السياسي كانت أعلى النسب وقد بلغت 67.6%، يليهم الذين ليس لديهم القناعة بالأسلوب الذي تتم به المشاركة السياسية وكان لدى 67.2% من أفراد العينة، أما الانشغال بالدراسة فقد كان بنسبة 66.4% من حجم العينة وكذلك الاهتمام بأمور الحياة كان لدى 64.8%، وأن عدم وجود وقت للمشاركة السياسية كان لدى 60.2% من أفراد العينة، كما تبين أن عدم توافر الرغبة في المشاركة السياسية كان لدى 59.4%، وأن من يرون عدم وجود معلومات كافية لديهم حول القضايا السياسية المطروحة شكلوا 59% من أفراد العينة.

وعدم وجود حوافز للمشاركة كان لدى 58.5%، أما الذين يرون أن فرص تأثير الشباب بالقضايا السياسية ضعيف فقد بلغت نسبتهم 56.9%، وأن عدم وجود قدوة أو مثل أعلى كان لدى 55.7%، من أفراد العينة وكان55.2% من أفراد العينة لا يعرفون مكان المشاركة، كما تظهر البيانات أن دور الشباب الجامعي يتأثر بعدم رؤيتهم لأهمية المشاركة،حيث بلغت نسبة الذين لا يرون أهمية للمشاركة 48.3%، أما الذين يرون أن الوقت مبكر للمشاركة السياسية فقد بلغت نسبتهم 46.3%، وكانت نسبة من يعتقدون أن للمشاركة السياسية تأثيرا سلبيا على المستقبل الوظيفي 44.2% من أفراد العينة، وأن الذين يعتقدون أنه ليس لمشاركتهم وزن وقيمة بلغت نسبتهم 41.1%، وأن 40.6% يخشون محاسبة ومسائلة الحكومة من مشاركتهم السياسية، وأن أفراد العينة الذين يرون أن الدولة تحجب عنهم المشاركة السياسية 40.6%، وأخيرا تبيّن أن 35% من أفراد العينة لأوضاعهم المادية تأثير على مشاركتهم السياسية.

النتيجة التي تشير إليها البيانات ان المعوقات التي تحد من المشاركة السياسية للشباب الجامعي متعددة منها، ما يتعلق بالشباب الجامعي واهتماماته، ونظرته لأهمية الدور الذي يجب أن يؤديه للمجتمع، ومنها ما يتعلق بالظروف السياسية والاجتماعية والاقتصادية التي تحد من المشاركة السياسية للشباب الجامعي، الأمر الذي يضع العديد من المؤسسات في دائرة المسؤولية للتخفيف من وقع هذه المعوقات، ولحفز الشباب على المشاركة بثقة وأمان.

هذه النتائج تتفق مع بعض نتائج دراسة أعضاء هيئة التدريس بجامعة الإسكندرية التي وجدت ان لانتشار مظاهر الشك السياسي تأثير في الحد من، المشاركة السياسية وهبوط مستوى الوعي السياسي، وعدم الإحساس بأهمية المشاركة يحد من المشاركة السياسية. وكذلك خرجت دراسة العامري بنتيجة، ان التدني في المعلومات هو من احد الأسباب لعدم المشاركة السياسية. كما تتقارب

نسبة الذين لا يرون لمشاركتهم وزن وقيمة، وانه لا جدوى من المشاركة مع النسب التي خرجت بها دراسة شعيب. كما أن دراسة قنديل وجدت أن النظام السياسي يحول دون حرية المشاركة السياسية.

جدول 14 توزيع أفراد العينة حسب معوقات المشاركة السياسية

الفقرات	ت		ت		المجموع	%
	نعم	%	لا	%		
الانشغال بالدراسة	764	66.4	386	33.6	1150	100
الاهتمام بأدوار الحياة الشخصية	745	55.7	405	35.2	1150	100
عدم وجود قدوة أو مثل أعلى	641	60.2	509	44.3	1150	100
عدم توافر وقت للمشاركة	692	55.2	458	39.8	1150	100
عدم معرفتك بمكان المشاركة	635	56.3	515	44.8	1150	100
عدم توافر حوافز للمشاركة	673	58.5	477	41.5	1150	100
لست مقتنعا بالأسلوب الذي تهتم به	773	67.2	377	32.8	1150	100
تفتقد المصداقية في العملا لسياسي	777	67.6	373	32.4	1150	100
لا ترى أهمية للمشاركة	555	48.3	595	51.7	1150	100
تخشى المحاسبة والمسائلة	467	40.6	683	59.4	1150	100
تعتقد أن فرص تأثير الشباب ضعيفة	654	56.9	496	43.1	1150	100
تعتقد بأن الدولة تحجب المشاركة عن الشباب	467	406	683	59.4	1150	100
تعتقد أنه ليس لمشاركتك وزن أو قيمة	473	41.1	677	58.9	1150	100
تعتقد أنك لست مؤهلا وتنقصك الخبرة	434	37.7	716	62.3	1150	100
أوضاعك المادية تحول دون مشاركتك	402	35	748	65	1150	100
لا تتوافر لديك الرغبة في المشاركة	683	59.4	467	40.6	1150	100
عدم توافر معلومات كافية حول القضايا السياسية المطروحة	678	59	472	41	1150	100
تعتقد أن الوقت مبكر على المشاركة بأي فعالية سياسية	533	46.3	617	53.7	1150	100
تعتقد أن المشاركة تؤثر سلبيا على المستقبل الوظيفي	508	44.2	642	55.8	1150	100

14-6 التوجهات المستقبلية للشباب الجامعي نحو المشاركة السياسية:

يظهر الجدول رقم (15) الذي يتعلق بالتوجهات المستقبلية للشباب الجامعي نحو المشاركة السياسية، أن التوجهات تميل إلى انخفاض نسبة الذين لديهم النية بالمشاركة السياسية في المستقبل، حيث تبين أن88.3% ليس لديهم النية للترشح في الانتخابات البلدية، و82.7% من أفراد العينة ليس لديهم النية في المستقبل للترشح في الانتخابات البرلمانية، وفيما يتعلق بالأحزاب فإن 82.8% لا يفكرون في الانضمام إلى حزب سياسي في المستقبل، وأن 81.2% ليس لديهم نية للترشح للانتخابات مجلس الطلبة في المستقبل، و67.6% منهم ليس لديهم النية للمشاركة بالتصويت في انتخابات البلدية المقبلة 59.6% من أفراد العينة ليس لديهم النية للمشاركة بالتصويت في الانتخابات البرلمانية المقبلة وأن 58.2% ليس لديهم النية للمشاركة بالتصويت في انتخابات مجلس الطلبة المقبلة.

النتيجة التي تظهرها البيانات ان التوجهات المستقبلية نحو المشاركة السياسية سلبية، وتعكس حالة قد تكون من عدم الاهتمام، أو عدم الثقة، أو عدم الرغبة في المشاركة للشعور بالاغتراب عن قضايا المجتمع، وهذا ما ظهر في عدد من الدراسات التي أجريت على الشباب في الأردن والتي وجدت أن هناك حالة من الاغتراب وعدم المبالاة بما يحدث في المجتمع.

وقد خرجت دراسة بلاكهرت Blackhurst بنتيجة مشابهه وهي أن هناك مستويات متدنية من الالتزام السياسي، والقليل من الطلبة من لديه تطلعات نحو المشاركة في العملية السياسية بعد انتهاء الدراسة.

جدول 15 توزيع أفراد العينة حسب توجهاتهم المستقبلية نحو المشاركة السياسية

الفقرة	ت		ت		المجموع	%
	(نعم)	%	(لا)	%		
هل لديك النية للمشاركة بالتصويت في الانتخابات البرلمانية المقبلة	465	40.4	685	59.6	1150	100
هل لديك النية للمشاركة بالتصويت في الانتخابات البلدية المقبلة	373	32.5	777	67.6	1150	100
هل لديك نية للمشاركة بالتصويت في انتخابات مجلس الطلبة المقبلة	481	41.8	669	58.2	1150	100
هل لديك النية في المستقبل للترشح لانتخابات مجلس الطلبة	216	18.8	934	81.2	1150	100
هل لديك النية في المستقبل للترشح في الانتخابات البلدية	135	11.7	1015	88.3	1150	100
هل لديك النية في المستقبل للترشح في الانتخابات البرلمانية	199	17.3	951	82.7	1150	100
إذا كنت غير منتسب لأي حزب هل تفكر في الانضمام مستقبلا إلى حزب ما	198	17.2	950	82.8	1150	100

15-6 نظرة الشباب للعلاقة المتبادلة بين العمل التطوعي والمشاركة السياسية:

تبيّن من خلال الجدول رقم (16)، أن الذين يعتقدون أن التطوع لتأدية خدمات للمجتمع أيسر من التطوع في السياسة 82.7% من أفراد العينة،كما أن 81.2% من أفراد العينة تعتقد أن التطوع لتأدية خدمات للمجتمع أكثر فعالية من التطوع في السياسة، كما يعتقد 78.9% أن التطوع في النشاطات الاجتماعية التطوعية أفضل من التطوع في النشاطات السياسية، وأن الذين يعتقدون أن عمل القطاع التطوعي أجدى من أداء القطاع الحكومي في حل بعض المشكلات شكلوا 74.1% من أفراد العينة، كما بين الجدول أن نسبة الذين يشاركون بالأعمال التطوعية بناء على معتقداتهم السياسية بلغت23.1% كما بلغت نسبة الذين لمعتقداتهم السياسية تأثير على العضوية في فعاليات العمل التطوعي 24.9%، وشكلت نسبة

الذين يتبادلون الحديث مع الزملاء حول القضايا السياسية أثناء مشاركتهم بفعاليات العمل التطوعي 29.6% من أفراد العينة.

النتيجة التي تشير إليها البيانات أن هناك اتجاه نحو تجنب المشاركة السياسية، تجنب الحديث حول المواضيع السياسية وأن هناك تفضيل للعمل التطوعي باعتباره، الأجدى والأيسر والأفضل للمجتمع من المشاركة السياسية، كما أن هناك ميلا واضحا لفصل العمل التطوعي عن المشاركة السياسية، ولعل الأسباب التي سبق وتم تناولها بهذه الدراسة تستطيع وضع بعض التفسيرات لهذا الوضع.

هذه النتيجة تلقي مع إحدى نتائج دراسة ليون Leon والتي وجدت أن الميل للتطوع في التربية أو لصالح الجهات غير الربحية هو أفضل من السير في النشاطات السياسية. وكذلك جاءت نتائج دراسة معهد السياسة في جامعة هارفارد بأنه كان لدى الطلاب تميزا فكريا واضحا ما بين العمل السياسي والأعمال المدنية حيث أن غالبية العينة، 85% يشعرون بان التطوع المجتمعي هو أفضل من العمل السياسي كطريقة لحل المشاكل المجتمعية، كما أن الغالبية العظمى يعتقدون أن التطوع في المجتمع في القطاع التطوعي أيسر من التطوع في السياسة. بينما لا تتفق هذه النتيجة مع دراسة سابيرج ووايت sabieraj and white والتي وجدت أن تبادل المعلومات السياسية والحوار السياسي، موجود لدى المشاركين في الأعمال التطوعية, وأن التوجيهات السياسية للأعضاء المشاركين بالأعمال التطوعية, هي التي تؤثر على الرغبة في المشاركة السياسية، كما تبين إن تداول الأعضاء في الجمعيات التطوعية الخطاب السياسي سيكون له تأثير ايجابي على المشاركة السياسية. وهذا ما خرجت به إحدى نتائج دراسة جارفز وآخرون Jarvis , et al إذ وجدت ان لممارسة المهارات المدنية تأثير كبير على المشاركة السياسية.

جدول 16. النظرة للعلاقة المتبادلة بين العمل التطوعي والمشاركة السياسية

الفقرة	ت		ت		المجموع	%
	نعم	%	لا	%		
هل تعتقد أن عمل القطاع التطوعي أجدى من أداء الحكومة في حل بعض المشكلات	852	74.1	298	25.9	1150	100
هل تعتقد أن التطوع لتأدية خدمات للمجتمع أيسر من التطوع في السياسة	951	82.7	199	17.3	1150	100
هل تعتقد أن التطوع لتأدية خدمات للمجتمع أكثر فعالية من التطوع في السياسة	934	81.2	216	18.8	1150	100
هل تعتقد أن التطوع في النشاطات الاجتماعية التطوعية أفضل من التطوع في النشاطات السياسية	907	78.9	243	21.1	1150	100
هل تشارك بالأعمال التطوعية بناء على معتقدك السياسي	266	23.1	884	76.9	1150	100
هل لمعتقداتك السياسية تأثير على عضويتك لأي من فعاليات العمل التطوعي	286	24.9	864	75.1	1150	100
هل تتبادل الحديث مع الزملاء حول قضايا سياسية أثناء مشاركتهم بفعاليات العمل التطوعي	340	29.6	810	70.4	1150	100

16-6 تأثير المتغيرات النوعية على دور الشباب في العمل التطوعي والمشاركة السياسية:

لقد استخدام اختبار مربع كاي لاختبار تأثير المتغيرات النوعية على دور الشباب في العمل التطوعي ودور الشباب كذلك في المشاركة السياسية، وقد اعتمد على قاعدة القرار التالية لاختبار الفرضيات:

- تقبل الفرضية الصفرية إذا كانت القيمة المعنوية أكبر من 0.05%.
- ترفض الفرضية الصفرية إذا كانت القيمة المعنوية أقل من0.05%.

وقد جاءت النتائج كالتالي:

1- العلاقة بين الجنس ودور الشباب الجامعي في العمل التطوعي:

تشير البيانات الواردة في الجدول رقم (17) إلى نتائج اختبار مربع كاي للعلاقة بين الجنس ودور الشباب الجامعي في العمل التطوعي، حيث تظهر البيانات ما يلي:

1. وجود علاقة ذات دلالة إحصائية بين الجنس والمشاركة في العمل التطوعي من خلال العضوية والانتساب، بمستوى دلالة 0.002.
2. وجود علاقة ذات دلالة إحصائية بين الجنس والمشاركة في الأعمال التطوعية من خلال المشاركة في النشاطات التطوعية، بمستوى دلالة 0.002.
3. عدم وجود علاقة ذات دلالة إحصائية بين الجنس وتأثير الأسرة على المشاركة في العمل التطوعي.
4. وجود علاقة ذات دلالة إحصائية بين الجنس وتأثير الأصدقاء على المشاركة في العمل التطوعي، بمستوى دلالة 0.006.
5. وجود علاقة ذات دلالة إحصائية بين الجنس والنظرة إلى العمل التطوعي، بمستوى دلالة 0.005.
6. وجود علاقة ذات دلالة إحصائية بين الجنس و التوجهات المستقبلية نحو المشاركة في العمل التطوعي، بمستوى دلالة 0.000.

من خلال النتائج الواردة يلاحظ أن للجنس تأثير واضح على المشاركة في العمل التطوعي، حيث ظهر تأثيره على المشاركة من خلال العضوية في الفعاليات التطوعية, كما ظهر تاثير الجنس على المشاركة في العمل التطوعي من خلال المشاركة في النشاطات التطوعية، كما تبين أن تأثير الأسرة على أبنائها ليس له علاقة بالجنس، بينما كان العكس بالنسبة لتأثير الأصدقاء، الذي ربطته بالجنس علاقة ذات دلالة إحصائية، وكذلك كان للجنس تأثير على النظرة إلى العمل التطوعي، كما أن النظرة المستقبلية للمشاركة تأثرت بالجنس، وهذا يدل على أن الجنس هو من احد المتغيرات المهمة في التأثير على دور

الشباب الجامعي في العمل التطوعي، وإذا ما رجع إلى الدراسات السابقة حول الموضوع، يتبين أنها تتفق مع بعض نتائج مسح اليونيسف، فيما يتعلق بالمشاركة في الأنشطة التطوعية، والذي كانت إحدى نتائجه أن هناك علاقة ذات دلالة إحصائية لتأثير الأسرة على المشاركة في العمل التطوعي, وإن الأسرة تدعم مشاركة الشباب الذكور أكثر من الإناث في مؤسسات المجتمع المدني. كما تتفق نتائج هذه الدراسة مع بعض نتائج دراسة الزبيدي والتي بينت أن هناك علاقة ما بين الجنس والمشاركة في العمل التطوعي بشكل عام، كما تتفق مع دراسة شتيوي وآخرون، بان هناك تأثير للجنس على المشاركة في العمل التطوعي، والتي أظهرت إن معدل المتطوعين الذكور أعلى من معدل المتطوعات الإناث.

جدول17. نتائج اختبار مربع كاي للعلاقة بين الجنس ودور الشباب الجامعي في العمل التطوعي

مستوى الدلالة	درجات الحرية	قيمة مربع كاي	الوسط الحسابي للإناث	الوسط الحسابي للذكور	دور الشباب الجامعي في العمل التطوعي
0.002	11	28.840	1.0677	1.0934	المشاركة من خلال العضوية
0.002	36	65.763	1.6110	1.6642	المشاركة من خلال النشاطات
0.0069	15	23.752	2.1735	1.9916	تأثير الأسرة على المشاركة
0.006	12	689.27	2.2636	2.1020	تأثير الأصدقاء على المشاركة
0.005	5	16.882	1.8364	1.7682	النظرة إلى العمل التطوعي
0.000	1	32.313	1.5030	1.4777	التوجهات المستقبلية نحو المشاركة

2- اختبار مربع كاي للعلاقة بين الجنس ودور الشباب الجامعي في المشاركة السياسية:

تشير البيانات الواردة في الجدول رقم (18) إلى نتائج اختبار مربع كاي للعلاقة بين الجنس ودور الشباب الجامعي في المشاركة السياسية، حيث تظهر البيانات ما يلي:

1- وجود علاقة ذات دلالة إحصائية بين الجنس و المشاركة السياسية من خلال العضوية والانتساب، بمستوى
دلالة 0.0002.

2- وجود علاقة ذات دلالة إحصائية بين الجنس و المشاركة السياسية من خلال المشاركة في النشاطات
السياسية، بمستوى دلالة 0.000.

3- وجود علاقة ذات دلالة إحصائية بين الجنس و تأثير الأسرة على المشاركة السياسية، بمستوى دلالة 0.044.

4- وجود علاقة ذات دلالة إحصائية بين الجنس و تأثير الأصدقاء على المشاركة السياسية، بمستوى دلالة
0.003.

5- عدم وجود علاقة ذات دلالة إحصائية بين الجنس والنظرة إلى المشاركة السياسية.

6- وجود علاقة ذات دلالة إحصائية بين الجنس والتوجهات المستقبلية نحو المشاركة السياسية، بمستوى
دلالة0.000.

ولعل هذه النتائج تعطي مؤشرا على أن المشاركة السياسية لدى الشباب الجامعي تتأثر بالجنس، سواء من
حيث العضوية في الفعاليات السياسية أم بالمشاركة في الأنشطة السياسية، وكذلك الحال بالنسبة لتأثير الأسرة
والأصدقاء على المشاركة فيما لم تتأثر النظرة المستقبلية نحو المشاركة بالجنس إذ لم تظهر علاقة ذات دلالة
إحصائية للجنس والنظرة إلى المشاركة السياسية. وهذه النتيجة تتفق مع تقرير التنمية الإنسانية العربية لعام
2002 الذي وجد إن الجنس يؤثر على المشاركة السياسية، حيث اظهر أن اهتمام الشابات بالمشاركة السياسية
اكبر من الاهتمام الذي يظهره الذكور. كما تلتقي نتائج هذه الدراسة مع نتائج دراسة فيروز(2002) فيما يتعلق
بتأثير الجنس على المشاركة السياسية، إذ وجدت أن هناك عزوف من الإناث عن المشاركة في العمل السياسي بنسبة
60%، كما تلتقي هذه النتائج مع دراسة العامري (2002) والتي كانت إحدى نتائجها أن الجنس يؤثر على الاهتمام
بالمشاركة السياسية ومتابعة القضايا السياسية، كما تتفق مع مسح اليونيسيف(2003) بان

الأسرة تتأثر بالجنس من حيث تأثيرها على المشاركة السياسية، وأن الأسرة تظهر تحفظات شديدة على المشاركة السياسية لأبنائها. كما تتفق هذه النتائج مع دراسة روسنثل وآخرون Rosentthl.S et al. (1998) بان الجنس يؤثر على المشاركة السياسية وان الذكور كانوا الأكثر مشاركة من الإناث في الأنشطة السياسية، بينما لا تتفق نتائج هذه الدراسة مع دراسة جارفز Jarvis,S et al (2005) بخصوص المشاركة السياسية عند الشباب الجامعي، حيث لم يكن للجنس أي دلالة إحصائية فيما يتعلق بالمشاركة في الفعاليات السياسية المختلفة.

جدول 18. نتائج اختبار مربع كاي للعلاقة بين الجنس ودور الشباب الجامعي في المشاركة السياسية

مستوى الدلالة	درجات الحرية	قيمة مربع كاي	دور الشباب الجامعي في المشاركة السياسية
0.0000	12	40.668	المشاركة من خلال العضوية
0.000	39	77.113	المشاركة من خلال الفعاليات والأنشطة
0.044	15	25.499	تأثير الأسرة على المشاركة
0.003	15	34.797	تأثير الأصدقاء على المشاركة
0.081	5	9.814	النظرة إلى المشاركة السياسية
0.000	7	28.102	التوجهات المستقبلية نحو المشاركة

3- نتائج اختبار مربع كاي للعلاقة بين الديانة ودور الشباب الجامعي في العمل التطوعي:

تشير البيانات الواردة في الجدول رقم (19) إلى نتائج اختبار مربع كاي للعلاقة بين الديانة ودور الشباب الجامعي في العمل التطوعي، حيث تظهر البيانات ما يلي:

1- وجود علاقة ذات دلالة إحصائية بين الديانة و المشاركة في العمل التطوعي من خلال العضوية والانتساب، بمستوى دلالة 0.021.

2- وجود علاقة ذات دلالة إحصائية بين الديانة والمشاركة في العمل التطوعي من خلال المشاركة في النشاطات التطوعية، بمستوى دلالة 0.001.

3- عدم وجود علاقة ذات دلالة إحصائية بين الديانة و تأثير الأسرة على المشاركة في العمل التطوعي.

4- وجود علاقة ذات دلالة إحصائية بين الديانة و تأثير الأصدقاء على المشاركة في العمل التطوعي، بمستوى دلالة 0.002.

5- عدم وجود علاقة ذات دلالة إحصائية بين الديانة والنظرة إلى العمل التطوعي.

6- عدم وجود علاقة ذات دلالة إحصائية بين الديانة و التوجهات المستقبلية نحو المشاركة في العمل التطوعي.

بذلك فانه يمكن القول أن للديانة تأثير على المشاركة في العمل التطوعي من حيث الانتساب والعضوية في الفعاليات التطوعية والمشاركة في الأنشطة التطوعية, كما كان للديانة دور في التأثير على الأصدقاء للمشاركة في العمل التطوعي، من ناحية أخرى تبين انه ليس للديانة تأثير على الأسرة ودورها في التأثير على المشاركة في العمل التطوعي، ولم تؤثر الديانة على التوجهات المستقبلية نحو المشاركة في العمل التطوعي ولم تؤثر على النظرة الى العمل التطوعي.

تتفق بعض النتائج هنا مع دراسة شتيوي (2000) بان الديانة تؤثر على المشاركة في العمل التطوعي بشكل عام دون الإشارة إلى كونه بالانتساب والعضوية أم بالمشاركة بالنشاطات التطوعية وهذا ما بينته هذه الدراسة، وتتفق نتائج هذه الدراسة بوجود تأثير للدين على العمل التطوعي مع دراسة Yanlam (2002) والتي وجدت أن الدين يؤثر على العمل التطوعي من حيث العضوية كما وجدت هذه الدراسة بان الذين لديهم انتماء ديني هم الأكثر مشاركة بالعضوية في الجمعيات التطوعية من الذين بلا انتماء ديني.

جدول 19. نتائج اختبار مربع كاي للعلاقة بين الديانة ودور الشباب الجامعي في العمل التطوعي

مستوى الدلالة	درجات الحرية	قيمة مربع كاي	دور الشباب الجامعي في العمل التطوعي
0.021	22	37.447	المشاركة من خلال العضوية
0.001	72	115.836	المشاركة من خلال النشاطات
0.645	30	26.587	تأثير الأسرة على المشاركة
0.002	24	48.269	تأثير الأصدقاء على المشاركة
0.071	10	17.158	النظرة إلى العمل التطوعي
0.486	2	10.443	التوجهات المستقبلية نحو المشاركة

4- نتائج اختبار مربع كاي للعلاقة بين الديانة ودور الشباب الجامعي في المشاركة السياسية:

تشير البيانات الواردة في الجدول رقم (20) إلى نتائج اختبار مربع كاي للعلاقة بين الديانة ودور الشباب الجامعي في المشاركة السياسية، حيث تظهر البيانات ما يلي:

1- عدم وجود علاقة ذات دلالة إحصائية مابين الديانة والمشاركة السياسية من خلال العضوية والانتساب.

2- وجود علاقة ذات دلالة إحصائية بين الديانة و المشاركة السياسية من خلال المشاركة في النشاطات السياسية، بمستوى دلالة 0.000.

3- عدم وجود علاقة ذات دلالة إحصائية بين الديانة و تأثير الأسرة على المشاركة السياسية.

4- عدم وجود علاقة ذات دلالة إحصائية بين الديانة وتأثير الأصدقاء على المشاركة السياسية.

5- عدم وجود علاقة ذات دلالة إحصائية بين الديانة والنظرة إلى المشاركة السياسية.

6- عدم وجود علاقة ذات دلالة إحصائية بين الديانة والتوجيهات المستقبلية نحو المشاركة السياسية.

بذلك يتبين انه بشكل عام لم يكن للديانة تأثير على دور الشباب الجامعي في المشاركة السياسية إلا من

خلال المشاركة في النشاطات والفعاليات المختلفة. وهذه النتيجة لم تتفق مع دراسة الشرعة(2000) التي وجدت

أن هناك تأثير لنوع الدين على الوعي الحزبي.

جدول20. نتائج اختبار مربع كاي للعلاقة بين نوع الديانة ودور الشباب الجامعي في المشاركة السياسية

مستوى الدلالة	درجات الحرية	قيمة مربع كاي	دور الشباب الجامعي في المشاركة السياسية
0.051	12	20.967	المشاركة من خلال العضوية
0.000	78	187.742	المشاركة من خلال النشاطات
0.141	30	38.339	تأثير الأسرة على المشاركة
0.174	30	37.115	تأثير الأصدقاء على المشاركة
0.410	10	10.358	النظرة إلى المشاركة السياسية
0.235	14	17.411	التوجهات المستقبلية نحو المشاركة

5- نتائج اختبار مربع كاي للعلاقة بين درجة التدين ودور الشباب الجامعي في العمل التطوعي:

تشير البيانات الواردة في الجدول رقم (21) إلى نتائج اختبار مربع كاي للعلاقة بين درجة التدين ودور الشباب الجامعي في العمل التطوعي، حيث تظهر البيانات ما يلي:

1- وجود علاقة ذات دلالة إحصائية بين درجة التدين و المشاركة في العمل التطوعي من خلال العضوية والانتساب، بمستوى دلالة 0.28.

2- وجود علاقة ذات دلالة إحصائية بين درجة التدين و المشاركة في العمل التطوعي من خلال المشاركة في النشاطات التطوعية، بمستوى دلالة 0.000.

3- وجود علاقة ذات دلالة إحصائية بين درجة التدين وتأثير الأسرة على المشاركة في العمل التطوعي، بمستوى دلالة 0.002.

4- وجود علاقة ذات دلالة إحصائية بين درجة التدين وتأثير الأصدقاء على المشاركة في العمل التطوعي، بمستوى دلالة 0.000.

5- وجود علاقة ذات دلالة إحصائية بين درجة التدين والنظرة إلى العمل التطوعي، بمستوى دلالة 0.012.

6- عدم وجود علاقة ذات دلالة إحصائية بين درجة التدين و التوجهات المستقبلية نحو المشاركة في العمل التطوعي.

وبذلك يتبين أن لدرجة التدين تأثير على المشاركة في العمل التطوعي بشكل, وجود العلاقة ذات الدلالة الإحصائية لغالبية الفقرات تشير لتأثير درجة التدين على المشاركة في العمل التطوعي, وقد يعود ذلك إلى أن الديانات السماوية جميعها أكدت على البعد الإنساني في التعاون والتعاضد والسعي لعمل الخير، كما يحث الدين على مساعدة الغير سواء كان فرد أم جماعة أم مجتمع، باعتبار هذه المساعدة بمثابة الواجب على الإنسان اتجاه الآخرين، ولعل الرغبة في مرضاة اللـه تزيد من قيام الإنسان بأعمال الخير وهذا ما أكدته دراسة المحاميـد (2001) بان من بين أسباب التطوع هي كسب مرضاة اللـه ومساعدة المحتاجين وتكوين الصداقات، كما تأتي هذه النتائج متفقة مع دراسة Yanlam(2002) الذي أظهرت أن هناك تأثير لدرجة التدين في الإقبال على التطوع.

جدول 21. نتائج اختبار مربع كاي للعلاقة مابين درجة التدين ودور الشباب الجامعي في العمل التطوعي

مستوى الدلالة	درجات الحرية	قيمة مربع كاي	دور الشباب الجامعي في العمل التطوعي
0.028	22	36.397	المشاركة من خلال العضوية
0.000	72	14.373	المشاركة من خلال النشاطات
0.002	30	57.783	تأثير الأسرة على المشاركة
0.000	24	74.767	تأثير الأصدقاء على المشاركة
0.012	10	22.580	النظرة إلى العمل التطوعي
0.075	2	5.188	التوجهات المستقبلية نحو المشاركة

6 - نتائج اختبار مربع كاي للعلاقة بين درجة التدين ودور الشباب الجامعي في المشاركة السياسية:

تشير البيانات الواردة في الجدول رقم (22) إلى نتائج اختبار مربع كاي للعلاقة بين درجة التدين ودور الشباب الجامعي في المشاركة السياسية، حيث تظهر البيانات ما يلي:

1- وجود علاقة ذات دلالة إحصائية بين درجة التدين و المشاركة السياسية من خلال العضوية والانتساب، بمستوى دلالة 0.002.

2- عدم وجود علاقة ذات دلالة إحصائية بين درجة التدين و المشاركة السياسية من خلال المشاركة في النشاطات السياسية.

3- وجود علاقة ذات دلالة إحصائية بين درجة التدين و تأثير الأسرة على المشاركة السياسية، بمستوى دلالة 0.000.

4- وجود علاقة ذات دلالة إحصائية بين درجة التدين و تأثير الأصدقاء على المشاركة السياسية، بمستوى دلالة 0.000.

5- عدم وجود علاقة ذات دلالة إحصائية ما بين درجة التدين والنظرة إلى المشاركة السياسية.

6- عدم وجود علاقة ذات دلالة إحصائية بين درجة التدين و التوجهات المستقبلية نحو المشاركة السياسية.

وبذلك يتبين أن هناك علاقة ما بين درجة التدين ودور الشباب الجامعي من خلال العضوية في الفعاليات السياسية،وكذلك على تأثير الأسرة على المشاركة فيما يتعلق بالمشاركة السياسية، وتجد الدراسة كذلك أن لدرجة التدين علاقة ذات دلالة من حيث تأثير الأصدقاء، أي أن درجة التدين تنعكس على المشاركة السياسية، والدين الإسلامي يحث على المشاركة، حيث تعتبر الشورى بالإسلام مبدأ أساسي للمشاركة، وبالتالي فانه كلما

زادت درجة التدين كلما زاد وعي الإنسان بأهمية مشاركته، كواجب يؤديه نحو مجتمعه، ولعل هـذه النتائج تتفق مع دراسة Yanlam (2002) والـذي أظهـرت بعـض نتائجهـا أن الـذين يعتقـدون أن الـدين هـام في فكرهم السياسي هم الأكثر مشاركة في التطوع، ولعل ذلك يعود إلى أن الدين يعتبر المشاركة في المجتمع مهمة.

جدول 22. نتائج اختبار مربع كاي للعلاقة بين درجة التدين ودور الشباب الجامعي في المشاركة السياسية

مستوى الدلالة	درجات الحرية	قيمة مربع كاي	دور الشباب الجامعي في المشاركة السياسية
0.002	12	30.807	المشاركة من خلال العضوية
0.351	78	82.181	المشاركة من خلال النشاطات
0.000	30	64.345	تأثير الأسرة على المشاركة
0.000	30	64.992	تأثير الأصدقاء على المشاركة
0.060	10	17.700	النظرة إلى المشاركة السياسية
0.087	14	21.602	التوجهات المستقبلية نحو المشاركة

7- **نتائج اختبار مربع كاي للعلاقة بين نوع الكلية ودور الشباب الجامعي في العمل التطوعي:**

تشير البيانات الواردة في الجدول رقم (23) إلى نتائج اختبار مربع كاي للعلاقة بين نوع الكلية ودور الشباب الجامعي في العمل التطوعي،حيث تظهر البيانات ما يلي:

1- عدم وجود علاقة ذات دلالة إحصائية بين نوع الكلية والمشاركة في العمل التطوعي من خلال العضوية والانتساب، بمستوى دلالة 0.516.

2- عدم وجود علاقة ذات دلالة إحصائية بين نوع الكلية و المشاركة في العمل التطوعي من خلال المشاركة في النشاطات التطوعية.

3- عدم وجود علاقة ذات دلالة إحصائية بين نوع الكلية و تأثير الأسرة على المشاركة في العمل التطوعي.

4- وجود علاقة ذات إحصائية بين نوع الكلية و تأثير الأصدقاء على المشاركة في العمل التطوعي، بمستوى دلالة 0.018.

5- عدم وجود علاقة بين نوع الكلية و النظرة إلى العمل التطوعي، بمستوى دلالة.

6- عدم وجود علاقة ذات دلالة إحصائية بين نوع الكلية و التوجهات المستقبلية نحو المشاركة في العمـل التطوعي.

بذلك يتبين أن نوع الكلية سواء أكانت علمية أو إنسانية لم يكن لها تأثير عـلى دور الشباب الجـامعي في العمل التطوعي، ولعل السبب في ذلك إلى غياب التوجيه الأكاديمي للشباب الجامعي لأهميـة المشاركة في العمـل التطوعي، ولعل هذا يتعلق بدور الجامعة في هذا المجال مـن خـلال المسـاقات الدراسية، والنشاطات الجامعيـة المختلفة التي تنمي حس التطوع والمشاركة في المجتمع. هـذه النتائج تختلـف مـع بعض نتائج دراسة الزبيدي (2006) والتي وجدت أن هناك علاقة ذات دلالة إحصائية بين نوع الكلية والمشاركة في الأعمال التطوعيـة في حين أن هذه الدراسة لم تظهر وجود هذه العلاقة.

جدول 23. نتائج اختبار مربع كاي للعلاقة بين نوع الكلية ودور الشباب الجامعي في العمل التطوعي

مستوى الدلالة	درجات الحرية	قيمة مربع كاي	دور الشباب الجامعي في العمل التطوعي
0.516	11	10.157	المشاركة من خلال العضوية
0.253	36	41.224	المشاركة من خلال النشاطات
0.448	15	15.041	تأثير الأسرة على المشاركة
0.018	12	24.445	تأثير الأصدقاء على المشاركة
0.650	5	3.322	النظرة إلى العمل التطوعي
0.12	1	2.413	التوجهات المستقبلية نحو المشاركة

8- **نتائج اختبار مربع كاي للعلاقة بين نوع الكلية ودور الشباب الجامعي في المشاركة السياسية:**

تشير البيانات الواردة في الجدول رقم (24) إلى نتائج اختبار مربع كاي للعلاقة ما بين نوع الكلية ودور الشباب الجامعي في المشاركة السياسية،حيث تظهر البيانات ما يلي:

1- وجود علاقة ذات دلالة إحصائية بين نوع الكلية والمشاركة من خلال العضوية والانتساب، بمستوى دلالة 0.002.

2- وجود علاقة ذات دلالة إحصائية بين نوع الكلية و المشاركة السياسية من خلال المشاركة في النشاطات السياسية, بمستوى دلالة 0.005.

3- عدم وجود علاقة ذات دلالة إحصائية بين نوع الكلية و تأثير الأسرة على المشاركة السياسية، بمستوى دلالة 0.411.

4- وجود علاقة ذات دلالة إحصائية بين نوع الكلية و تأثير الأصدقاء على المشاركة السياسية،حيث بلغت قيمة مربع كاي بمستوى دلالة 0.042.

5- عدم وجود علاقة بين نوع الكلية و النظرة إلى المشاركة السياسية.

6- عدم وجود علاقة ذات دلالة إحصائية بين نوع الكلية و التوجهات المستقبلية نحو المشاركة السياسية.

من الملاحظ ان لنوع الكلية سواء أكانت إنسانية أم علمية,علاقة بالمشاركة السياسية من حيث العضوية والانتساب، وكذلك بالمشاركة من خلال الفعاليات المختلفة ولها علاقة أيضاً بتأثير الأصدقاء على المشاركة، وقد يعود ذلك إلى طبيعة التخصصات والمواد الأكاديمية التي تدرس للطلبة وما تحتويه من مواضيع حول المشاركة، وقد يكون توفر الوقت لدى الطلبة في بعض التخصصات التي غالبا ما تكون الإنسانية، لعدم وجود الجانب العملي فيها، كالمختبرات التي تأخذ من الطالب وقت كبير قد يعوق مشاركته كما سبق وظهر أثناء تناول معوقات المشاركة السياسية.

205

جدول 24. نتائج اختبار مربع كاي للعلاقة بين نوع الكلية ودور الشباب الجامعي في المشاركة السياسية

مستوى الدلالة	درجات الحرية	قيمة مربع كاي	دور الشباب الجامعي في المشاركة السياسية
0.002	6	20.255	المشاركة من خلال العضوية
0.005	39	65.863	المشاركة من خلال النشاطات
0.411	15	15.577	تأثير الأسرة على المشاركة
0.042	15	25.608	تأثير الأصدقاء على المشاركة
0.719	5	2.879	النظرة إلى المشاركة السياسية
0.559	7	5.838	التوجهات المستقبلية نحو المشاركة

9- **نتائج اختبار مربع كاي للعلاقة بين المستوى الدراسي ودور الشباب الجامعي في العمل التطوعي:**

تشير البيانات الواردة في الجدول رقم (25) إلى نتائج اختبار مربع كاي للعلاقة بين المستوى الـدراسي ودور الشباب الجامعي في العمل التطوعي،حيث تظهر البيانات ما يلي:

1- وجود علاقة ذات دلالة إحصائية بين المستوى الدراسي وبين المشاركة في العمل التطوعي من خـلال العضوية والانتساب، بمستوى دلالة 0.000.

2- وجود علاقة ذات دلالة إحصائية بين المستوى الدراسي والمشاركة في العمل التطوعي من خـلال المشاركة في النشاطات التطوعية، بمستوى دلالة 0.000.

3- عدم وجود علاقة ذات دلالة إحصائية بين المستوى الدراسي و تأثير الأسرة على المشاركة في العمل التطوعي.

4- وجود علاقة ذات إحصائية بين المستوى الدراسي وتأثير الأصدقاء على المشاركة في العمل التطوعي، بمـستوى دلالة 0.040.

5- وجود علاقة ذات دلالة إحصائية بين المستوى الدراسي والنظرة إلى العمل التطوعي، بمستوى دلالة 0.012.

6- وجود علاقة ذات دلالة إحصائية بين المستوى الدراسي و التوجهات المستقبلية نحو المشاركة في العمل التطوعي، بمستوى دلالة 0.001.

من الملاحظ انه كان للمستوى الدراسي علاقة وتأثير على دور الشباب الجامعي في المشاركة السياسية وحيث ظهر تأثير المستوى الدراسي على غالبية الفقرات، وقد يعود ذلك إلى أن الطالب الجامعي تزداد خبراته مع مرور الزمن عليه في الجامعة، وخصوصا انه تبين أن الأصدقاء يؤثرون على المشاركة، وقد يزداد التأثير مع التقدم بالمراحل الدراسية. وتأتي بعض النتائج هنا متفقة مع دراسة الزبيدي (2006) والتي وجدت في ان هناك علاقة ما بين المستوى الدراسي والعمل التطوعي حيث وجدت الدراسة انه كلما ارتفع المستوى الدراسي كلما ارتفعت نسبة المشاركة بالأعمال التطوعية.

جدول 25. نتائج اختبار مربع كاي للعلاقة بين المستوى الدراسي ودور الشباب الجامعي في العمل التطوعي

مستوى الدلالة	درجات الحرية	قيمة مربع كاي	دور الشباب الجامعي في العمل التطوعي
0.000	55	230.14	المشاركة من خلال العضوية
0.000	180	321.209	المشاركة من خلال النشاطات
0.130	75	88.946	تأثير الأسرة على المشاركة
0.040	60	80.501	تأثير الأصدقاء على المشاركة
0.012	25	43.719	النظرة إلى العمل التطوعي
0.001	5	21.494	التوجهات المستقبلية نحو المشاركة

10- **نتائج اختبار مربع كاي للعلاقة بين المستوى الدراسي ودور الشباب الجامعي في المشاركة السياسية:**

تشير البيانات الواردة في الجدول رقم (26) إلى نتائج اختبار مربع كاي للعلاقة بين المستوى الدراسي ودور الشباب الجامعي في المشاركة السياسية، حيث تظهر البيانات ما يلي:

1- عدم وجود علاقة ذات دلالة إحصائية بين المستوى الدراسي و المشاركة السياسية من خلال العضوية والانتساب.

2- وجود علاقة ذات دلالة إحصائية بين المستوى الدراسي والمشاركة السياسية من خلال المشاركة في النشاطات السياسية، بمستوى دلالة 0.000.

3- عدم وجود علاقة ذات دلالة إحصائية بين المستوى الدراسي و تأثير الأسرة على المشاركة السياسية.

4- وجود علاقة ذات دلالة إحصائية بين المستوى الدراسي و تأثير الأصدقاء على المشاركة السياسية، بمستوى دلالة 0.000.

5- وجود علاقة ذات دلالة إحصائية بين المستوى الدراسي والنظرة إلى المشاركة السياسية، بمستوى دلالة 0.002.

6- وجود علاقة ذات دلالة إحصائية بين المستوى الدراسي و التوجهات المستقبلية نحو المشاركة السياسية، بمستوى دلالة 0.001.

بذلك نجد أن المستوى الدراسي كان علاقة ذات دلالة إحصائية مع غالبية الفقرات التي تقيس دور الشباب الجامعي في المشاركة السياسية، فالطالب الجامعي تزداد خبراته ومعلوماته كلما تقدم في المستوى الدراسي، وهذا الأمر قد يؤدي إلى تنمية الحس بأهمية المشاركة السياسية، ويعمل على زيادة الخبرات وتراكم المعرفة التي تجعل الطالب يقرر الانضمام لأي فعالية وقد يكون العكس.

جدول 26. نتائج اختبار مربع كاي للعلاقة بين المستوى الدراسي ودور الشباب الجامعي في المشاركة السياسية

دور الشباب الجامعي في المشاركة السياسية	قيمة مربع كاي	درجات الحرية	مستوى الدلالة
المشاركة من خلال العضوية	37.693	30	0.158
المشاركة من خلال النشاطات	378.263	195	0.000
تأثير الأسرة على المشاركة	87.016	75	0.162
تأثير الأصدقاء على المشاركة	136.038	75	0.000
النظرة إلى المشاركة السياسية	50.690	25	0.002
التوجهات المستقبلية نحو المشاركة	68.943	35	0.001

11-نتائج اختبار مربع كاي للعلاقة بين مكان الإقامة ودور الشباب الجامعي في العمل التطوعي:

تشير البيانات الواردة في الجدول رقم (27) إلى نتائج اختبار مربع كاي للعلاقة بين مكان الإقامة ودور الشباب الجامعي في العمل التطوعي، حيث تظهر البيانات ما يلي:

1- وجود علاقة ذات دلالة إحصائية بين مكان الإقامة والمشاركة في العمل التطوعي من خلال العضوية والانتساب، بمستوى دلالة 0.000.

2- وجود علاقة ذات دلالة إحصائية بين مكان الإقامة و المشاركة في العمل التطوعي من خلال المشاركة في النشاطات التطوعية، بمستوى دلالة 0.000.

3- عدم وجود علاقة ذات دلالة إحصائية بين مكان الإقامة وتأثير الأسرة على المشاركة في العمل التطوعي.

4- عدم وجود علاقة ذات دلالة إحصائية بين مكان الإقامة وتأثير الأصدقاء على المشاركة في العمل التطوعي.

5- وجود علاقة ذات دلالة إحصائية بين مكان الإقامة والنظرة إلى العمل التطوعي، بمستوى دلالة 0.044.

6- وجود علاقة ذات دلالة إحصائية بين مكان الإقامة والتوجهات المستقبلية نحو المشاركة في العمل التطوعي، بمستوى دلالة 0.014.

يلاحظ من خلال البيانات السابقة أن مكان الإقامة كان له تأثير على مشاركة الشباب في العمل التطوعي من خلال العضوية ومن خلال المشاركة في الأعمال التطوعية، وكان له تأثير على النظرة إلى العمل التطوعي، وكذلك كان له علاقة مع التوجهات المستقبلية نحو المشاركة في العمل التطوعي، هذه النتائج أتت متفقة مع إحدى النتائج التي وصلت إليها دراسة المحاميد (2002) من أن هناك تأثير لمكان الإقامة على التطوع، حيث وجد أن النساء في المدن أكثر مشاركة في العمل التطوعي من بقية المناطق. وهنا لا بد من القول أن هناك تأثير لمكان الإقامة في ضوء الثقافة المحلية السائدة التي قد تشجع أو لا تشجع التطوع، وكذلك فان البعد أو القرب المكاني له دور في الإقبال على التطوع، ومدى توافر وسائل النقل الملائمة، وغيرها من الأمور التي يعتقد أنها تؤثر على العمل التطوعي وفقا لمتغير مكان الإقامة.

جدول 27. نتائج اختبار مربع كاي للعلاقة بين مكان الإقامة ودور الشباب الجامعي في العمل التطوعي

مستوى الدلالة	درجات الحرية	قيمة مربع كاي	دور الشباب الجامعي في العمل التطوعي
0.000	33	216.216	المشاركة من خلال العضوية
0.000	108	246.301	المشاركة من خلال النشاطات
0.053	45	61.373	تأثير الأسرة على المشاركة
0.156	36	44.499	تأثير الأصدقاء على المشاركة
0.044	15	25.440	النظرة إلى العمل التطوعي
0.014	3	10.616	التوجهات المستقبلية نحو المشاركة

12- نتائج اختبار مربع كاي للعلاقة بين مكان الإقامة ودور الشباب الجامعي في المشاركة السياسية:

تشير البيانات الواردة في الجدول رقم (28) إلى نتائج اختبار مربع كـاي للعلاقـة بـين مكـان الإقامة ودور الشباب الجامعي في المشاركة السياسية، حيث تظهر البيانات ما يلي:

1- وجود علاقة ذات دلالة إحصائية بين مكان الإقامة والمشاركة السياسية من خلال العضوية والانتساب، بمستوى دلالة 0.000.

2- وجود علاقة ذات دلالة إحصائية بـين مكـان الإقامة والمشاركة السياسية مـن خـلال المشاركة في النشاطات السياسية، بمستوى دلالة 0.033.

3- عدم وجود علاقة ذات دلالة إحصائية بين مكان الإقامة و تأثير الأسرة على المشاركة السياسية.

4- وجود علاقة ذات دلالة إحصائية بين مكان الإقامة وتأثير الأصدقاء على المشاركة السياسية، بمستوى دلالة 0.033.

5- عدم وجود علاقة ذات دلالة إحصائية بين مكان الإقامة والنظرة إلى المشاركة السياسية.

6- وجود علاقة ذات دلالة إحصائية بين مكان الإقامة والتوجهات المسـتقبلية نحـو المشـاركة السياسـية، بمستوى دلالة 0.000.

النتيجـة التـي تظهرهـا البيانـات، أن لمكـان الإقامـة تـأثير قـوي عـلى دور الشـباب الجـامعي في المشاركة السياسية، إذ أن مكان الإقامة وما قد يوفره للشباب من إمكانات تساهم في دعم عملية المشاركة، فالإمكانات التي تتوفر في المدن قد لا تتوفر في الريف والبادية، ولا شك إن هـذا الأمر بحاجة إلى المزيد مـن البحث والدراسة لاستكشاف نوع واتجاه التأثير والعوامل التي قد تؤثر فيه. هذه النتائج لتتفق مع النتائج التي خرجت بها دراسة مجموعة

أعضاء الهيئة التدريسية بقسم علم الاجتماع, جامعة الإسكندرية (2002) والتي أظهرت إن لمكان الإقامة تأثير على المشاركة السياسية من حيث الوقوف على القضايا السياسية والإدلاء بالأصوات بالانتخابات وعضوية الأحزاب السياسية, وكذلك الأمر بالنسبة لدراسة العامري (2002) التي وجدت أن لمكان الإقامة تأثير على المشاركة السياسية من خلال المشاركة في الانتخابات، إذ وجدت الدراسة بأنه منتشر في الريف أكثر من المدن, كما أن إحدى نتائج دراسة الشرعة (2000) تبين فيها أن لمكان الإقامة تأثير على دور الأسرة في التوعية الحزبية حيث أن هناك دور للأسرة في توجيه سكان المخيمات.

جدول 28. نتائج اختبار مربع كاي للعلاقة بين مكان الإقامة ودور الشباب الجامعي في المشاركة السياسية

مستوى الدلالة	درجات الحرية	قيمة مربع كاي	ودور الشباب الجامعي في العمل التطوعي
0.000	18	47.225	المشاركة من خلال العضوية
0.033	117	146.666	المشاركة من خلال النشاطات
0.443	45	45.697	تأثير الأسرة على المشاركة
0.033	45	63.949	تأثير الأصدقاء على المشاركة
0.059	15	24.350	النظرة إلى المشاركة السياسية
0.000	21	54.963	التوجهات المستقبلية نحو المشاركة

13-نتائج اختبار مربع كاي للعلاقة بين العمل إلى جانب الدراسة ودور الشباب الجامعي في العمل التطوعي:

تشير البيانات الواردة في الجدول رقم (29) إلى نتائج اختبار مربع كاي للعلاقة بين العمل إلى جانب الدراسة ودور الشباب الجامعي في العمل التطوعي،حيث تظهر البيانات ما يلي:

1-وجود علاقة ذات دلالة إحصائية بين العمل إلى جانب الدراسة و المشاركة في العمل التطوعي من خلال العضوية والانتساب، بمستوى دلالة 0.000.

2-وجود علاقة ذات دلالة إحصائية بين العمل و المشاركة في العمل التطوعي من خلال المشاركة في النشاطات التطوعية، بمستوى دلالة 0.000.

3-كما تظهر البيانات عدم وجود علاقة ذات دلالة إحصائية بين العمل و تأثير الأسرة على المشاركة في العمل التطوعي، بمستوى دلالة 0.089.

4-كما تظهر البيانات عدم وجود علاقة ذات دلالة إحصائية بين العمل و تأثير الأصدقاء على المشاركة في العمل التطوعي، بمستوى دلالة 0.157.

5-عدم وجود علاقة ذات دلالة إحصائية بين العمل والنظرة إلى العمل التطوعي، بمستوى دلالة 0.059.

6-عدم وجود علاقة ذات دلالة إحصائية بين العمل و التوجهات المستقبلية نحو المشاركة في العمل التطوعي.

يبدو من الواضح ان لعمل الطالب الجامعي إلى جانب الدراسة تأثير على المشاركة في العمل التطوعي سواء من خلال العضوية أو من خلال المشاركة في النشاطات التطوعية المختلفة، فالعمل إلى جانب الدراسة قد لا يوفر الوقت للمشاركة في العمل التطوعي من ناحية، ومن ناحية أخرى قد يولد الشعور بأهمية المشاركة كونه يعمل على زيادة الوعي لدى الشباب من خلال الخبرات الإضافية، التي قد يكتسبها الشباب في العمل، الأمر الذي لا يتوفر للشاب الذي لا يعمل. ولم يتبين وجود علاقة ذات دلالة إحصائية لبقية الفقرات من حيث تأثير الأسرة أو الأصدقاء على العمل التطوعي، وكذلك الحال فيما يتعلق بالنظرة إلى العمل التطوعي والتوجهات المستقبلية نحوه.

ولم تتفق النتائج المتعلقة بالمشاركة سواء أكانت بالعضوية والانتساب أم بالمشاركة في أنشطة الفعاليات التطوعية مع نتائج دراسة جارفز وآخرون Jarvis et al. , (2005) التي

بينت إحدى نتائجها، إن الطلبة الذين يعملون والذين لا يعملون يشاركون بالأعمال التطوعية، علماً بان دراسته تعدّ المشاركة بالفعاليات التطوعية من أنواع المشاركة السياسية.

جدول 29. نتائج اختبار مربع كاي للعلاقة بين العمل إلى جانب الدراسة ودور الشباب الجامعي في العمل التطوعي

مستوى الدلالة	درجات الحرية	قيمة مربع كاي	دور الشباب الجامعي في العمل التطوعي
0.000	11	42.549	المشاركة من خلال العضوية
0.000	36	83.405	المشاركة من خلال النشاطات
0.089	15	22.783	تأثير الأسرة على المشاركة
0.157	12	16.799	تأثير الأصدقاء على المشاركة
0.059	5	10.618	النظرة إلى العمل التطوعي
0.379	1	0.772	التوجهات المستقبلية نحو المشاركة

14- نتائج اختبار مربع كاي للعلاقة بين العمل إلى جانب الدراسة ودور الشباب الجامعي في المشاركة السياسية:

تشير البيانات الواردة في الجدول رقم (30) إلى نتائج اختبار مربع كاي للعلاقة بين العمل إلى جانب الدراسة ودور الشباب الجامعي في المشاركة السياسية، حيث تظهر البيانات ما يلي:

1- وجود علاقة ذات دلالة إحصائية بين العمل إلى جانب الدراسة و المشاركة السياسية من خلال العضوية والانتساب، بمستوى دلالة 0.000.

2- وجود علاقة ذات دلالة إحصائية بين العمل والمشاركة السياسية من خلال المشاركة في النشاطات السياسية، بمستوى دلالة 0.000.

3- عدم وجود علاقة ذات دلالة إحصائية بين العمل وتأثير الأسرة على المشاركة السياسية.

4- عدم وجود علاقة ذات دلالة إحصائية بين العمل وتأثير الأصدقاء على المشاركة السياسية.

5- عدم وجود علاقة ذات دلالة إحصائية بين العمل والنظرة إلى العمل التطوعي.

6- عدم وجود علاقة ذات دلالة إحصائية بين العمل والتوجهات المستقبلية نحو المشاركة السياسية.

وإذا ما رجع إلى دراسة جارفز وآخرون Jarvis et al., (2005) نجد أنها تتفق معها من حيث وجود علاقة ما بين عمل الطلبة، سواء بالمشاركة أو الاهتمام السياسي أو امتلاك المهارات السياسية، اذ وجدت الدراسة أن الطلبة الذين يعملون هم الأكثر مشاركة من الطلبة غير العاملين، وفي هذه الدراسة تبين أن عمل الطالب كان ذو دلالة إحصائية فيما يتعلق بالمشاركة، سواء من حيث المشاركة من خلال العضوية أو من خلال المشاركة في الأنشطة السياسية. ولهذا دلالة على أن عمل الطالب يساهم في إثراء وتنوع خبراته في قضايا مجتمعه، وتؤكد أهمية مساهمته ومشاركته، أو قد يكون الوضع على العكس من ذلك بأن العمل إلى جانب الدراسة سوف يبعد الشباب عن المشاركة للانشغال وعدم توفر الوقت لمثل هذه المشاركات. يبدو أن الحاجة إلى المزيد من البحث والدراسة حول هذا الموضوع، قد بدت واضحة للدارسين والمهتمين بهذه المواضيع.

جدول 30. نتائج اختبار مربع كاي للعلاقة بين العمل إلى جانب الدراسة ودور الشباب في المشاركة السياسية

دور الشباب الجامعي في المشاركة السياسية	قيمة مربع كاي	درجات الحرية	مستوى الدلالة
المشاركة من خلال العضوية	28.014	6	0.000
المشاركة من خلال النشاطات	101.526	39	0.000
تأثير الأسرة على المشاركة	15.209	15	0.436
تأثير الأصدقاء على المشاركة	17.546	15	0.287
النظرة إلى العمل التطوعي	9.495	5	0.091
التوجهات المستقبلية نحو المشاركة	4.996	7	0.660

15-اختبار مربع كاي للعلاقة بين دخل الأسرة الشهري ودور الشباب الجامعي في العمل التطوعي:

تشير البيانات الواردة في الجدول رقم (31) إلى نتائج اختبار مربع كـاي للعلاقة بـين دخـل الأسرة الشـهري ودور الشباب الجامعي في العمل التطوعي، حيث تظهر البيانات ما يلي:

1- وجود علاقة ذات دلالة إحصائية بين الدخل الشهري للأسرة والمشاركة في العمل التطوعي من خلال العضوية والانتساب، بمستوى دلالة 0.028.

2- وجود علاقة ذات دلالة إحصائية بين الدخل الشهري للأسرة والمشاركة في العمل التطوعي من خلال المشاركة في النشاطات التطوعية، بمستوى دلالة 0.001.

3- عدم وجود علاقة ذات دلالة إحصائية بين الدخل الشهري وتأثير الأسرة على المشاركة في العمل التطوعي.

4- عدم وجود علاقة ذات دلالة إحصائية بين الدخل الشهري للأسرة وتأثير الأصدقاء عـلى المشاركة في العمـل التطوعي.

5- عدم وجود علاقة ذات دلالة إحصائية بين الدخل الشهري للأسرة و النظرة إلى العمل التطوعي.

6- عدم وجود علاقة ذات دلالة إحصائية بين الـدخل الشهري للأسرة والتوجهات المسـتقبلية نحـو المشاركة في العمل التطوعي.

بذلك يتضح إن دخل الأسرة كان له تأثير على المشاركة في العمـل التطـوعي، سـواء عـلى مسـتوى المشاركة بالعضوية أو من خلال المشاركة بأنشطة الفعاليات التطوعية المختلفة، وقد يعود ذلك إلى إن المستوى الاقتصادي للأسرة سوف ينعكس على أبنائها، إذ أن المشاركة في العمل

التطوعي قد تحتاج إلى نفقات إضافية لا تستطيع الأسرة تحملها مهما كانت بسيطة، وخصوصا أن الأوضاع الاقتصادية بشكل عام متدنية في الأردن ونسبة الفقر المرتفعة تلقي بظلالها على جوانب الحياة المختلفة. وهذه النتيجة المتعلقة بالمشاركة في العمل التطوعي من خلال الفعاليات المختلفة تتفق مع دراسة الزبيدي (2006) التي وجدت أن هناك تأثير لدخل الأسرة على المشاركة في العمل التطوعي، وان الطلبة من ذوي الدخل المتوسط هم الأكثر مشاركة.

جدول 31. نتائج اختبار مربع كاي للعلاقة بين دخل الأسرة الشهري ودور الشباب الجامعي في العمل التطوعي

دور الشباب الجامعي في العمل التطوعي	قيمة مربع كاي	درجات الحرية	مستوى الدلالة
المشاركة من خلال العضوية	63.688	44	0.028
المشاركة من خلال النشاطات	204.891	144	0.001
تأثير الأسرة على المشاركة	62.591	60	0.384
تأثير الأصدقاء على المشاركة	57.532	48	0.163
النظرة إلى العمل التطوعي	14.227	20	0.819
التوجهات المستقبلية نحو المشاركة	45.43	4	0.338

16- نتائج اختبار مربع كاي للعلاقة بين الدخل الشهري للأسرة ودور الشباب الجامعي في المشاركة السياسية:

تشير البيانات الواردة في الجدول رقم (32) إلى نتائج اختبار مربع كاي للعلاقة بين الدخل الشهري للأسرة ودور الشباب الجامعي في المشاركة السياسية،حيث أظهرت البيانات ما يلي:

1- عدم وجود علاقة ذات دلالة إحصائية بين الدخل الشهري للأسرة والمشاركة السياسية من خلال العضوية والانتساب.

2- وجود علاقة ذات دلالة إحصائية بين الدخل الشهري للأسرة والمشاركة السياسية من خلال المشاركة في النشاطات السياسية، بمستوى دلالة 0.001.

3- وجود علاقة ذات دلالة إحصائية بين الدخل الشهري و تأثير الأسرة على المشاركة السياسية، بمستوى دلالة 0.010.

4- وجود علاقة ذات دلالة إحصائية بين الدخل الشهري للأسرة و تأثير الأصدقاء على المشاركة السياسية، بمستوى دلالة 0.010.

5- عدم وجود علاقة ذات دلالة إحصائية بين دخل الأسرة الشهري والنظرة إلى المشاركة السياسية.

6- عدم وجود علاقة ذات دلالة إحصائية بين الدخل الشهري للأسرة والتوجهات المستقبلية نحو المشاركة السياسية.

بذلك يتضح انه كان لدخل الأسرة تأثير على دور الشباب الجامعي في المشاركة السياسية من خلال المشاركة في الأنشطة السياسية، كما كان لدخل الأسرة علاقة ذات دلالة من حيث تأثير الأسرة على دور الشباب في المشاركة، وكذلك نجد إن لدخل الأسرة تأثير على دور الأصدقاء في المشاركة السياسية، وقد يعود ذلك إلى إن الأصدقاء غالبا ما يكونوا متقاربين في المستوى الاقتصادي، وبالتالي فان تأثير الوعي الطبقي قد يظهر في هذا الموضوع، فعند الحديث عن تأثير دخل الأسرة على مشاركة أبنائها فالأمر عندها قد يتعلق بمستوى الدخل والوعي الطبقي الذي يلعب دور كبير في توجيه الأسرة لأبنائها بالمشاركة السياسية أو بالابتعاد عنها.

جدول32. نتائج اختبار مربع كاي للعلاقة بين دخل الأسرة الشهري ودور الشباب الجامعي في المشاركة السياسية

مستوى الدلالة	درجات الحرية	قيمة مربع كاي	دور الشباب الجامعي في المشاركة السياسية
0.286	24	27.413	المشاركة من خلال العضوية
0.001	156	217.208	المشاركة من خلال النشاطات
0.010	60	88.567	تأثير الأسرة على المشاركة
0.010	60	88.156	تأثير الأصدقاء على المشاركة
0.685	20	16.502	النظرة إلى المشاركة السياسية
0.381	28	29.627	التوجهات المستقبلية نحو المشاركة

17- نتائج اختبار مربع كاي للعلاقة بين المستوى التعليمي للأم ودور الشباب الجامعي في العمل التطوعي:

تشير البيانات الواردة في الجدول رقم (33) إلى نتائج اختبار مربع كاي للعلاقة بين المستوى التعليمي للأم ودور الشباب الجامعي في العمل التطوعي،حيث تظهر البيانات ما يلي:

1- وجود علاقة ذات دلالة إحصائية بين مستوى الأم التعليمي والمشاركة في العمل التطوعي من خلال العضوية والانتساب، بمستوى دلالة 0.000.

2- وجود علاقة ذات دلالة إحصائية بين مستوى الأم التعليمي والمشاركة من خلال المشاركة في النشاطات التطوعية، بمستوى دلالة 0.000.

3- وجود علاقة ذات دلالة إحصائية بين مستوى الأم التعليمي وتأثير الأسرة على المشاركة في العمل التطوعي، بمستوى دلالة 0.000.

4- وجود علاقة ذات دلالة إحصائية بين مستوى الأم التعليمي وتأثير الأصدقاء على المشاركة في العمل التطوعي، بمستوى دلالة 0.019.

5- وجود علاقة ذات دلالة إحصائية بين تعلم الأم والنظرة إلى العمل التطوعي، بمستوى دلالة 0.040.

6- عدم وجود علاقة ذات دلالة إحصائية بين مستوى الأم التعليمي والتوجهات المستقبلية نحو المشاركة في العمل التطوعي.

من خلال هذه النتائج يتبين الدور الهام الذي يلعبه المستوى التعليمي للام ولعل هذا مؤشر قوي على أهمية عملية التنشئة الاجتماعية, ودور الأم في توجيه أبنائها نحو المشاركة في العمل التطوعي, الذي يعتمد على حد كبير على درجة الوعي لديها والتي غالبا ما ترتبط بالمستوى التعليمي.

جدول 33. نتائج اختبار مربع كاي للعلاقة بين المستوى التعليمي للأم ودور الشباب الجامعي في العمل التطوعي

دور الشباب الجامعي في العمل التطوعي	قيمة مربع كاي	درجات الحرية	مستوى الدلالة
المشاركة من خلال العضوية	99.363	33	0.000
المشاركة من خلال النشاطات	195.718	108	0.000
تأثير الأسرة على المشاركة	125.907	45	0.000
تأثير الأصدقاء على المشاركة	55.647	36	0.019
النظرة إلى العمل التطوعي	25.833	15	0.040
التوجهات المستقبلية نحو المشاركة	3.538	3	0.316

18- نتائج اختبار مربع كاي للعلاقة بين المستوى التعليمي للأم دور الشباب الجامعي في المشاركة السياسية:

تشير البيانات الواردة في الجدول رقم (34) إلى نتائج اختبار مربع كاي للعلاقة بين المستوى التعليمي للأم ودور الشباب الجامعي في المشاركة السياسية،حيث تظهر البيانات ما يلي:

1- وجود علاقة ذات دلالة إحصائية بين مستوى التعليمي للأم والمشاركة السياسية من خلال العضوية والانتساب، بمستوى دلالة 0.000.

2- وجود علاقة ذات دلالة إحصائية بين مستوى الأم التعليمي والمشاركة السياسية من خلال المشاركة في النشاطات السياسية، بمستوى دلالة 0.000.

3- عدم وجود علاقة ذات دلالة إحصائية بين المستوى التعليمي للأم وتأثير الأسرة على المشاركة السياسية، بمستوى دلالة 0.122.

4- عدم وجود علاقة ذات دلالة إحصائية بين مستوى التعليمي للأم وتأثير الأصدقاء على المشاركة السياسية.

5- عدم وجود علاقة ذات دلالة إحصائية بين المستوى التعليمي والنظرة إلى المشاركة السياسية.

6- وجود علاقة ذات دلالة إحصائية بين مستوى الأم التعليمي والتوجهات المستقبلية نحو المشاركة السياسية، بمستوى دلالة 0.001.

يتضح من خلال النتائج الواردة أعلاه أن للمستوى التعليمي للام تأثير على دور الشباب الجامعي من حيث المشاركة السياسية من خلال العضوية أو من خلال المشاركة في النشاطات، إذ أن المستوى التعليمي للام قد يؤثر في تحفيز الأبناء على المشاركة السياسية أو الابتعاد عنها، حيث انه يرتبط بدرجة الوعي بأهمية المشاركة، التي تعكس مدى الإحساس والانتماء.

جدول 34. نتائج اختبار مربع كاي للعلاقة بين المستوى التعليمي للام ودور الشباب الجامعي في المشاركة السياسية

دور الشباب الجامعي في المشاركة السياسية	قيمة مربع كاي	درجات الحرية	مستوى الدلالة
المشاركة من خلال العضوية	83.14	18	0.000
المشاركة من خلال النشاطات	193.422	117	0.000
تأثير الأسرة على المشاركة	56.204	45	0.122
تأثير الأصدقاء على المشاركة	44.14	45	0.514
النظرة إلى المشاركة السياسية	20.217	15	0.164
التوجهات المستقبلية نحو المشاركة	47.494	21	0.001

19- نتائج اختبار مربع كاي للعلاقة بين المستوى التعليمي للأب ودور الشباب الجامعي في العمل التطوعي:

تشير البيانات الواردة في الجدول رقم (35) إلى نتائج اختبار مربع كاي للعلاقة بين المستوى التعليمي للأب الشباب الجامعي في العمل التطوعي،حيث تظهر البيانات ما يلي:

1- وجود علاقة ذات دلالة إحصائية بين مستوى الأب التعليمي والمشاركة في العمل التطوعي من خلال العضوية والانتساب، بمستوى دلالة 0.001.

2- عدم وجود علاقة ذات دلالة إحصائية بين مستوى الأب التعليمي والمشاركة في العمل التطوعي من خلال المشاركة في النشاطات التطوعية.

3- وجود علاقة ذات دلالة إحصائية بين مستوى الأب التعليمي وتأثير الأسرة على المشاركة في العمل التطوعي، بمستوى دلالة 0.001.

4- وجود علاقة ذات دلالة إحصائية بين مستوى الأب التعليمي وتأثير الأصدقاء على المشاركة في العمل التطوعي، بمستوى دلالة0.008.

5- وجود علاقة ذات دلالة إحصائية بين مستوى الأب التعليمي والنظرة إلى العمل التطوعي، بمستوى دلالة 0.000.

6- عدم وجود علاقة ذات دلالة إحصائية بين المستوى التعليمي لأب والتوجهات المستقبلية نحو المشاركة في العمل التطوعي.

من خلال النتائج الواردة أعلاه يتبين إن المستوى التعليمي للأب كانت له علاقة ذات دلالة مع غالبية الفقرات مما يدل على أهمية التأثير لتعليم الأب على المشاركة في العمل التطوعي وهذه النتيجة تتشابه مع تأثير المستوى التعليمي للام وتأثيره على المشاركة في العمل التطوعي.

كما انه من الملاحظ بان المستوى التعليمي للأب لم يؤثر على التوجهات المستقبلية نحو المشاركة، أي أن المستوى التعليمي لم يرتبط بأي توجيهات للأبناء في المستقبل للمشاركة، وإنما يبدو أن الأمر تم تركه للأبناء لاختيار ما يناسبهم.

جدول 35. نتائج اختبار مربع كاي للعلاقة بين المستوى التعليمي للأب ودور الشباب الجامعي في العمل التطوعي

مستوى الدلالة	درجات الحرية	قيمة مربع كاي	دور الشباب الجامعي في العمل التطوعي
0.01	33	54.704	المشاركة من خلال العضوية
0.068	108	130.674	المشاركة من خلال النشاطات
0.001	45	80.663	تأثير الأسرة على المشاركة
0.008	36	59.750	تأثير الأصدقاء على المشاركة
0.000	15	41.247	النظرة إلى العمل التطوعي
0.927	3	0.464	التوجيهات المستقبلية نحو المشاركة

20- اختبار مربع كاي للعلاقة بين المستوى التعليمي للأب ودور الشباب الجامعي في المشاركة السياسية:

تشير البيانات الواردة في الجدول رقم (36) إلى نتائج اختبار مربع كاي للعلاقة بين المستوى التعليمي للأب ودور الشباب الجامعي في المشاركة السياسية،حيث تظهر البيانات ما يلي:

1- وجود علاقة ذات دلالة إحصائية بين المستوى التعليمي للأب والمشاركة السياسية من خلال العضوية والانتساب، بمستوى دلالة 0.033.

2- عدم وجود علاقة ذات دلالة إحصائية بين مستوى الأب التعليمي والمشاركة السياسية من خلال المشاركة في النشاطات السياسية.

3- عدم وجود علاقة ذات دلالة إحصائية بين مستوى الأب التعليمي وتأثير الأسرة على المشاركة السياسية.

4- عدم وجود علاقة ذات دلالة إحصائية بين المستوى التعليمي للأب وتأثير الأصدقاء على المشاركة السياسية.

-5 عدم وجود علاقة ذات دلالة إحصائية بين المستوى التعليمي للأب والنظرة إلى المشاركة السياسية.

-6 وجود علاقة ذات دلالة إحصائية بين مستوى الأب التعليمي والتوجهات المستقبلية نحو المشاركة السياسية، بمستوى دلالة 0.000.

بذلك يتبين أن المستوى التعليمي للأب ليس له علاقة ذات دلالة إحصائية مع غالبية الفقرات المتعلقة بدور الشباب الجامعي في المشاركة السياسية، باستثناء المشاركة من خلال النشاطات، وكان له تأثير بخصوص التوجهات المستقبلية نحو المشاركة، إذ أن الوعي بأهمية المشاركة يرتبط بالمستوى التعليمي، حيث أن التعليم قد يزيد من المعلومات حول موضوع المشاركة السياسية، مما يجعل دور الأب مؤثر في موضوع المشاركة، وخصوصا من خلال العضوية ومن حيث التوجيه للمستقبل سواء بالمشاركة أو بالابتعاد عنها.

جدول 36. نتائج اختبار مربع كاي للعلاقة بين مستوى الأب التعليمي ودور الشباب الجامعي في المشاركة السياسية

مستوى الدلالة	درجات الحرية	قيمة مربع كاي	دور الشباب الجامعي في العمل التطوعي
0.033	18	30.462	المشاركة من خلال العضوية
0.084	117	138.679	المشاركة من خلال النشاطات
0.384	45	47.164	تأثير الأسرة على المشاركة
0.128	45	55.914	تأثير الأصدقاء على المشاركة
0.107	15	22.026	النظرة إلى المشاركة السياسية
0.000	21	66.262	التوجهات المستقبلية نحو المشاركة

2- الفروق ما بين دور الشباب في العمل التطوعي والمشاركة السياسية.

تم استخدام اختبار (ت) لفروق العينات المتزاوجة (paired -sample) t.test حيث أن هذا النوع من الاختبار يتناسب مع هذه الدراسة التي تجري اختبارها في موضوعين لعينة

واحدة، وهما دور الشباب الجامعي في العمل التطوعي ودوره في المشاركة السياسية. وتم قياس الفروق فيما بين الجوانب التالية:

1-المشاركة من خلال العضوية في العمل التطوعي والمشاركة السياسية.

2-المشاركة بأنشطة العمل التطوعي والمشاركة السياسية.

3-تأثير الأسرة على المشاركة في العمل التطوعي وتأثيرها على المشاركة السياسية.

4-تأثير الأصدقاء على المشاركة في العمل التطوعي وتأثيرهم على المشاركة السياسية.

5-نظرة الشباب الجامعي إلى العمل التطوعي ونظرتهم إلى المشاركة السياسية.

6-مستقبل المشاركة في العمل التطوعي والمشاركة السياسية.

7-معوقات المشاركة في العمل التطوعي والمشاركة السياسية.

كما سيتم تحديد قوة العلاقة بين كل منهما، وذلك باستخدام معامل ارتباط بيرسون. وقد جاءت نتائج الدراسة كالتالي:

1- نتائج اختبار (ت) للفروق بين الفقرات المتعلقة بالمشاركة في العمل التطوعي من خلال المشاركة بالعضوية في الأنشطة التطوعية والسياسية.

يتبيّن من الجدول رقم (37) أن قيمة (ت) المحسوبة بالنسبة للفروق بين المشاركة من خلال العضوية في الأنشطة التطوعية والأنشطة السياسية بلغت17.384، بمستوى دلالة 000، وهي ذات دلالة إحصائية كون sig = 0.05< 0.000 مما يدل على وجود فروق بين إقبال الشباب الجامعي على المشاركة في العمل التطوعي من خلال العضوية وإقبالهم على المشاركة السياسية, ويشير الوسط الحسابي إلى أن العلاقة تتجه لصالح المشاركة في العمل التطوعي من خلال العضوية. وباستخدام معامل ارتباط بيرسون لاختبار العلاقة بين المشاركة في العمل التطوعي من خلال العضوية والمشاركة السياسية من خلال العضوية فقد تبيّن وجود علاقة ذات دلالة إحصائية،حيث بلغت 0.000 وقد بلغت قوة العلاقة 63.5% وهي علاقة موجبة ذات اتجاه طردي وبذلك يتبيّن أن الفروق بين المشاركة من خلال العضوية هي ذات

دلالة لصالح عضوية العمل التطوعي. أي ان الشباب الجامعي يتجه نحو عضوية الفعاليات التطوعية بينما لا يميل إلى العضوية في الفعاليات السياسية،ولعل هذا الأمر له ما يبرره كما سبق وأشرنا، بأن الارتياح والأمان يجده الشباب في الفعاليات التطوعية، بينما عدم الارتياح والشك لا يزال موجود نحو عضوية الفعاليات السياسية وخصوصا في مجال عضوية الأحزاب السياسية.

جدول 37. نتائج اختبار (ت) للفروق المتعلقة بالمشاركة من خلال العضوية في العمل التطوعي والمشاركة السياسية

المشاركة من خلال العضوية	الوسط الحسابي	الانحراف المعياري	قيمةt. test	مستوى الدلالة
المشاركة في العمل التطوعي من خلال العضوية	1.0757	0.13128	-17.384	0.000
المشاركة السياسية من خلال العضوية	1.0235	0.09422		

2- نتائج اختبار (ت) للفروق بين الفقرات المتعلقة بالمشاركة في الأنشطة التطوعية والأنشطة السياسية:

يتبيّن من خلال الجدول رقم (38) أن قيمة(ت) المحسوبة بالنسبة للفروق بين المشاركة الأنشطة التطوعية وبين الأنشطة السياسية قد بلغت 14.384 بمستوى دلالة 0.000 وهي ذات دلالة إحصائية كون (sig= 0.000 > 0.05) مما يدل على وجود فروق بين مشاركة الشباب الجامعي بالفعاليات التطوعية والفعاليات السياسية،كما يتبيّن أن الفروق هي لصالح المشاركة في النشاطات التطوعية بمعنى أن هناك فرقا بين مشاركة الشباب الجامعي في الأنشطة التطوعية ومشاركتهم في الأنشطة السياسية.

وهذه النتيجة تعتبر طبيعية في ضوء النتائج التي خرجت بها هذه الدراسة في البداية والتي تبين فيها وجود معوقات تعيق المشاركة في الأنشطة السياسية.

أما عن قوة الارتباط بين مشاركة الشباب الجامعي بالفعاليات التطوعية والفعاليات السياسية، اظهر معامل ارتباط بيرسون Pearson لاختبار قوة العلاقة بينهما, أن العلاقة ذات

دلالة إحصائية عند مستوى 0.01،حيث بلغت قوة العلاقة 45.4% وهي علاقة طردية موجبة متوسطة القوة, أي أن الترابط فيما بين المشاركة بأنشطة الفعاليات التطوعية وأنشطة الفعاليات السياسية متوسط، وبمعنى أخر فإن المشاركة بأنشطة الفعاليات التطوعية تؤثر على المشاركة في أنشطة الفعاليات السياسية، أي أنها قد تدفع الشباب الجامعي نحو المشاركة السياسية بدرجة متوسطة. وهذا ما خرجت به إحدى نتائج دراسة Smith (1999) من أن المشاركة في العمل التطوعي تؤثر على المشاركة السياسية والمدنية للشباب في المستقبل. وهذا لم يظهر من خلال نتائج هذه الدراسة إلا أن دراسة ليون(2000) Leon والتي تبين فيها أن العلاقة ليست قوية لتأثير العمل التطوعي على المشاركة السياسية، إلا أن الطلبة الجامعي لديهم حماس للقيام بالإعمال التطوعية ومن ناحية أخرى لديهم اهتمام ضئيل بالمهن السياسية وبالمشاركة السياسية وهم اقل انخراطا ومشاركة بالسياسة وهذا يعتبر متقارب مع النتيجة التي خرجت بها هذه الدراسة.

جدول 38. نتائج اختبار (ت) للفروق المتعلقة بالمشاركة من خلال أنشطة العمل التطوعي والمشاركة السياسية

مستوى الدلالة	قيمة t. test	الانحراف المعياري	الوسط الحسابي	المشاركة من خلال الأنشطة
0.000	14.384	0.01720	1.8943	المشاركة في الأنشطة التطوعية
		0.01825	1.6276	المشاركة في الأنشطة السياسية

3- نتائج اختبار (ت). للفروق بين تأثير الأسرة على المشاركة في العمل التطوعي والمشاركة السياسية:

بين الجدول رقم (39) أن قيمة (ت) المحسوبة بالنسبة للفرو قات بين تأثير الأسرة على المشاركة في العمل التطوعي والمشاركة السياسية قد بلغت (1.800) بمستوى دلالة 0.072, وهي ليست ذات دلالة إحصائية، مما يدل على أنه ليس هناك فرق في تأثير الأسرة على المشاركة في العمل التطوعي وتأثيرها على المشاركة السياسية، أي أن تأثيرها على كلا المجالين متشابه إلى حد ما، والذي تبين انه ضعيف بشكل عام، وباستخدام معامل ارتباط

بيرسون لاختبار العلاقة بين تأثير الأسرة على المشاركة في العمل التطوعي وتأثيرها على المشاركة السياسية، تبيّن أن هناك علاقة ذات دلالة إحصائية عند مستوى 0.01، حيث بلغت قوة العلاقة 36.5% وهي علاقة طردية موجبة متوسطة. أي أن قوة العلاقة بين تأثير الأسرة على المشاركة في العمل التطوعي وتأثير الأسرة على المشاركة السياسية هو متوسط، بمعنى آخر ان قوة العلاقة التي تربط تأثير الأسرة حول المجالين متوسطة.

على الرغم من أن الأسرة هي إحدى أهم المؤسسات التي تسهم في إكساب الشباب لأدوارهم الاجتماعية، ودورها الهام في التوجيه. وقد يكون سبب هذا الضعف عدم توفر المعلومات لدى الأسرة، أو ربما خوف الأسرة من انشغال الأبناء في مواضيع قد تؤثر على سير دراستهم، بالإضافة إلى التخوف الذي لا تزال الأسرة تبديه من المشاركة السياسية بشكل عام. هذه النتيجة لا تتفق مع إحدى نتائج دراسة سميث (1999) Smith والتي وجدت أن المشاركة السياسية والمدنية تتأثران بتوجيهات الوالدين وأن هناك علاقة ما بين تدخل الوالدين المبكر والمشاركة السياسية والمدنية.

جدول 39. نتائج اختبار(ت) للفروق بين تأثير الأسرة على المشاركة في العمل التطوعي والمشاركة السياسية

مستوى الدلالة	قيمة t. test	الانحراف المعياري	الوسط الحسابي	تأثير الأسرة
0.072	1.800	0.77698	2.1169	تأثير الأسرة على المشاركة في العمل التطوعي
		0.72154	2.0720	تأثير الأسرة على المشاركة السياسية

4- نتائج اختبار (ت) للفروق بين الفقرات المتعلقة بتأثير الأصدقاء على المشاركة في العمل التطوعي والمشاركة السياسية:

يلاحظ من خلال الجدول رقم (40) أن قيمة (ت) المحسوبة بالنسبة للفروق بين تأثير الأصدقاء على المشاركة في العمل التطوعي وتأثير الأصدقاء على المشاركة السياسية قد

بلغت (1.024) وهي ليست ذات دلالة إحصائية مما يدل على أنه ليس هناك فروق بين تأثير الأصدقاء على المشاركة في العمل التطوعي وأثرهم على المشاركة السياسية.أي أن مستوى التأثير متقارب والذي سبق وأن تبين لنا بأنه بشكل عام ضعيف، وهذه النتيجة تعتبر غريبة بعض الشيء في ضوء الدراسات الكثيرة التي تبين فيها التأثير القوي لجماعة الأصدقاء، باعتبارهم إحدى الجهات التي تلعب دورا مهما في إكساب الشباب لأدوارهم الاجتماعية. وقد يكون ذلك بسبب عدم توفر المعلومات لدى جماعة الأصدقاء حول العمل التطوعي والقضايا السياسية بشكل عام لأحداث تأثير ما.

وباستخدام معامل ارتباط بيرسون لاختبار قوة العلاقة بين تأثير الأصدقاء على المشاركة في العمل التطوعي وتأثيرهم على المشاركة السياسية تبيّن وجود علاقة ذات دلالة إحصائية عند مستوى 0.01،وقد بلغت قوة العلاقة 38.0% وهي علاقة طردية موجبة متوسطة القوة، أي أن درجة الترابط بين تأثير الأصدقاء على المشاركة في العمل التطوعي.وتأثيرهم على المشاركة السياسية هو تأثير متوسط القوة.

جدول 40. نتائج اختبارt. test للفروق بين تأثير الأصدقاء على المشاركة في العمل التطوعي والمشاركة السياسية

تأثير الأصدقاء	الوسط الحسابي	الانحراف المعياري	قيمةt. test	مستوى الدلالة
تأثير الأصدقاء على المشاركة في العمل التطوعي	2.2133	0.86917	1.024	0.306
تأثير الأصدقاء على المشاركة السياسية	2.1843	0.85023		

5- نتائج اختبار (ت) للفروق بين نظرة الشباب إلى العمل التطوعي ونظرتهم إلى المشاركة السياسية:

يلاحظ من خلال الجدول رقم (41) أن قيمة(ت) المحسوبة بالنسبة للفروق بين النظرة إلى العمل التطوعي والنظرة للمشاركة السياسية (24.573) بمستوى دلالة 000, وهي ذات دلالة إحصائية كون sig= 0.000 (0.05 >) مما يدل على أن هناك فرقا بين النظرة إلى العمل التطوعي والنظرة للمشاركة السياسية.

وباستخدام معامل ارتباط بيرسون لاختبار قوة العلاقة بين نظرة الشباب إلى العمل التطوعي و نظرة الشباب للمشاركة السياسية تبيّن وجود علاقة ذات دلالة إحصائية عند مستوى 0.01، وقد بلغت قوة العلاقة 29.5% وهي علاقة طردية موجبة ضعيفة.كما يلاحظ من خلال المتوسطات الحسابية أنها الأعلى عند النظرة إلى العمل التطوعي مما يعطي المؤشرات لنظرة أكثر إيجابية نحو العمل التطوعي من النظرة إلى المشاركة السياسية. هذه النتيجة تؤكد النظرة السلبية نحو المشاركة السياسية، لاعتبارات مختلفة سبق وتم تناولها عند الحديث عن معوقات المشاركة السياسية. كما تتفق هذه النتيجة مع إحدى نتائج دراسة ليون (2000) Leon ، التي وجدت أن هناك فرق ما بين النظرة إلى العمل التطوعي وما بين النظرة إلى المشاركة السياسية حيث أن الطلبة في الجامعة يرون أن العمل التطوعي أفضل من المشاركة في السياسية.

جدول 41. نتائج اختبار (ت) للفروق بين نظرة الشباب إلى العمل التطوعي ونظرته للمشاركة السياسية

مستوى الدلالة	قيمة t. test	الانحراف المعياري	الوسط الحسابي	النظرة للمشاركة
0.000	24.573	0.027374	1.8151	النظرة للعمل التطوعي
		0.35144	1.5424	النظرة للمشاركة السياسية

6- نتائج اختبار (ت) للفروق بين التوجهات المستقبلية نحو المشاركة في العمل التطوعي و المشاركة السياسية:

تظهر بيانات الجدول رقم (42) أن هناك فروقا بين التوجهات المستقبلية للمشاركة في العمل التطوعي والتوجهات المستقبلية نحو المشاركة السياسية، حيث بلغت قيمه (ت) 22.146، بمستوى دلالة 000، وهي ذات دلالة إحصائية كون (sig=0.000<0.05). وباستخدام اختبار بيرسون لاختبار قوة العلاقة بينهما تبيّن وجود علاقة ذات دلالة إحصائية عند مستوى 05، وقد بلغت قوة العلاقة 6.6% وهي علاقة طردية موجبة ضعيفة.

النتيجة التي تظهر البيانات أن التوجهات المستقبلية نحو المشاركة في العمل التطوعي تختلف عن تلك التوجهات نحو المشاركة السياسية لصالح العمل التطوعي، كما تبين أن العلاقة ما بين التوجهات المستقبلية نحو العمل التطوعي والمشاركة السياسية ضعيفة وان ارتباطهما ببعض ضعيف، الأمر الذي يؤكد ان الفصل ما بين الموضوعين متوفر لدى الشباب

الجامعي بشكل واضح. وهذا الوضع يبدو خطيرا كون الشباب هم صنّاع المستقبل، ولمشاركتهم أهمية كبرى للمجتمع , وان الاستمرار في النظرة السلبية نحو المشاركة في المستقبل، تشكل مشكلة حقيقية بحاجة إلى تضافر الجهود لعلاجها، وتفعيل مشاركة الشباب في كلا المجالين دون استثناء.

جدول 42. نتائج اختبار (ت) للفروق بين التوجهات المستقبلية نحو المشاركة في العمل التطوعي والمشاركة السياسية

التوجهات المستقبلية	الوسط الحسابي	الانحراف المعياري	قيمة t. test	مستوى الدلالة
النظرة المستقبلية للمشاركة في العمل التطوعي	1.4951	0.25452	22.146	0.000
النظرة المستقبلية للمشاركة السياسية	1.2606	0.27079		

7- نتائج اختبار (ت) للفروق بين معوقات المشاركة في العمل التطوعي والمشاركة السياسية:

بين الجدول رقم (43) أن قيمة (ت) المحسوبة بالنسبة للفروق بين المعوقات التي تحد من المشاركة في العمل التطوعي والمعوقات التي تحد من المشاركة السياسية، قد بلغت 7462,- بمستوى دلالة 000, وهي ذات دلالة إحصائية كون (sig= 0.000 < 0.05)، مما يدل على أن هناك فروق بين العوائق التي تؤثر على المشاركة في العمل التطوعي ومعوقات المشاركة السياسية، وبمعنى آخر إن المعوقات التي تحد من المشاركة في العمل التطوعي هي غير تلك التي تؤثر على المشاركة السياسية.

وباستخدام معامل ارتباط بيرسون لاختبار العلاقة بين معوقات المشاركة في العمل التطوعي ومعوقات المشاركة السياسية تبيّن وجود علاقة ذات دلالة إحصائية عند مستوى 0.01 بينهما، وقد بلغت قوة العلاقة 45.7% وهي علاقة طردية موجبة متوسطة، أي أن قوة العلاقة بين المعوقات التي تؤثر على مشاركة الشباب في العمل التطوعي وعلى تلك المؤثرة في المشاركة السياسية متوسطة.

والنتيجة التي تظهر هنا أن لكل مجال منهما معوقات خاصة به، وهذا مؤشر واضح على الفصل التام ما بين العمل التطوعي والمشاركة السياسية، على العكس لدى الكثير من

الدول الأجنبية، التي تعتبر في العمل التطوعي هو احد صور المشاركة السياسية، والعكس أيضاً صحيح للبعض الآخر، وهذا يعكس خصوصية الوضع في المجتمعات العربية بشكل عام والمجتمع الأردني بشكل خاص، الذي أثرت فيه الظروف والعوامل التاريخية والسياسية والاقتصادية والثقافية، بحيث جعلت من الفصل ما بين المجالين هو الوضع المرغوب بالنسبة للحكومات، تخوفا من تسييس أي عمل تطوعي، الأمر الذي يعتبر خطرا على الأمن الداخلي، وهذه من إحدى المعوقات التي تحد من المشاركة بشكل عام.

جدول 43. نتائج اختبار (ت) للفروق بين معوقات المشاركة في العمل التطوعي والمشاركة السياسية

مستوى الدلالة	قيمة t. test	الانحراف المعياري	الوسط الحسابي	المعوقات
0.000	-7.462	0.22933	1.4665	معوقات المشاركة في العمل التطوعي
		0.27607	1.5251	معوقات المشاركة السياسية

الفصل السابع

ملخص النتائج والتوصيات

النتائج:

من خلال العرض السابق لنتائج الدراسة الميدانية فإن نتائج الدراسة في ضوء تساؤلات وفرضيات الدراسة جاءت كما يلي:

أولا: فيما يتعلق بتساؤلات الدراسة فقد جاءت نتائجها كما يلي:

1- فيما يتعلق بمدى مشاركة الشباب الجامعي من خلال العضوية والانتساب في فعاليات العمل التطوعي والسياسي، تبيّن أن المشاركة ضعيفة في كلا المجالين وأنها أكثر ضعفا في المجال السياسي.

2- فيما يتعلق بمدى مشاركة الشباب الجامعي في مجالات العمل التطوعي والسياسي المختلفة من خلال المشاركة في بعض النشاطات فإن المشاركة ضعيفة بكلا المجالين وأنها الأكثر ضعفا في الفعاليات السياسية.

3- فيا يتعلق بتأثير الأسرة على المشاركة في العمل التطوعي والمشاركة السياسية تبيّن أن تأثير الأسرة ضعيف في التأثير على أبنائها للمشاركة في العمل التطوعي وكذلك الحال لتأثير الأسرة على المشاركة السياسية، حيث إن دورها سلبي في كلا المجالين والأكثر سلبية يلاحظ في مجال المشاركة السياسية.

4- فيما يتعلق بتأثير الأصدقاء على المشاركة في العمل التطوعي والمشاركة السياسية نجد كذلك أن التأثير ضعيف في كلا المجالين، حيث لا يشجع الأصدقاء بعضهم على المشاركة في العمل التطوعي أو المشاركة السياسية.

5- أما النظرة إلى العمل التطوعي والنظرة إلى المشاركة السياسية يتضح من الدراسة أن غالبية أفراد العينة ينظرون نظرة إيجابية للعمل التطوعي ودوره في بناء الوطن ودعم مسيرة التنمية، بينما لا نجد الأمر كذلك عند النظر إلى المشاركة السياسية.

6- فيما يتعلق بالمعوقات التي تؤثر على المشاركة في العمل التطوعي فإن غالبية أفراد العينة يعيق مشاركتهم، الانشغال بالدراسة، والاهتمام بالأمور الشخصية، وعدم توافر المعلومات حول

التطوع وأماكنه وأوقاته يشكل عائق، كما أن أكثر من نصف أفراد العينة يرون أن العمل التطوعي يفتقد للمصداقية، وهم غير مقتنعين بالأسلوب الذي يتم فيه.

أما عن المشاركة السياسية فإن أكثر من نصف أفراد العينة يرون أن الانشغال بالدراسة، والاهتمام بأمور الحياة الشخصية يعوق مشاركتهم، وكذلك عدم وجود قدوة، وعدم توافر المعلومات حول القضايا لسياسية، والجهل بكيفية وأماكن المشاركة، وكذلك فإن عدم القناعة بالأسلوب، وفقدان المصداقية في العمل السياسي، وعدم توافر الحوافز للمشاركة،وعدم توافر الرغبة في المشاركة كان لدى أكثر من نصف العينة.

1- أما عن التوجهات المستقبلية للمشاركة في العمل التطوعي والمشاركة السياسية، فإن لدى غالبية أفراد العينة توجهات للمشاركة في المستقبل في الفعاليات التطوعية، وعكس ذلك ينطبق على المشاركة السياسية،حيث إن الغالبية العظمى من أفراد العينة ليس لديهم ميل للمشاركة السياسية، سواء بالتصويت أم الترشح أو الانتساب لحزب ما.

ثانياً: تأثير المتغيرات الاجتماعية والاقتصادية والديموغرافية على مشاركة الشباب الجامعي في العمل التطوعي والمشاركة السياسية، وقد خرجت الدراسة بالنتائج التالية:

1- العلاقة بين الجنس ودور الشباب الجامعي في العمل التطوعي، أظهرت نتائج الدراسة ما يلي:

- وجود علاقة ذات دلالة إحصائية بين الجنس وكل من: المشاركة في العمل التطوعي من خلال العضوية والانتساب.وبين المشاركة في أنشطة الفعاليات التطوعية، وبين تأثير الأصدقاء على المشاركة في العمل التطوعي. وبين النظرة إلى العمل التطوعي.وبين التوجهات المستقبلية نحو المشاركة في العمل التطوعي.
- فيما لم يتبيّن وجود علاقة ذات دلالة إحصائية بين الجنس وتأثير الأسرة على المشاركة في العمل التطوعي.

2-**العلاقة بين الجنس ودور الشباب الجامعي في المشاركة السياسية**، وقد جاءت نتائج الدراسة كما يلي:

- تبيّن وجود علاقة ذات دلالة إحصائية بين الجنس وكل من: المشاركة السياسية مـن خـلال العضوية والانتساب.وبين المشاركة من خلال النشاطات السياسية.

  وبين تأثير الأسرة على المشاركة السياسية. وبين تـأثير الأصدقاء عـلى المشـاركة السياسية. وبـين التوجهـات المستقبلية نحو المشاركة السياسية.

- فيما لم يتبيّن وجود علاقة ذات دلالة إحصائية بين الجنس والنظرة إلى المشاركة السياسية.

3-**العلاقة بين الديانة ودور الشباب الجامعي في العمل التطوعي**، أظهرت البيانات ما يلي:

- وجود علاقة ذات دلالة إحصائية بين الديانة وكل من: المشاركة في العمـل التطوعـي مـن خـلال العضـوية والانتسـاب، والمشـاركة في أنشـطة الفعاليـات التطوعيـة، وبـين تـأثير الأصـدقاء عـلى المشـاركة في العمـل التطوعي.

- فيما تبين عدم وجود علاقة ذات دلالة إحصائية بين الديانة وكل مـن: تـأثير الأسرة عـلى المشـاركة في العمل التطوعي. والنظرة إلى العمل التطوعي وبين التوجهات المستقبلية نحو المشاركة في العمل التطوعي.

4-**العلاقة بين الديانة ودور الشباب الجامعي في المشاركة السياسية، حيث تظهر البيانات ما يلي:**

- وجود علاقة ذات دلالة إحصائية بين الديانة والمشاركة في النشاطات السياسية

- ولم يتبين وجود علاقة ذات دلالة إحصائية مابين الديانة وكل مـن: المشاركة السياسية مـن خـلال العضوية والانتساب، وتـأثير الأسرة عـلى المشاركة السياسية، وتأثير الأصدقاء عـلى المشاركة السياسية، والنظـرة إلى المشاركة السياسية، والتوجيهات المستقبلية نحو المشاركة السياسية.

5-العلاقة بين درجة التدين ودور الشباب الجامعي في العمل التطوعي:

تبين من خلال الدراسة ما يلي:

- وجود علاقة ذات دلالة إحصائية بين درجة التدين وكل من: المشاركة في العمل التطوعي من خلال العضوية والانتساب، والمشاركة في أنشطة الفعاليات التطوعية، وتأثير الأسرة على المشاركة في العمل التطوعي، وتأثير الأصدقاء على المشاركة في العمل التطوعي، والنظرة إلى العمل التطوعي.

- بينما تبين عدم وجود علاقة ذات دلالة إحصائية بين التدين والتوجهات المستقبلية نحو المشاركة في العمل التطوعي.

6-العلاقة بين درجة التدين ودور الشباب الجامعي في المشاركة السياسية:

وقد أظهرت البيانات ما يلي:

- وجود علاقة ذات دلالة إحصائية بين درجة التدين وبين كل من: المشاركة السياسية من خلال العضوية والانتساب. وتأثير الأسرة على المشاركة السياسية وتأثير الأصدقاء على المشاركة السياسية.

- عدم وجود علاقة ذات دلالة إحصائية بين درجة التدين وبين كل من: المشاركة في النشاطات السياسية، والنظرة إلى المشاركة السياسية، والتوجهات المستقبلية نحو المشاركة السياسية.

7-العلاقة بين نوع الكلية ودور الشباب الجامعي في العمل التطوعي: تظهر النتائج ما يلي:

- عدم وجود علاقة ذات دلالة إحصائية بين نوع الكلية وبين كل من: المشاركة في العمل التطوعي من خلال العضوية والانتساب، والمشاركة في العمل التطوعي من خلال النشاطات التطوعية، وتأثير الأسرة على المشاركة في العمل التطوعي.

- وجود علاقة ذات دلالة إحصائية بين نوع الكلية وبين كل من: تأثير الأصدقاء على المشاركة في العمل التطوعي، والنظرة إلى العمل التطوعي، والتوجهات المستقبلية نحو المشاركة في العمل التطوعي.

8-العلاقة بين نوع الكلية ودور الشباب الجامعي في المشاركة السياسية:

أظهرت البيانات ما يلي:

- وجود علاقة ذات دلالة إحصائية بين نوع الكلية وكل من: المشاركة من خلال العضوية والانتساب، والمشاركة من خلال الأنشطة وتأثير الأصدقاء على المشاركة السياسية.

- عدم وجود علاقة ذات دلالة إحصائية بين نوع الكلية وكل من: تأثير الأسرة على المشاركة السياسية. والنظرة إلى المشاركة السياسية، والتوجهات المستقبلية نحو المشاركة السياسية.

9-العلاقة بين المستوى الدراسي ودور الشباب الجامعي في العمل التطوعي:

تظهر البيانات ما يلي:

- وجود علاقة ذات دلالة إحصائية بين المستوى الدراسي وكل من: المشاركة في العمل التطوعي من خلال العضوية والانتساب، والمشاركة من خلال النشاطات التطوعية، وتأثير والأصدقاء على المشاركة في العمل التطوعي، والنظرة إلى العمل التطوعي، والتوجهات المستقبلية نحو المشاركة في العمل التطوعي.

- عدم وجود علاقة ذات دلالة إحصائية بين المستوى الدراسي وتأثير الأسرة على المشاركة في العمل التطوعي.

10-العلاقة بين المستوى الدراسي ودور الشباب الجامعي في المشاركة السياسية:

تظهر البيانات ما يلي:

- عدم وجود علاقة ذات دلالة إحصائية بين المستوى الدراسي وكل من: والمشاركة السياسية من خلال العضوية والانتساب، وتأثير الأسرة على المشاركة السياسية.

- وجود علاقة بين المستوى الدراسي وكل من: المشاركة في النشاطات السياسية وتأثير الأصدقاء على المشاركة السياسية والنظرة إلى المشاركة السياسية والتوجهات المستقبلية نحو المشاركة السياسية.

11-العلاقة بين مكان الإقامة ودور الشباب الجامعي في العمل التطوعي:

كشفت نتائج الدراسة عن الآتي:

- وجود علاقة ذات دلالة إحصائية بين مكان الإقامة وكل من: والمشاركة من خلال العضوية والانتساب، ومن خلال المشاركة في النشاطات التطوعية، والنظرة إلى العمل التطوعي، والتوجهات المستقبلية نحو المشاركة.

- كما تظهر البيانات عدم وجود علاقة ذات دلالة إحصائية بين مكان الإقامة وتأثير الأسرة على المشاركة في العمل التطوعي. وتأثير الأصدقاء على المشاركة في العمل التطوعي.

12-العلاقة بين مكان الإقامة ودور الشباب الجامعي في المشاركة السياسية:

حيث تظهر البيانات ما يلي:

- وجود علاقة ذات دلالة إحصائية بين مكان الإقامة وكل من: والمشاركة من خلال العضوية والانتساب، من خلال المشاركة في النشاطات السياسية، وتأثير الأصدقاء على المشاركة السياسية، والتوجهات المستقبلية نحو المشاركة.

- كما تظهر البيانات عدم وجود علاقة ذات دلالة إحصائية بين مكان الإقامة وتأثير الأسرة على المشاركة السياسية. و بين النظرة إلى المشاركة السياسية.

13-العلاقة بين العمل إلى جانب الدراسة ودور الشباب الجامعي في العمل التطوعي، تظهر البيانات ما يلي:

- وجود علاقة ذات دلالة إحصائية بين العمل إلى جانب الدراسة وكل من: المشاركة من خلال العضوية والانتساب، والمشاركة في النشاطات التطوعية.

- عدم وجود علاقة ذات دلالة إحصائية بين العمل وكل من: تأثير الأسرة على المشاركة في العمل التطوعي، وتأثير الأصدقاء على المشاركة في العمل التطوعي، والنظرة إلى العمل التطوعي، والتوجهات المستقبلية نحو المشاركة في العمل التطوعي.

13-**العلاقة بين العمل إلى جانب الدراسة ودور الشباب الجامعي في المشاركة السياسية،** حيث تظهر البيانات ما يلي:

- وجود علاقة ذات دلالة إحصائية بين العمل إلى جانب الدراسة وكل من: والمشاركة السياسية من خلال العضوية والانتساب، ومن خلال المشاركة في النشاطات السياسية.

- تظهر البيانات عدم وجود علاقة ذات دلالة إحصائية بين العمل وكل من: تأثير الأسرة على المشاركة السياسية، وتأثير الأصدقاء على المشاركة السياسية، والنظرة إلى المشاركة السياسية، والتوجهات المستقبلية نحو المشاركة السياسية.

14-**العلاقة بين دخل الأسرة الشهري ودور الشباب الجامعي في العمل التطوعي،** حيث تظهر البيانات ما يلي:

- وجود علاقة ذات دلالة إحصائية بين الدخل الشهري للأسرة وكل من: المشاركة من خلال العضوية والانتساب، ومن خلال المشاركة في النشاطات التطوعية.

- تظهر البيانات عدم وجود علاقة ذات دلالة إحصائية بين الدخل الشهري وكل من: تأثير الأسرة على المشاركة، وتأثير الأصدقاء على المشاركة، والنظرة إلى العمل التطوعي، والتوجهات المستقبلية نحو المشاركة في العمل التطوعي.

15-**العلاقة بين الدخل الشهري لأسرة الشباب الجامعي في المشاركة السياسية،** حيث أظهرت البيانات ما يلي:

- عدم وجود علاقة ذات دلالة إحصائية بين الدخل الشهري للأسرة وكل من: المشاركة من خلال العضوية والانتساب، وتأثير الأصدقاء على المشاركة السياسية، والنظرة إلى المشاركة السياسية، والتوجهات المستقبلية نحو المشاركة السياسية.

- وجود علاقة ذات دلالة إحصائية بين الدخل الشهري للأسرة وكل من: المشاركة في النشاطات السياسية. وتأثير الأسرة على المشاركة السياسية.

16-**العلاقة بين المستوى التعليمي للأم ودور الشباب الجامعي في العمل التطوعي**، حيث تظهر البيانات ما يلي:

- وجود علاقة ذات دلالة إحصائية بين مستوى الأم التعليمي وكل من المشاركة من خلال العضوية والانتساب، والمشاركة من خلال المشاركة في النشاطات التطوعية، وتأثير الأسرة على المشاركة في العمل التطوعي، وتأثير الأصدقاء على المشاركة في العمل التطوعي، والنظرة إلى العمل التطوعي.

- كما تبيّن من خلال البيانات عدم وجود علاقة ذات دلالة إحصائية بين مستوى الأم التعليمي والتوجهات المستقبلية نحو المشاركة في العمل التطوعي.

- **العلاقة بين المستوى التعليمي للأم ودور الشباب الجامعي في المشاركة السياسية**، حيث تظهر البيانات ما يلي:

- وجود علاقة ذات دلالة إحصائية بين مستوى الأم التعليمي وكل من: المشاركة السياسية من خلال العضوية والانتساب، ومن خلال المشاركة في النشاطات السياسية.

- تظهر البيانات عدم وجود علاقة ذات دلالة إحصائية بين المستوى التعليمي للأم وكل من: تأثير الأسرة على المشاركة، وتأثير الأصدقاء على المشاركة، والنظرة إلى المشاركة، والتوجهات المستقبلية نحو المشاركة السياسية.

18-**العلاقة بين المستوى التعليمي للأب ودور الشباب الجامعي في العمل التطوعي**، حيث تظهر البيانات ما يلي:

- وجود علاقة ذات دلالة إحصائية بين مستوى الأب التعليمي والمشاركة في العمل التطوعي من خلال العضوية والانتساب.

- تشير البيانات إلى عدم وجود علاقة ذات دلالة إحصائية بين مستوى الأب التعليمي وكل من: المشاركة من خلال النشاطات التطوعية، وبين التوجهات المستقبلية نحو المشاركة في العمل التطوعي، وتأثير الأسرة على المشاركة في العمل التطوعي، وتأثير الأصدقاء على المشاركة في العمل التطوعي، والنظرة إلى العمل التطوعي

19- العلاقة بين المستوى التعليمي للأب ودور الشباب الجامعي في المشاركة السياسية، حيث تظهر البيانات ما يلي:

- وجود علاقة ذات دلالة إحصائية بين المستوى التعليمي للأب والمشاركة السياسية من خلال العضوية والانتساب. وبين التوجهات المستقبلية نحو المشاركة السياسية.

- عدم وجود علاقة ذات دلالة إحصائية بين مستوى الأب التعليمي وكل من: المشاركة السياسية من خلال المشاركة في النشاطات، وتأثير الأسرة على المشاركة السياسية، وتأثير الأصدقاء على المشاركة السياسية، والنظرة إلى العمل التطوعي.

ثالثا: الفروق بين دور الشباب الجامعي في العمل التطوعي ودوره في المشاركة السياسية.

بيّنت نتائج الدراسة ما يلي:

1- وجود فروق ذات دلالة إحصائية بين مشاركة الشباب الجامعي في النشاطات التطوعية من خلال العضوية والمشاركة السياسية لصالح عضوية فعاليات العمل التطوعي.

2- وجود فروق ذات دلالة إحصائية بين مشاركة الشباب الجامعي في الأنشطة التطوعية ومشاركته في الأنشطة السياسية لصالح العمل التطوعي.

3- ليس هناك فروق ذات دلالة إحصائية لتأثير الأسرة على المشاركة في العمل التطوعي وتأثيرها على المشاركة السياسية.

4- ليس هناك فروق ذات دلالة إحصائية بين تأثير الأصدقاء على المشاركة في العمل التطوعي وتأثيرهم على المشاركة السياسية.

5- وجود فروق ذات دلالة إحصائية بين نظرة الشباب إلى العمل التطوعي ونظرتهم إلى المشاركة السياسية لصالح العمل التطوعي.

6- تبيّن وجود فروق ذات دلالة إحصائية بين التوجهات المستقبلية نحو المشاركة في العمل التطوعي والتوجهات المستقبلية نحو المشاركة السياسية لصالح المشاركة في العمل التطوعي.

7- تبين وجود فروق ذات دلالة إحصائية بين معوقات المشاركة في العمل التطوعي ومعوقات المشاركة السياسية لصالح معوقات المشاركة السياسية.

في نهاية هذا العرض لنتائج الدراسة، يتبين أن الدور الذي يؤديه الشباب الجامعي في العمل التطوعي والمشاركة السياسية ضعيف، وأن دورهم في البناء الاجتماعي كشباب، له مكانته في المساهمة في بناء المجتمع، لم يتضح جليا في هذه الدراسة.

إن التوقعات بشأن الدور الذي يؤديه الشباب في المجتمع جد كبيرة، فالتوقعات جزء من نظام الشخصية، وهي في نفس الوقت جزء من الثقافة العامة، ولها دور أساسي في عملية التفاعل الاجتماعي، وعليه، فإن تحقيقها يعتمد على درجة تمسك المجتمع بالقيم والعادات والتقاليد والالتزامات الأخلاقية.

إلا أن هذا الدور لم يرتبط بالمكانة التي يحتلها الشباب، إذ نجد أنهم يشكلون جزءا مهما في البناء الاجتماعي ولكن أداءهم فيه ما يزال محدودا، إذ إن اللامبالاة وعدم الاهتمام بالمشاركة، وضعف الإحساس بأهمية الدور الذي يلعبه الشبابُ بشكل عام قد ظهرت في هذه الدارسة، ولعل هذا يعيدنا إلى ما جاء به روبرت ميرتون عن الشباب، والأهداف المختلفة لديهم التي يسعون إلى تحقيقها، وهناك بالمقابل الأساليب التي حددها المجتمع لتحقيق هذه الأهداف، تلك الأساليب التي قد لا تتوافر للجميع، وقد لا تتماشى هذه الأهداف مع الشباب كجيل يشكل وحدة لها خصائصها وسماتها في المجتمع، لذلك قد تنشأ حالة من اللامعيارية بين الشباب، فدعوة الشباب إلى المشاركة من قبل المجتمع، لتحقيق الشراكة في البناء

والتنمية، هي الأهداف التي يسعى المجتمع إلى تحقيقها، إلا أن الوسائل والأساليب قد تتعثر في تحقيق هذا الهدف، وهنا تحدث الفجوة أو الهوة بين المرغوب فيه والواقع. وعلى الرغم من الخطط والسياسات التي ترمي إلى تمكين الشباب من أداء أدوارهم الاجتماعية، لما يتناسب مع إمكاناتهم، إلا أن المردود لا يزال ضعيفا، ولا بد من معالجة الفجوات.

في ضوء النتائج التي خرجت بها هذه الدراسة، التي تبين فيها أن نسبة المشاركة بشكل عام في كلا المجالين: العمل التطوعي أو المشاركة السياسية، متدنية, وإن كانت المشاركة السياسية الأقل تدنيا، هذا الأمر يضعنا أمام مسؤوليات كبيرة لاستغلال الطاقات الشبابية وتحفيزها على المشاركة عن علم ودراية واطلاع واقتناع.

فالحاجة إلى زيادة دور الشباب الجامعي أصبحت ملحة ليكون له دورا يتناسب مع حجم التوقعات المأمولة منه، وهذا لن يكون سريعا في ضوء المعطيات الموجودة حاليا، لأن الطلبة يفتقدون لثقافة المشاركة، وتبدو مظاهر اللامبالاة موجودة عندهم، وإذا ما نظرنا إلى المعوقات التي تحد من المشاركة فإنها ستلقي الضوء على مظاهر وأماكن الخلل التي منها يبدأ العلاج، لأن علاج العوارض لن يجدي، والأجدى هو البحث عن العلة الحقيقة التي تقف وراء عدم المشاركة، وهذا الأمر يستدعي إجراء المزيد من الدراسات، كما ينبغي تضافر جهود جميع المعنيين لتؤدي كل مؤسسة لها علاقة بالتنشئة، دورها في هذا المجال.

لقد تبين في هذه الدراسة أن العمل التطوعي طريق مهم لتفعيل المشاركة السياسية، فالعمل التطوعي مشاركة سياسية، كونه يعبر عن الانتماء. والمشاركة السياسية تعد من أحد مجالات العمل التطوعي، فالعمل التطوعي أثبت أنه مفتاح للمشاركة السياسية، لأن الناس يتداولون القضايا والأخبار السياسية في كل مكان تقريبا، وقد يستفيد المجتمع منهم في تأييد فكرة أو قضية ما، ولعل تجارب بعض المجتمعات - كما سبق وعرض في هذه الدراسة- دليل على ذلك، لذلك فإن الفصل بينهما، قد يكون من احد معوقات المشاركة.

ان الارتباط بين من يمارسون العمل التطوعي ومن يشاركون سياسيا موجود، لذلك فإن الاستفادة من دعم المشاريع والمبادرات التطوعية، سيؤدي إلى تنمية روح المشاركة في بناء الوطن.

التوصيات:

بناء على ما سبق من عرض لنتائج الدراسة فان الباحثة توصي بما يلي:

1- إجراء المزيد من الدراسات المتخصصة في موضوع المشاركة في العمل التطوعي والمشاركة السياسية لوجود العديد من القضايا والمتغيرات لم تتمكن هذه الدراسة من تغطيتها لكبر حجمها وتعددها وتنوعها.

2- إعداد قاعدة بيانات عن الشباب يمكن للمهتمين الرجوع إليها، وتوفير قاعدة بيانات حول العمل التطوعي والمشاركة السياسية يتوافر فيها كل ما يحتاجه الشباب من معلومات حولهما.

3- تفعيل دور المدرسة التي يقع عليها عبء كبير في هذه العملية كمرحلة تسبق المرحلة الجامعية, فما نقش في الصغر سيبقى مع الإنسان، فالإعداد المبكر للطلبة في المدارس سيكون لديهم معلومات وتجارب للمشاركة السياسية الفاعلة، وتشجيع المبادرات التطوعية وإعطاء تنمية شخصية الطالب العناية، وعدم تركيز الاهتمام على العملية التعليمية فقط.

4- تشجيع إقامة مجالس الطلبة في المدارس سيكون تجربة جيدة وخبرة غنية تعمل على تفعيل روح المشاركة في العمل التطوعي والمشاركة السياسية في المراحل اللاحقة.

5- فيما يتعلق بدور الجامعة فإن الدراسة توصي تحديث الاستراتيجيات التعليمية لتكون أكثر فاعلية في ترويج المشاركة السياسية بين الطلبة، والاهتمام بنشر الثقافة السياسية بين الشباب، وتوضيح أهمية الدور الذي قد يلعبه الشباب في المشاركة في صنع القرارات.

6- على الجامعات طرح بعض المساقات التي تهتم بالشباب بتوجيهه للدور المطلوب منه مثل مساق علم اجتماع الشباب، والخدمة الاجتماعية للشباب، والعمل الاجتماعي التطوعي كمواد مختصة تقوم بتناول قضايا الشباب والعوائق التي تعيق اندماجها ومشاركتها في المجتمع، لذلك يجب أن تستحدث استجابة علمية لتطورات القضايا الشبابية.

7- تفعيل برامج خدمة المجتمع في الجامعات ليكون تأثيرها على الطلبة اكبر وأن يتم حفزهم على المشاركة بإيجاد وتنمية حس المشاركة لديهم.

8- إعطاء الثقة والأمان من قبل أجهزة الدولة التي لا يزال دورها يثير المخاوف والشكوك فيما يتعلق بالمشاركة السياسية خصوصا في الأحزاب أو الانتخابات.

9- إجراء التعديلات المناسبة للتشريعات في مجالس الطلبة بما يضمن المشاركة الكاملة للشباب الجامعي في كلا المجالين وذلك حتى يشعر الطلبة أن لمشاركتهم أهمية وأن لهم دورا مؤثرا.

10- فيما يتعلق بشروط المشاركة في العمل التطوعي والمشاركة السياسية توصي الدراسة بأن يصبح سن المشارك 16 سنة لمجالس الشباب والمجالس البلدية وعضوية مؤسسات المجتمع المدني، ليكون الأعداد مبكر للشباب ليأخذوا دورهم تدريجيا. أو الاشتراط على مؤسسات المجتمع المدني بأن تكون نسبة محددة من أعضائها من الشباب.

11- تعديل بعض التشريعات الخاصة التي تفصل بين المجالين كأحد شروط الموافقة على الترخيص.

12- تسهيل جهود الناخب والتصويت قدر الإمكان، مع تأمين الشباب بالمعلومات الكافية لأخذ القرار عن علم ودراية، مع عدم التدخل لإعطاء الثقة بأهمية وحرية المشاركة.

13- الاستفادة من الانترنت في المعلومات لزيادة مشاركة الشباب عبر التكنولوجيا الفاعلة.

14- دور وسائل الإعلام الذي يجب أن يفعل بطريقة مؤثرة على الأسرة كأهم مؤسسة في المجتمع لتستطيع توجيه أبنائها وتحفيزهم للمشاركة،وتقديم البرامج الهادفة،ونقل التجارب الناجحة في المجالين سواء محليا أم دوليا.

15- دعم مجالس الشباب في المحافظات والألوية فالطفل إذا منح المسؤولية سوف يتصرف في الغالب بمسؤولية وإذا أنكرت عليه مسؤوليته فلن يكون ملاما إذا تصرف بغير مسؤولية.

16- إيجاد الحوافز للعمل التطوعي مثل: تكريم المتطوعين بإصدار بطاقة متطوع لها امتيازات معينة، كحضور الاحتفالات، الرحلات الداخلية والخارجية والمسرحيات، تخفيض أسعار تذاكر السفر، الإعفاء من تذاكر دخول الأماكن السياحية أو تخفيض أسعارها، إعطاء أولوية في القبول في الجامعات للمتميزين من المتطوعين أثناء المدرسة أسوة بالتفوق الفني والرياضي، الإعفاء من الرسوم الدراسية أو تخفيضها، تكريم المتطوعين المتميزين،إعطاء أولوية في التوظيف بعد التخرج.

المراجع:

1- المراجع العربية:

- أبو حوسة، موسى محمود، (2001). **دراسات في علم الاجتماع الأسري**. عمان: الجامعة الأردنية عمادة البحث العلمي.

- أحمد، محمد مصطفى بدوي، هناء حافظ، (1999). **الخدمة الاجتماعية وتطبيقاتها في التعليم ورعاية الشباب**. الإسكندرية: المكتب الجامعي الحديث.

- أعضاء هيئة التدريس/ قسم علم الاجتماع،(2002). **الطفل والشباب في إطار التنمية الاجتماعية والاقتصادية**. الإسكندرية: دار المعرفة الجامعية.

- أيمن ياسين، (2002). **الشباب والعمل الاجتماعي التطوعي**. مركز التميز للمنظمات غير حكومية، أبحاث ودراسات، (11) عمان.

- بدوي،هناء حافظ (2004). **أجهزة تنظيم المجتمع في الخدمة الاجتماعية**. الإسكندرية: دار المعرفة الجامعية.

- بدوي، أحمد زكي (1982). **معجم مصطلحات العلوم الاجتماعية**. بيروت: مكتبة لبنان.

- تقرير التنمية الإنسانية العربية للعام (2002). مجموعة مؤلفين، بإشراف نادر الفرجاني، الطبعة العربية، عمان.

- جامع، محمد نبيل (2000). **اجتماعيات التنمية الاقتصادية**. القاهرة: دار غريب.

- الحمصي، نهلة، (1985). **دور الأسرة في توجيه الشباب تربويا ونفسيا واجتماعيا**. (ط2). الشارقة: منظمة الأسرة العربية.

- الخطيب، عبد الله الخطيب، (2002). **العمل الجماعي التطوعي**. (ط1). عمان: منشورات جامعة القدس المفتوحة.

- خليل، محمد بيومي، (2002).ضعف التدين والانا مالية عند الشباب (محرر)، **انحرافات الشباب في عصر العولمة** (ص: 13- 77). القاهرة: دار قباء.

- دائرة الإحصاءات العامة، (2004) **الأردن بالأرقام**، عمان، الأردن.

- رضوان، نادية، (1997). **الشباب المصري المعاصر وأزمة القيم**. القاهرة: الهيئة المصرية العامة للكتاب.

- الزبيدي، فاطمة علي، (2006). **اتجاهات طلبة الجامعة الأردنية نحو العمل التطوعي**. رسالة ماجستير غير منشورة، الجامعة الأردنية، عمان، الأردن.

- الزغل، علي، (1994).**الشباب في الأردن**. عمان: منشورات لجنة تاريخ الأردن.

- السرحان، محمود قطام، (2004). **الشباب والاعتزاز الوطني**. عمان: المجلس الأعلى للشباب.

- السرحان، محمود، (1994). **الصراع القيمي لدى الشباب العربي دراسة حالة الأردن**. عمان: وزارة الثقافة.

- الشرعة، محمد، (2000). دور التنشئة السياسية في التنمية الوعي بالظاهرة الحزبية. **أبحاث اليرموك**، سلسلة العلوم الإنسانية والاجتماعية، 16(1)، 194-215.

- شتيوي، موسى، (2000). **التطوع والمتطوعين في العالم العربي**. القاهرة: الشبكة العربية للمنظمات الأهلية.

- شعيب، مختار، (2004).**الشباب والسياسة في مصر المحروسة**. القاهرة: مركز المحروسة للنشر والخدمات الصحفية والمعلومات.

- شكر،عبد الغفار ومورور، محمد،(2003). **المجتمع الأهلي ودوره في بناء الديمقراطية (سلسلة حوارات لقرن جديد)**. دمشق: دار الفكر.

- العامري، سلوى وآخرون، (2002). أجيال مستقبل مصر أوضاعهم المتغيرة وتصوراتهم المستقبلية. القاهرة: منتدى العالم الثالث.

- عبد القادر، محمد علاء الدين، (1998). **دور الشباب في التنمية**. الإسكندرية: منشأة المعارف.

- عبد المعطي، طلال، (2002). **أبحاث في علم الاجتماع نظريات ونقد**. دمشق: دار هادي.

- العزام،عبد المجيد، (2003). اتجاهات الأردنيين نحو الأحزاب السياسية. **مجلة دراسات العلوم الإنسانية والاجتماعية**، (2)، 244 -262.

- العطري، عبد الرحيم، (2004). **سسيولوجيا الشباب المغربي جدل الإدمان والتهميش**. الرباط: طوب بريس.

- عليوه، السيد ومحمود، منى،(2001). **موسوعة الشباب السياسية**. القاهرة: مركز الأهرام للدراسات السياسية والإستراتيجية.

- غيث، محمد عاطف وآخرون، (1982). **مجالات علم الاجتماع المعاصر أسس نظرية ودراسات**. (ط1) القاهرة: دار المعرفة.

- فهمي، محمد السيد، (2002). **مقدمة في بحوث الخدمة الاجتماعية**. الإسكندرية: المكتبة الجامعية.

- فيروز، فاطمة، (2002). عزوف المرأة عن المشاركة في العمل التطوعي والمؤسسات المعوقات والصعوبات. **مؤتمر عزوف المرأة عن المشاركة في العمل التطوعي والمؤسسي**ـ جمعية الوفاق الوطني الإسلامية، العام الأول، مملكة البحرين ديسمبر 2002.

- كامل، سمير وعلي، محمد، (1997). **الزيارات الميدانية في مجالات الخدمة الاجتماعية**. الإسكندرية: المعهد العالي للخدمة الاجتماعية.

- المجلس الأعلى للشباب، (2005). **رعاية الشباب في الأردن 2002-2004**. عمان،الأردن.

- محمد، محمد علي، (1987). **الشباب العربي والتغير الاجتماعي**. الإسكندرية: دار المعرفة الجامعية.

- مركز الأردن الجديد، (2000). **حال البطالة والمخدرات والتمييز ضد المرأة**، عمان،الأردن.

- مصطفى، طلال عبد المعطي، (1999).التفاوت الثقافي بين الأجيال في المجتمع المدنيين السوري، **دراسة سسيولوجية ميدانية في ثقافة الشباب السوري**. رسالة دكتوراه غير منشورة،جامعة دمشق، دمشق، سوريا.

- مكويل، دنيس(1992). الإعلام وتأثيراته، **دراسات في بناء النظرية الإعلامية**. ترجمة عثمان العربي (حقوق الطبع محفوظة، Permission of Sage Puldication inc).

- منظمة الأمم المتحدة للطفولة، (2003). **الشباب الأردنيون، حياتهم وآرائهم**. عمان: مكتب الأردن.

- وزارة التنمية الاجتماعية، (1998) **المؤتمر الوطني للعمل الاجتماعي واقع وتطلعات**. عمان، الأردن.

- يوسف، محسن وسراج الدين، إسماعيل، (2004). **العمالة والتنمية وعمالة الشباب**. الإسكندرية: مكتبة الإسكندرية.

2- المراجع الأجنبية:

- Blackhurst, A. (2002). A comparison of college student's political attitudes and participation rates in 1996 and 2000. **Journal of College Student Development**, 43 (50), 740-750.

- Dekker, P.and Broek, A. (2004). Civil society in Longitudinal and comparative perspective: voluntary Associations, political involvement, social trust and happiness in a Dozen countries. International conference of the international society for third – sector, **Rese Ryerson University**, Toronto 11 - 14 July 2004.

- Hegel, A.and Bowen, P. (2003). **Advocacy on the Agenda: Preparing voluntary boards for public policy participations**. Canada: volunteer Canada.

- Jacqueline, B. (2004). Building citizenship and voluntary participation in Mexico. **social and economic implications from a National Study Ryerson**. University and York Toronto, Canada, July, 11-14-2004.

- Jarvis, S. Montoya, L. and Mulvoy, E. a (2005). The political participation of college students, working students and working youth circle. working paper, 37. The University of Texas at Austin, August, 2005.

- Jarvis, S. Montoya, L. and Mulvoy, E. b (2005). The political participation of working Youth and college students, circle. working paper, 36. The University of Texas at Austin, August, 2005.

- Kramp, G. (2000). Transition of addescen political action orientations to voting behavior in early adulthood in view of a social - cognitive action model to personality. **Political Psychology,** (21), 277-297.

- Leon, S. (2000). The Panetta insitute. The Mellman Group, **poll pesults**, January, 11- 20

- Merton, R. (1964). **Social Theory and Social Structure**, London: the three press of glencoe.

- Milligan, C. and Nicholas. (2005). preserving space for volunteers: exploring the links between voluntary welfare organizations volunteering and citizenship. **Urban Studies**.1 (42) 417-433.

- Ostrander, S. (2003). Democracy, civic participation and university: comparative study of civic Engagement on five composes. **Nonprofit and Voluntary Sector Quarterly**, 33 (1), 74-93.

- Primavera, J. (1999). The unintended consequences of volunteerism: positive out comes for those who serve. **Journal of Prevention and Intervention in the Community**, 2 (18), 125-140.

- Rosenthal, S. Fearing., F. and Lewis, M. (1998). Political volunteering from late adolescence to young adulthood: Pattern and predictors. **Journal of Social Issues**, 2 (54), 477-493.

- Smith, E. (1999). The effects of investments in the social capital of youth on political and civic behavior in young adulthood: A longitudinal analysis. **Political Psychology**, 1(20), 553-580.

- Sobieraj, S.and White, D. (2004). Taxing political life: revaluating the Relation Ship between voluntary Association Member ship political Engagement and the state. **Sociological Quarterly**, 4 (45), 739-764.

- Wilson, J. and Musick, M. (1999). The effects of volunteering on the volunteer cited: 62 law **Contempt Probes**, 8 (141).

- Woollcombe, D. (2003). **Youth Participation**. Special Focus Report on Youth Participation, peace child international.

- Yan-lam, P. (2002). As the flocks gather: How Religion Affects Voluntary Association Participation. **Journal for the Scientific Study of Religion**, 41 (33- 41).

3- المراجع من الانترنت:

- الأمم المتحدة, (2002). مجلس إدارة برنامج الأمم المتحدة للبيئة.
- **http://www.unep.org (2002)/GC/GC22/ Document/ k0263639.a.doc.**

- الأمم المتحدة, (2001). مجلس ادارة برنامج الأمم المتحدة للبيئة.
- **http://www.unep.org (2001)/gc /gc21/ in- session/cw- crp-4 / Koloo176-A-CW-CRP-4.doc.**

- الأمم المتحدة، (2005). **مجلس إدارة برنامج الأمم المتحدة للمستوطنات البشرية**، نيروبي 4 – 8 نيسان2005.

- http:// www.unabitat. org/ gc20 /documents/arabic/ k058027/.a.doc.

- برنامج دراسات التنمية، (2005). **التنمية المجتمعية والتدين " رؤية شبابية للعلاقة بين الأكاديمي والسياسي وصنع السياسات**. جامعة بيرزيت، 2005/8/1.

- http://home.birzrit.edv/dsp/arab ic /developent/lectvres/ avgstl.html

- برنامج الأمم المتحدة الإنمائي،(2000). **تقرير التنمية البشرية للأردن**

- http://www.undpjordan.org/jordan-arabic.html.

- **تقرير التنمية في العالم لعام 2007 حول التنمية والجيل الثاني:**

- http:// web.world bank. org/ WBSITE/ EXTRNAL/ EXTRABICHOME / /EXTDEECIN/ARA/ /EXTRESINARA.

- الجمعية العامة للأمم المتحدة، (1997) **الجلسة العامة**، كانون الأول, (1997)

- .org/arabic/ga/res52083. html. http ://www.un

- شاهين ,حسن,(2004). أين الشباب من صنع القرار السياسي. **مؤتمر الشباب والتغيير المجتمعي، مركز الدراسات الجماهيرية**، دمشق. 12/12/ 2004.

- www.nesasg.com/youth/2005/01-09001.html.

- الشبكة العربية للمنظمات الأهلية (2003). **المحور السابع.**

- htta://www.shabaka egypt-org/tat.doc13/01/2003.

- شبكة منظومة الأمم المتحدة المعنية بالتنمية الريفية، (2003) **الأمن الغذائي**، آب 2003.

- http://www.rdfs.net/news/events/0308ev/0308ev-Joutn-jeuness-ar.htm

- عبد الغني، نعمان, (2005). الشباب والبطالة، **مجلة المعلم.**

- .www.almualem. net/maga /shabab707.html 27/04/2005.

- عثمان ,زياد(2005) **دور الشباب في عملية التغير المجتمعي، مركز المعلومات الوطني الفلسطيني**

- http://www.rchrs.org/journal1/s5.htm.

- مأمون نور الدين (2005). **مشروع الإستراتيجية الوطنية للشباب: مشروع تطوير قطاع الشباب في الأردن(2003-2008)**، المجلس الأعلى للشباب.

- http://www.Jordan. jo/JMC down loadcenter /pafiledb. Php ? action= download: id = 297

254

- مركز خدمات التنمية،(2005). دراسة قومية عن العطاء الاجتماعي في مصر 2003-2004

- http//www.neareast. org /phil/ ar/page-asp.

- المنتدى الوطني للشباب والثقافة، (2006). **شباب الأردن**

- http://jordanyouth.org/arabic/joryouth/history.asp.-

- Campell,E.(2001). Bowling together. Hoover Institution. Lelad Stafford Junior universe, from http://www.edvcationext -org/2001 3 /55-html.

- Global Knwledge piesource. from **http://www.yesweb org/gkr/project_factsheet.html?pid=37**

- Spiezi E. (2002).Pedagogy And Political (Dis) Engagement. Association of American Colleges and Universities, Liberal Education. from **http://www.aqcu.org/ Liberal Education/Le-Fa 02/Le-fa02Fa02feature2.cfm.**

- Nelson, T. (2005). A comparative look at National Volunteerism Legislation. from **WWW, World volunteer web-org / fileadmin / docs / old / pdf / 2005 / nat - vol. plf.**